이재명의 따뜻한 실용주의

이재명의 따뜻한 실용주의

초판 1쇄 2025년 9월 17일

지은이 | 김태철, 황산
펴낸이 | 송영석

편집장 | 박신애
기획편집 | 최예은·이나연(외부편집 한은주)
디자인 | 박윤정·유보람(외부디자인 임진성·문지현)
마케팅 | 김유종·한승민
관리 | 송우석·전지연·채경민

펴낸곳 | (株)해냄출판사
등록번호 | 제10-229호
등록일자 | 1988년 5월 11일(설립일자 | 1983년 6월 24일)
04042 서울시 마포구 잔다리로 30 해냄빌딩 5·6층
대표전화 | 326-1600   **팩스** | 326-1624
홈페이지 | www.hainaim.com

표지 사진 출처 | 대한민국 대통령실 사진 자료실(www.president.go.kr)
ISBN 979-11-6714-126-2

파본은 본사나 구입하신 서점에서 교환하여 드립니다.

> 이념을 넘어
> 국민의 삶을 중심에

이재명의 따뜻한 실용주의

김태철, 황산 지음

해냄

| 저자 서문 |

　우리는 실용주의자 이재명과 함께 일했고, 실용주의를 탐구하고 배웠으며, 지금 그 실용주의를 살고 있다. 그리고 힘주어 독자들에게 말한다. 실용하라고.

　이 책을 펴내는 것은 실용적 목적 때문이다. 알다시피 이재명 대통령은 우리 역사에서 최초로 아니 유일하게 실용주의를 표방한 정치 지도자이다. 실용주의 노선의 대통령이 당선된 지 몇 개월이 되었지만 아직 이재명 실용주의를 제대로 다룬 책이 거의 부재하다. 단편적인 칼럼이나 언론 기사는 존재하지만 양질의 책이나 주목할 만한 연구가 아직 등장하지 않았다. 그나마 공개된 자료들도 이재명 실용주의를 표피적으로만 다루는 데 그치고 있다. 이것이 이 책을 쓰게 된 근본적인 이유다. 이재명 대통령의 정치 실용주의를 입체적으로 조명하고, 그 이론과 실제를 정립하여 앞으로 전개될 이재명 실용주의 담론의 기초를 마련하는 것이 이 책의 목적이다.

　이재명 실용주의에 대한 선행 연구가 부재할 뿐 아니라 심층적인 분석은 찾아볼 수 없다. 아직 이재명 실용주의를 나타내는 자료들이 부족하고, 이를 정치 철학이나 정치적 노선으로 규명할 이론적 근거도 마땅치 않고, 그 정책적 성과를 입증하는 통계 데이터나 질적 연구가 충분하지 않다는 점도 작용했을 것이다. 하지만 정치 지도자의 정치 철학이란 연설이나 어록 등의 형태로 파편적으로 표현되고, 정책과 실무 및 리더십 실행 등으로 드러나는 것인 만큼 누군가 이 작업을 시작해야 한다고 판단했다. 그런 면에서 이 책은 시론적 성격의 책이다. 앞으로 이어지는 연구들에 의해 이재명 실용주의의 다양한 측면들이 조명되고 보다 풍성해질 것이다.

　사실 실용주의는 이념을 넘어서고자 하는 시대정신에 조응할 뿐 아니라 소모적인 이념 대결을 그치게 하는 강력한 힘을 지니고 있다. 특히 이재명 실용주의는 하나의 정치 철학으로 정립될 충분한 근거를 지니고 있으며, 이를 긴급하게 요청하는 시대적 필요성에 기반하고 있다. 더구나 이재명식 실용주의의 방법론과 정책들은 흔히 회자되는 실용주의 노선들과 구분되는 고유한 특성과 에너지를 지니고 있음을 이 책을 통해 알게 될 것이다. 이재명 실용주의 정치는 덩샤오핑의 실용주의를 넘어서고 만델라의 실용주의적 화해 정치를 껴안는 지혜와 잠재력을 지니고 있다는 것이 우리의 믿음이다.

이 책을 통해 이재명 실용주의에 대한 무지와 몰이해가 메꾸어지기를 바라는 마음이다. '실용주의'라는 말과 '이재명 대통령'을 기계적으로 연결한다고 해서 이재명 실용주의가 절로 만들어지는 것이 아니다. 또한 이념 과잉의 사회 분위기 속에서 실용주의가 마치 모호한 노선이나 기회주의적인 것인 양 바라보는 협애한 인식도 종결되어야 한다. 보수-진보라는 이분법적 프레임으로 객관적 논의를 협소하게 하고 합리적 대안으로서의 실용주의의 생산성을 무시하는 태도는 옹졸하기조차 하다.

이 책은 이론서나 학문적인 연구가 아니다. 보통의 독자들을 위한 책으로 꾸몄다. 그래서 우리말을 아는 분이면 누구나 읽을 수 있도록 대중적인 문체로 글을 썼다. 먼저 국민주권정부를 만들어낸 주권자인 국민들이 이 책을 읽기를 바란다. 아울러 진보와 보수를 망라하여 우리 사회를 위해 일하는 이들이 이 책을 통해 이재명 실용주의에 대해 깊이 생각해보기를 기대한다. 정치인들과 사회 지도자들, 정당이나 시민사회 영역에서 수고하시는 분들, 이재명 실용주의 노선에 따라 현장에서 수고하시는 공무원들과 기관 실무자들도 꼭 살펴보기를 기대한다. 청년 및 학생들도 이 책을 통해 자기 삶을 선택하고 실용적 역량을 키우는 소중한 지혜를 얻을 수 있으리라고 믿는다.

프롤로그에서 왜 지금 이재명 실용주의가 우리 사회에 출현하였으며,

우리 사회가 절실하게 지금 당장 실용주의를 요청하고 있다는 점을 언급했다. 책의 앞부분(1, 2장)은 이재명 실용주의가 단지 하나의 정치 전술이나 방법론이 아니라 유의미한 정치 철학으로 정립되고 있음을 밝혀내며, 이재명 실용주의의 정수를 최대한 요약하고자 했다. 이를 위해 실용주의의 기본 원리를 고찰하고, 서구 실용주의 철학과 해외 및 우리 역사에서 표현된 실용주의의 대표적 사례들을 살펴보고, '현상학적 정치 실천'이라는 개념으로 이재명 정치 실용주의의 특성을 규명하고자 했다.

책의 뒷부분은 흙수저 출신 이재명에게 실용주의가 내면화되어 온 과정을 그 삶의 여정을 통해 밝혀내고, 이재명 실용주의가 그의 공직 및 정치 활동을 통해 어떻게 형성되고 구체화되었는가를 설명했다(3, 4장). 이를 위해 이재명의 공개된 연설문과 어록을 깊이 분석하고, 공직자 생활과 관련된 여러 에피소드들을 정리했다. 아울러 국민주권정부의 정책에 담겨 있는 실용주의 노선을 정리하고, 실용주의적 정책 방향을 최대한 요약하고자 했다(5장). 마지막 6장에서는 진짜 대한민국을 열어갈 이재명 실용주의의 성공을 위한 도발적인 제안들을 담았다.

이재명에 대한 무지의 어둠과 오해의 구름은 걷혀야 한다. 이재명 정부가 수립된 후 추진되고 있는 일관된 실용주의 정책을 통해 국민들의 생각이 바뀌고 있고, 그의 실용주의에 대해 관심이 높아지기 시작했다. 뉴스를 통해 접하는 정보와 이미지, 영상으로 소개된 이재명 에피소드들을 통해서도 이재명 실용주의의 면모를 어느 정도는 알 수 있다. 하지만 이재명을 제대로 파악하려면 이재명을 직접 만나고 소통하고 이재명을 깊이 알아야 한다. 특히 이재명 실용주의의 정수를 파악하려면 이재명의 사유와 행동 방식, 그의 진정한 갈망과 꿈, 그가 사용하는 언어들을 해독할 수 있어야 한다. 특히 인간 이재명의 삶과 얼굴과 눈빛을 직접 접촉하는 미시적 감각도 요청된다. 그런 면에서 공동 저자인 김태철은 이재명을 가장 잘 아는 사람들 중의 한 사람일 것이다. 이재명과 함께 활동한 사람만이 발견하고 추출할 수 있는 예민한 후각, 실용주의에 대한 깊고 오랜 사유를 통해서만 감지할 수 있는 실천적 감각으로 이 책을 썼다.

  책을 펴낸 해냄의 송영석 대표와 여러 편집자들에게 감사를 드린다. 이 책이 나오기까지 격려해준 이기원 회장과 구연승 회장, 이 책의 기획과 출판 과정에서 조언과 도움을 아끼지 않은 이택완 본부장과 서민영 국장에게도 깊은 감사의 마음이 가득하다. 사실 이 책은 저자만의 작품이 아니라 국민 주권을 위해 행동한 이들이 함께 쓴 우리의 작품이다.

  실용주의는 우리 시대의 화두가 되고 있다. 이재명 실용주의야말로 그 비밀을 푸는 열쇠다. 이제 우리는 두 눈으로 이재명 정치 실용주의가 펼쳐낼 전대미문의 변화들을 목격하게 될 것이다. 이 변화는 비단 거시적인 정치 사회 영역에서만이 아닐 것이다. 이재명 실용주의에는 독자의 삶을 새롭게 하는 신선한 지혜와 에너지가 넘실댄다. 독자 중 한 사람이라도 이렇게 말한다면 더할 나위 없이 기쁠 것 같다.

  "실용하라. 나도 따뜻한 실용주의를 실천하고 싶다."

김태철, 황산

차례

프롤로그
실용주의 정치, 왜 지금 이재명인가

1 한국 정치에서 실용주의가 필요한 시대적 배경
 - 이념의 소모를 넘어, 변화를 향한 동력으로   13

2 거대 서사의 종언에서 삶의 질의 정치로
 - 실력과 성과의 시대, 실용주의가 정치의 기준   18

3 이념을 넘는 정치, 한국 정치의 대전환을 향하여
 - 실용주의는 타협이 아니라 전환   21

1장

실용주의, 삶 속에서 작동하는 진리를 향해
- 실용주의의 원리와 방법에 대한 개관적 이해

1 실용주의의 기원과 전개
 - 찰스 샌더스 퍼스와 윌리엄 제임스를 중심으로   29

2 존 듀이의 실용주의
 - 삶의 경험과 민주주의를 위한 철학적 실천   34

3 덩샤오핑의 정치적 실용주의 입체적 보기
 - 이념의 탈피, 현실의 장악   40

4 정약용의 실학사상과 현장 중심의 실용주의
 - 지금 여기에서 작동하는 철학   48

5 넬슨 만델라의 정치적 실천과 실용주의
 - 갈등을 넘어선 정의 미학   55

6 21세기의 대표적인 실용주의 노선의 국가 지도자 훑어보기   60

2장

이재명 실용주의의
특징과 정수
- 삶에서 길어 올린 실천 철학

1 이재명 실용주의는 현장에서 체득한 삶의 진리 … 69
2 이재명 실용주의는 현상학적 정치 실천 … 73
3 이재명 실용주의 리더십의 7대 특징 … 85
4 이재명 실용주의는 국민 통합을 이루는 열쇠 … 107

3장

이재명의 성장 과정과
실용주의의 내면화

1 흙수저의 유년기
   - 현실을 돌파하는 사고방식 … 115
2 노동 현장에서 익힌 현장성과 문제 해결 중심의 태도 … 125
3 공직자의 길에서 체화된 실천 중심 사고 … 130
4 개인적 이상을 넘어 공동체 중심의 실용주의로 … 140

4장

이재명의 정치 여정과 실용주의의 실천

1 성남시장 시절: 무상 복지와 예산 개혁   145
2 경기도지사 시절: 적극 행정과 공정한 실용   154
3 기본소득·지역화폐: 실용인가 실험인가   159
4 대선 후보로서의 실용 노선   164
5 위기관리형 정치인의 실용 전략   174
6 이재명 실용주의를 실현시키는 이재명의 역량과 자질   183

5장

이재명 실용주의의 구체화와 분야별 실천

1 국방: 실전 대비형 군사력과 외교 전략의 실용화   197
2 경제: 중소기업·자영업 중심 경제 정책   200
3 복지: 선택과 집중, 실효성 있는 복지 시스템   209
4 문화와 교육: 콘텐츠 강국 전략과 교육의 유연성   217
5 환경과 에너지: 기술 기반의 전환과 실질 대응   228
6 디지털·AI 정책: 미래 대비형 스마트 정부   239
7 지역 균형 발전: 행정의 분산과 지역 맞춤형 전략   242
8 이재명의 국익 중심 실용주의 외교   245

6장

진짜 대한민국을 세우는 새로운 정치 이정표

1 국민주권정부의 성공의 척도
 - 빛의 혁명, 광장의 11대 요구　　　　　　　　　　　257
2 국민통합정부의 통합 정책을 위한 일곱 가지 지혜　　263
3 이재명 실용주의 정부의 성공을 위한 열 가지 제언　　268
4 이재명 실용주의가 던져야 할 근원적인 물음들　　　273

에필로그
참고 자료

프롤로그

실용주의 정치,
왜 지금 이재명인가

"질문이 답보다 아름답다."
- 밀란 쿤데라(Milan Kundera)

"언제나 지금이 옳은 일을 하기에 가장 좋은 때다."
- 마틴 루서 킹 주니어(Martin Luther King Jr.)

시대는 늘 조용히 그러나 끈질기게 질문을 던진다. 그 질문에 귀를 막은 이들은 과거로 사라지고, 질문을 붙들고 끝까지 응시한 이들이 새로운 길을 열었다. 지금 우리의 질문은 단순하다. 왜 지금 실용주의인가? 그리고 실용주의는 어떻게 우리 삶을 바꾸는 대안이 될 수 있는가? 국민들은 왜 실용주의자 이재명을 선택했는가? 그 이유는 명확하다. 그가 국민의 삶과 사회를 바꾸기를 기대하기 때문이다.

오늘날 국민은 정치 지도자에게 실력을 원한다. 자기 삶의 질이 보다 나아지기를 바라고, 바닥 민생의 돌봄을 요구한다. 그런 국민 앞에 이재명이라는 인물은 실용주의 정치의 새로운 문을 열며 등장했다. 언제까지 한국 사회가 이념의 굴레 속에서 방황하고 허튼 일에 국력을 소진해야 하는가. 우리는 지금 변화의 길목에 서 있다. 내 삶의 '미래'와 우리 정치의 '다음'을 묻는 당신에게 실용주의라는 새 지도를 펼쳐 보인다.

1. 한국 정치에서 실용주의가 필요한 시대적 배경
- 이념의 소모를 넘어, 변화를 향한 동력으로

한국 정치는 왜 실용주의를 요청하는가

끝없는 수렁과 진흙탕 싸움, 이것이 오늘날 우리 정치의 현주소다. 그간 한국 정치는 깊은 이념적 대립과 진영 논리에 갇혀 있었다. 진보냐 보수냐, 좌파냐 우파냐, 빨갱이냐 수구꼴통이냐는 낡은 도식이 여전히 정치 언어와 담론의 중심을 점유했다. 둘 사이에 폐곡선을 긋고 내 편과 적을 나누는 태도가 흔히 노출되었다. 증오와 혐오는 국민들의 감정과 생각까지 점령하여 정치적 언어는 거칠고 감정적으로 치닫고 표현은 공격성과 선동으로 날카롭게 되었다. 그런 언어는 국회의 연설에서 반복되고 정당의 선거 구호로 소비되며, 일상생활의 대화와 커뮤니티에서도 자연스럽게 발화되었다. 진영의 대결은 갈등을 증폭시키고, 파괴적인 정쟁은 정치의 문법이 되어버렸다.

이념이 폭주하는 삼류 정치 앞에서 국민들은 지치고 덩달아 거칠어졌다. 한국 사회의 갈등 지수는 OECD 국가 중 최상위권이다. 증오 사회, 혐오 사회, 갈등 사회라는 말이 조금도 낯설지 않다. 정치가 더 나은 미래를 상상하고 설계하는 것이 아니라 그저 반대를 위한 반대, 혐오를 통한 결속, 과거의 소환으로 자기 권력을 이어가려 한다면 국민은 정치를 삶을 무너뜨리는 소음으로 인식할 수밖에 없다.

이런 상황 속에서 실용주의는 이념 정치의 소모와 갈등을 넘어서기 위한 대안적 정치 철학이자 실천 전략으로 부상하고 있다. 실용주의는 이념과 사상에 얽매이지 않고 실제적인 결과와 효용성을 중시하며, 변화하는 환경에 유연하게 대응하는 정치적 태도를 의미한다. 지금 우리가 목도하는 정치의 무능과 분열, 정책 실패의 반복은 전적으로 구태의 이념 중심 정치가 초래한 구조적 결과다.

이념은 한때 동력을 가졌지만, 지금은 사회적 에너지를 소모시키는 무거운 짐이자 파괴적 무기가 되어버렸다. 그 독성은 한국 사회를 병들게 했다. 그리고 이념에 대한 가장 강력한 해독제는 바로 국민의 삶과 국익을 우선하는 '실용주의'다. 정치가 복원되어야 한다. 적의로 가득한 정치적인 쟁투를 완화하고 진정한 의미에서의 정치를 복원해야 한다. 실용 정신이야말로 분열과 혐오를 치유하고 공존하는 사회를 복원할 수 있는 평화의 도구다.

이념의 퇴조, 실용의 시대가 왔다

세계 정치의 지형은 이미 이념을 넘어 실용으로 이동하고 있다. 아니 오래전 이미 이동했다. 완료형이기도 하고 진행형이기도 하다. 미국의 바이든 행정부는 'Buy American'을 내세우며 자국 산업 보호와 일자리 확대에 몰두했으며, 트럼프 정부 역시 'MAGA(Make America Great Again)'를 외치며 노골적인 자국 중심주의 정책을 강행하고 있다. 그 결과 전통적인 자유 무역 체제는 크게 흔들렸고, 신뢰와 보호 관계를 바탕으로 한 동맹 관계에 균열이 생기고, 국가 간 무역과 외교는 현실적 이해관계에 따라 급격히 재편되고 있다.

유럽은 인권, 다원주의, 친환경이라는 이념적 가치 위에서도 철저히 에너지 안보와 무역 전략을 우선시하고 있다. 우크라이나 전쟁에서 확인되듯이 유럽 각국은 자국의 이익과 자국 국민의 생존과 안녕을 최우선 순위에 두고 있다. 중국, 일본, 러시아 역시 이념을 앞세우기보다 자국 중심적 전략과 생존 논리를 바탕으로 외교와 내정을 설계한다. 남미, 동남아, 아프리카 국가들 역시 예외가 아니다. 이념을 넘어 실용이 세계 정치의 공통된 기준이 된 셈이다.

이제는 어떤 이념을 믿느냐가 아니라, 얼마나 문제를 해결할 수 있느냐가 지도자의 정당성을 좌우한다. 정치의 기준은 명분이 아니라 결과, 담론이 아니라 성과다. 따라서 이념이 아닌 실용의 정치만이 오늘날의 복합적 위기와 다층적 갈등을 해결할 수 있는 유일한 실마리가 된다.

국민은 이미 실용을 선택했다

한국 사회만은 유독 예외처럼 보였다. 21세기에 들어선 이후에도 보수 정당은 여전히 안보와 반공을 앞세우고 분열을 정치 전략으로 삼아 왔고, 진보적 정치 세력들은 이에 맞서 평등과 시민 주권과 존엄하고 평등한 사회를 외치며 대립해 왔다. 게다가 젠더와 세대 갈등을 둘러싼 포스트모던적 정체성 정치까지 가세하면서 사회는 더욱 파편화되고, 정치적 타협과 실용의 공간은 위축되고 줄어들었다. 정치가 싸움터가 되고 선거는 진영 간 전쟁이 되어버렸다. 여기에다가 계층 갈등, 빈부 갈등, 지역 갈등, 젠더 이슈, 소수자 담론, 이주민과 장애인 인권 등의 이슈가 겹쳐 양 진영의 대결 정치는 보다 복잡하고 날카롭게 전개되었다.

그러나 국민은 달라졌다. 평화를 원하고 민생을 갈망한다. 이제 더 이상 구호에 속지 않으며, 극단적 주장에는 등을 돌린다. '누가 이념적으로 옳은가'보다 '누가 현실에서 더 잘할 수 있는가', '누가 우리 삶을 책임질 수 있는가'를 본다. 정책의 실질, 정치인의 진정성, 내 삶을 바꾸는 성과를 요구한다. 갈라치기 정치에 대한 피로감은 이미 임계점을 넘었고, 혐오 정치의 언어는 더 이상 감동을 주지도 못하고 동원력도 지니지 못한다.

오늘날 대한민국 국민은 단지 민주주의를 경험한 시민이 아니라 민주주의를 직접 만들어낸 주체로서의 자기 경험을 지닌 성숙한 주권자다. 그래서 보수든 진보든 정치의 실질과 효용을 중심으로 판단하고, 극단을 경계하며, 변화를 요구한다. 더 이상 이념에 휘둘리지 않으며 오로지 성과가 있는 정당과 정치인만이 선택받을 수 있다는 분명한 메시지를 보내고 있는 것이다.

후진국형 정치에서 선진국형 정치로

대한민국은 이제 세계 10위권의 경제력을 가진 선진국이다. 민주주의 제도는 자리 잡았고, 기술력은 세계 정상급 수준이며, 문화력은 이미 글로벌 브랜드가 되었다. 그러나 정치는 여전히 후진국형 수준을 벗어나지 못하고 있다. 정쟁을 일삼는 권력 투쟁과 갈라치기 정치의 틀을 여전히 고수하는 정당들도 있다. 국민의 세금과 시간을 낭비하는 정쟁과 실효성 없는 공방, 반복되는 구호와 대립이 언제까지 판을 치도록 마냥 방치해야 할까. 이제 정치는 바뀌어야 한다. 선진국형 정치란 무엇인가? 그것은 갈등을 조정하고 타협을 이끌어내는 정치, 능력과 성과를 중시하는 정치, 국민의 삶을 바꾸고 미래를 설계하는 정치다.

이재명이라는 정치인의 등장은 이러한 흐름과 맞닿아 있다. 그는 단순히 중도를 지향하는 정치인이 아니다. 그는 이념과 진영을 뛰어넘어 실질적 성과를 중심에 놓는 정치를 시도한다. "국민이 체감하는 변화", "누구든 잘 살게 만드는 정책", "진영을 가리지 않는 연대"라는 낯선 언어를 쏟아내는 그의 스타일은 생경해 보였다. 하지만 그의 외침은 단순한 정치적 미사여구가 아니다. 그것은 이념에 함몰되지 않으면서도 정치적 윤리와 철학을 저버리지 않는 실천적 실용주의의 정수를 그대로 보여주고 있다.

이재명의 정치 실용주의는 이념의 무력함을 넘어 성과의 정치와 공화(共和)의 통합 정치를 향한 정교한 전략이자 분열과 혐오를 넘어서려는 시대적 요구에 대한 응답이다. 지금 우리에게 필요한 것은 싸움이 아니라 해법이다. 국민들은 증오가 아니라 통합을, 정쟁이 아니라 변화를 원한다. 이재명의 정치 실용주의가 바로 그 회복과 변화의 마중물이 되어야 한다.

2. 거대 서사의 종언에서 삶의 질의 정치로
- 실력과 성과의 시대, 실용주의가 정치의 기준

설득력이 사라진 거대 담론

'포스트모던은 거대 서사에 대한 회의와 종언이다.' 장프랑수아 리오타르(Jean-François Lyotard)는 『포스트모던의 조건』에서 우리 시대를 이렇게 정의했다. 그는 근대적 서사를 한마디로 계몽 서사가 관심을 끄는 시대이며, 사람들은 보편적 평화와 정의와 같은 윤리와 정치적 목적을 지향한다고 분석했다. 우리에게 익숙한 합리적 이성, 진보, 해방, 민족, 계급, 심지어 역사의 필연성과 같은 관념들은 거대 서사적 개념들이다. 그간 많은 사람들이 그러한 대의를 위해 기꺼이 헌신했다. 하지만 이제는 그러한 거대한 언어들은 더 이상 사람들의 신념을 움직이지 못한다. 누군가 진보를 외치면 사람들은 묻는다. '그래서 당신의 삶의 무엇이 바뀌었는가?' 정의를 외치면 되묻는다. '그것이 지금 내 통장 잔고와 무슨 상관이 있는가?'

이런 흐름은 우리 시대 사람들의 의식의 현저한 변화에만 머무르지 않는다. 이는 정치의 현장에서도 실질적으로 일어나고 있는 실제적인 변화 양상이다. 어떤 사람들은 여전히 '좌파냐 우파냐'를 논쟁하고 있지만 대다수의 시민은 묻는다. "그것이 팍팍한 우리의 삶과 무슨 상관이 있는가?", "그것이 나에게 직장을 책임져 주는가?", "그것은 내 아이가 안전하게 자랄 수 있게 하는가?" 사람들은 더 이상 정치적 선동에 속지 않으며, 희망으로 각색된 미래 스토리에 끌리지 않는다.

이처럼 거대 서사가 해체된 자리에 작은 서사들이 자리 잡는다. 리오타르는 이를 작은 서사들의 부상이라고 표현한다. 이들 미시적 서사들은 각 개인들에게 정당성과 호소력을 지니는 다양한 이야기들을 말한다. 그래서 사람들은 역사 드라마에 등을 돌리고 대하소설을 읽지 않는다. 오히려 토크 쇼나 보통 사람들의 소소한 이야기들을 다룬 드라마가 각광을 받는다. 정치에서도 마찬가지다. 사람들은 판다 곰의 생활과 중국 반환에 큰 관심을 가지고, 직장 내 갑질과 언어적 성희롱에 함께 분개한다. 청년의 실업, 장애인의 이동권, 독거노인의 고립, 직장 내 성차별과 스토킹과 같은 작고도 밀착된 문제들이야말로 큰 이슈가 된다. 이러한 신체적, 감정적 요소와 같은 미시적 이슈에 대한 대응 정책이 오늘날 정치를 평가하는 중요 기준이 되었다. 지금 필요한 정치는 이념 설계나 군중 동원이 아니다. 현장의 목소리에 귀 기울이고 삶을 변화시키는 정치 철학과 기술이 절실히 요청된다. 오로지 실용주의적 감각을 지닌 정치만이 개개 국민들의 바닥 민심과 미시적 감정에 접촉할 수 있는 것이다.

실력과 성과로 평가받는 시대

리오타르가 포착한 또 하나의 핵심은 '수행성(performativity)'이라는 개념이다. 그는 현대 사회에서는 이론이나 사상의 정당성 판단 기준이 그것의 수행성에 의해 결정난다고 보았다. 그는 전근대 사회나 근대 사회와 달리 이제 지식의 정당성은 더 이상 진리나 해방의 이름으로가 아니라 오로지 그 수행성과 성과에 의해 판단된다고 강조한다. 즉 진리라는 개념이나 정의라는 고전적 가치에서 '성과'와

'효율성'으로 진리 판단의 척도가 이동했다는 것이다.

그가 말하는 수행성은 '성능' 혹은 '효율성'과 유사한 말이다. 자동차를 예로 들면, 엔진의 힘이나 차량의 안락함과 안정성 등이 그 효율성일 것이다. 공직자의 경우 전문성이나 문제 해결력, 소통 감각 등이 그 수행 역량일 것이다. 오늘날 경제나 지식 담론 등 모든 영역에서 수행 능력이 최상의 기준이 된다. '무엇이 효과적인가'가 가장 중요해졌고, 합리성이나 의도의 순수성보다 '결과'가 그것의 정당성을 부여한다. 그리고 이 흐름 속에서 정치도 마찬가지로 수행성을 요구받는다. 누가 더 진보적인가보다 누가 더 유능한가, 누가 더 순수한가보다 누가 더 문제 해결력이 있는가가 핵심이 되었다.

정치인은 말이 아니라 실력으로 평가받고, 정당은 역사보다 결과로 신뢰를 얻는다. 실용주의 정치란 바로 이 전환의 중심에 있다. 그것은 기회주의적 중도주의가 아니다. 오히려 리오타르가 말한 '포스트모던 사회의 정당성 위기'를 돌파하며 자신의 진정성을 입증하는 최상의 길, 아니 유일한 길이다. 지금 국민들은 정당의 정강 정책이나 과거 역사에 감동받기보다 실천 가능한 설계도와 구체적인 성과를 요구한다. 말이 아니라 해법을 지닌 역량으로 일상을 바꾸는 정치를 대뜸 요구한다.

우리 사회는 전근대적 요소와 근대적 요소가 여전하지만 포스트모던적 요소가 급격히 확장되었다. 연령과 세대별로, 지역별로, 또 학력에 따라 개인차는 크지만, 리오타르가 말한 문화적 가치의 변화가 가장 현저한 나라 중 하나다. 그래서 포스트모던 세례를 받은 대다수 국민들은 더 이상 그럴싸한 구호나 약속에 감동하지 않는다.

대신 문제를 해결하는 실력을 갖춘 정치인을 원한다. 그것만이 정치의 새롭고 유일한 정당성이 된다. 거대 서사의 시대는 가고 성과의 시대가 도래했다. 이념의 언어는 무덤에 묻히고 행동으로 실행하는 실용의 힘이 기둥처럼 솟구치고 있다.

이재명의 정치 실용주의는 이러한 시대적 흐름에 부응한다. 그는 정치를 '누구를 위하느냐'가 아니라 '무엇을 해결하느냐'로 바꾸었다. 그는 우리 역사에서 최초로 실용주의를 자신의 정치 노선으로 표방한 정치인이자 국가 지도자다. 그의 정치 여정은 실제로, 바뀐 행정과 제도와 구체적이고 실증 가능한 변화들로 채워져 있다. 국민들에게 필요한 것은 선명한 색깔이나 깃발이 아니다. 삶을 나아지게 하는 정치를 가능케 하는 실용주의다. 이재명의 정치가 주목받는 이유는 이처럼 도도한 시대정신과 궤를 같이하기 때문이다.

3. 이념을 넘는 정치, 한국 정치의 대전환을 향하여
- 실용주의는 타협이 아니라 전환

이념의 유령이 배회하는 한반도

이념이 가슴 울리는 신념이 아니라 죽은 관념이 될 때, 그 힘을 상실한다. 20세기 후반 냉전 시대가 종언을 고하고 이념의 시대가 막을 내렸지만, 한반도에는 이념이 여전히 맹위를 떨친다. 프랑스 철학자 자크 데리다(Jacques Derrida)는 『마르크스의 유령들』에서 유령은 사라진 것처럼 보이지만 여전히 우리를 지배한다고 말한다. 즉 유령은 단지 과거의 흔적이 아니라 현재에 계속 영향을 끼치는 실재처럼 작용한다는 것이 데리다의 핵심 주장이다. 그는 마르크스주의라는 유령이 사라진 것처럼 보이지만 여전히 그 힘이 살아 있고, 언제든 부활할 수 있다는 논조로 말했다. 그러니까 마르크스주의에 대한 비판이 아니라 어떤 사상과 정신이 유령처럼 출몰하여 위력을 발휘하는 유령성을 강조한 것이다.

맥락은 조금 다르지만 어떤 의미에서 보면, 한국 사회에서 이념이 바로 그렇다. 지구촌 모든 나라는 이미 이념 대립의 폐허에서 빠져나와 실용주의로 이동했지만, 이 땅에는 여전히 냉전의 유령이 배회한다. 분단이라는 비극, 끝나지 않은 전쟁, 그 결과 전 세계에서 유일하게 남은 이념 전쟁의 최전선이 바로 여기다.

슬프게도 이념은 오랫동안 정치적 무기이자 폭력을 정당화하는 명분이 되었다. 반공이란 이름으로 민주주의가 억압되었고, 색깔론이 야당과 시민을 탄압했으며, 보수 정권은 이를 이용해 정치적 생명을 가까스로 연장해 왔다. 이념의 유령에 사로잡혀 한국 사회는 '진보냐 보수냐'라는 질문으로 편을 가르고, 삶의 질과 인간의 존엄이라는 근원적 과제를 외면해 왔다. 아직도 정치적 갈등은 20세기의 틀에 묶여 있는 것이다.

하지만 이제 이념의 유령은 설 자리를 잃고 있다. 국민은 더 이상 유령에 홀리지 않고 빙의되지도 않는다. 이념의 광기가 남긴 혈흔과 상처를 지우고 국민의 삶에 응답하는 정치를 간절히 바란다. '정치가 내 삶에 어떤 영향을 주는가?' 이 물음이 이념을 밀어내고, 현실 문제의 해결 능력이 정치의 정당성 기준이 되는 시대가 도래한 것이다.

이재명의 실용주의로의 전환

2025년 6월 대통령 선거에서 이재명 후보의 승리는 단순한 정권 교체가 아니었다. 계엄 내란이라는 대사건 앞에서 국민은 공포의 노예가 되기를 거부하고 항쟁하였으며, 민주주의와 민생을 선택했다. 그것은 극단적 극우 이념에 대한 국민적 단죄이자 이념과 진영 정치에 대한 심판이기도 했다. 즉 적의와 살기가 넘치는 극우 이념을 이기는 실용주의 정치에 대한 공개적 주문이었다. 국민은 투표로써 이념 대립의 무대를 해체하고 실력과 성과로 말하는 새로운 정치인을 선택했다. 이재명 대통령은 이런 흐름의 구심점이자 상징이었다.

그는 당선 직후 '국민의 삶을 바꾸는 정치, 현장을 중심으로 한 실용주의 정치'를 선언했다. 이재명 정치의 핵심은 단호했다. 문제 해결과 실행, 눈에 보이는 성과로 말하는 정치인이 되겠다고 공언했다. 이를 위해 기업이든 노동이든, 진보 지역이든 보수 지역이든 그 누구와도 대화할 수 있으며, 협치를 할 수 있다면 소속 정당을 따지지 않고 손을 잡겠다는 실용주의적 자세를 견지했다.

그는 현실을 직시했다. 복지, 주거, 일자리, 교육, 지방 소멸과 기후 위기 등 우리 사회가 당면한 과제에 대해 어떻게 문제를 해결하며, 이를 위해 '무엇을 할 것인가' 하는 태도로 접근했다. 그는 진보적 가치를 존중하면서도 그것이 현실에서 실현 가능한 방식이어야 한다는 점을 잊지 않았다. 오해가 없어야 한다. 실용주의는 이념 자체에 대한 거부가 아니다. 오히려 민주주의를 비롯한 모든 정치사상 속에 내재된 보편적 인간적 가치를 구체적으로 실현하기 위해 국민의 삶과 현장의 문제를 우선한다는 것이다. 실용이 없는 이념은 구호에 그치고, 실력과 성과가 없는 정치는 주권자인 국민을 속이는 사이비 정치로 변질될 수밖에 없다는 믿음이 바로 실용주의 정치다.

이런 실용주의적 전환은 이재명 개인의 정치적 판단에 의한 것이지만 이 시대의 흐름이기도 하다. 이제 국민은 좌우 흑백논리나 가치론적 설득보다 실질적 성과를 요구한다. 어느 당을 지지하느냐보다 누가 일을 잘하느냐가 더 중요해졌고, 무슨 색깔이냐는 판단보다 무슨 성과를 냈느냐가 핵심이 되었다. 이러한 국민적 염원 위에서 이재명은 모호한 중도가 아니라 문제 해결 중심의 실용주의를 기본 노선으로 삼고 있다.

정치 체질을 바꾸는 조용한 혁명

실용주의는 결코 쉬운 길이 아니다. 원칙 없는 타협이나 모호한 중립의 길도 아니다. 오히려 뚜렷한 방향성과 유연성을 동시에 요구하는 고도의 정치 기술이다. 갈등을 생산적 논쟁으로 전환하고, 국민의 삶을 중심에 놓는 정치만이 실용주의적 대전환을 이끌 수 있다. 실용주의는 시끄럽지 않다. 말보다는 행동으로 말하기 때문이다. 그러므로 실용주의적 정치 실행은 조용한 혁명의 리듬을 지닌다.

한국 정치는 오랫동안 갈등을 정치의 동력으로 삼았다. 편 가르기, 적 만들기, 과거의 공포 소환, 이런 것들이 유권자를 움직이는 전략이었다. 그런 전략은 날선 언어를 무기로 삼는다. 이재명 실용주의는 그런 갈등의 언어를 중단시키고 민생의 언어로 말한다. 정치가 이념을 완전히 떠날 수는 없다. 하지만 그 이념이 현실을 가리는 장막이 되어서는 안 된다. 실용주의는 그 장막을 걷어내는 힘이다. 정치는 더 이상 거창한 현수막의 자극적인 구호로 정당성을 확보할 수 없다. 국민은 그 구호 뒤에 실질이 있는지를 본다. 당면한 문제를 구체적으로 직시하고 가장 효율적인 방식으로 해결책을 설계하여, 그 성과를 통해 책임지는 정치, 이것이 오늘날 국민들이 단호하게 요구하는 바다.

이재명의 실용주의 정치는 시작되었다. 그것이 정치 기술이나 단기적 정책적 선택이 아니라는 흔적이 점차 또렷해지고 있다. 그렇다면 이재명 실용주의는 한국 정치를 마침내 이념의 덫을 벗어나 민생으로 나아가게 하는 전환점이 될 수 있다. 국민은 변화를 원한다. 우리의 과제는 그 변화의 흐름을 멈추지 않고 제도화하는 것이다. 이념의 시대는 끝났고, 실용의 시대가 열렸다. 한국 정치의 대전환, 지금부터다.

"부엌에서 불을 때는 아낙네가
도를 행하는 것이니라."
- 해월 최시형

"당신이 하는 일은 세상을 바꾸며,
당신은 어떤 변화를 만들고 싶은지
선택해야 한다."
- 제인 구달(Jane Goodall)

1장

1 실용주의의 기원과 전개
2 존 듀이의 실용주의
3 덩샤오핑의 정치적 실용주의 입체적 보기
4 정약용의 실학사상과 현장 중심의 실용주의
5 넬슨 만델라의 정치적 실천과 실용주의
6 21세기의 대표적인 실용주의 노선의 국가 지도자 훑어보기

실용주의, 삶 속에서 작동하는 진리를 향해
- 실용주의의 원리와 방법에 대한 개관적 이해

우리는 여전히 이념의 목소리가 크고 격렬한 시대를 통과하고 있다. 오랜 세월 그 힘은 괴물처럼 강하고 잔혹했다. 그간 그 괴물을 무서워하던 사람들은 언젠가부터 피하기 시작하더니 이제는 무시한다. 괴물성을 지닌 이념의 위력은 여전하지만 정작 사람들의 마음속에 깊이 스며드는 것은 자기 삶을 지탱해주는 작고 구체적인 해결책들이다. 추상적 가치보다 국민의 삶을 책임지는 정치, 거창한 선언보다 체감 가능한 변화, 분열과 상처를 키우는 정쟁이 아니라 국민의 마음을 모으고 어루만지는 정치를 요구하고 있다. 정치가 통치가 되고, 온갖 사상이 삶의 고통을 구체적으로 해명하지 못할 때 사람들은 다른 길을 찾는다. 실용주의는 바로 그 지점에서 등장한다.

이 장에서는 이재명의 정치 실용주의가 어떠한 이론적, 역사적 기반 위에 서 있는지를 살펴보고, 그것이 지금 한국 정치에 던지는 가능성을 찾아보고자 한다. 우리는 묻게 될 것이다. '실용주의는 철학인가, 아니면 정치를 위한 전략인가?' 이 질문에 대한 대답은 단순한 이분법으로는 풀 수 없다. 그것은 철학임과 동시에 전략이기 때문이다. 이재명 실용주의는 스스로 터득하고 실천한 사상일 뿐 아니라, 그것은 역사 속 실용주의 철학의 기본 원리들과 정확히 일치한다. 실용주의 철학에서 정치와 철학이 만나는 길이 열린다. 그 길 위에서 이재명 실용주의를 이해할 수 있는 단서를 함께 찾아보자.

1 실용주의의 기원과 전개

- 찰스 샌더스 퍼스와 윌리엄 제임스를 중심으로

현대 정치에서 가장 중요한 질문 중 하나는 이것이다. "당신이 말하는 이념과 정책은, 실제로 지금 여기에서 작동하는가?" 바로 이 질문은 19세기 말 미국의 철학자들이 고뇌 끝에 던졌던 물음과 통한다. 그들은 이런 질문을 집요하게 던졌다. "진리는 지금 여기에서 작동하는가?" 실용주의의 아버지 찰스 샌더스 퍼스(Charles Sanders Peirce)와 그 사상을 대중에게 확산시킨 윌리엄 제임스(William James)는 진리를 박물관 속 유물처럼 취급하던 오랜 전통을 거부했다. 그들은 진리를 삶의 도구로, 현실과 부합해야 하는 것으로 보았다. 그들의 사유가 오늘날 이념의 추상을 넘어 삶에서 작동하는 진리를 찾아가는 정치 실용주의의 정신적 뿌리를 형성했다.

찰스 샌더스 퍼스: 실용주의 격률

찰스 샌더스 퍼스는 철학자이자 과학자였다. 그는 철학을 삶의 문제를 해결하는 탐구로 보았다. 퍼스가 던진 가장 중요한 원칙을 '실용주의 격률(Pragmatic Maxim)'이라고 한다. "개념이 의미하는 바는, 그것이 실천적으로 어떤 결과를 낳는지를 아는 것과 다르지 않다." 이를 요약하면 다음과 같다.

'어떤 개념의 의미는, 그것이 실제로 어떤 효과를 낳는지를 아는 것과 같다.'

'생각의 의미는 그 실천적 결과 속에 있다.'

누군가 말을 하고, 이론을 만들고, 가르침을 펴거나 정치적 주장을 펼 때, 퍼스는 그 말이 가리키는 것의 실질적인 효과를 보라고 말한다. 가령 단단함을 가리키는 '강도'(intensity)란 말은 어떤 물체가 다른 물체와 충돌했을 때 어떻게 반응하는지를 관찰할 때 그 의미가 드러난다. 어떤 사상이나 철학도 마찬가지다. 공자의 유가 사상이나 노자와 장자의 도가 사상, 고대 그리스 철학이나 여러 종교의 가르침도 마찬가지다. 그것은 백지상태의 머릿속 사변이 아니라 인간 삶이 그 시대의 사회 및 세계와 상호 작용하면서 성립되고 만들어진 것이다. 과학이나 기술도 마찬가지다.

퍼스에게 사유, 즉 생각이란 의심에서 출발해 믿음으로 나아가는 과정이었다. 그는 의심은 불안한 상태이며 행동을 멈추게 하는 반면, 믿음은 안정적이고 행동을 가능케 한다고 보았다. 따라서 인간은 의심을 해소하기 위해 끊임없이 탐구한다. 그는 이러한 탐구의 방식에 네 가지가 있다고 말했다.

- **고집의 방법(Tenacity)**: 자신의 기존 신념을 의심하지 않고 고수하는 방식
- **권위의 방법(Authority)**: 종교, 국가, 전통 등 권위 있는 기관이나 집단의 견해에 따라 믿음을 형성하는 방식. 외부 권위자에 의존하므로 개인의 탐구의 자유 제한
- **이성적 직관의 방법(A Priori)**: 논리적 일관성이나 '이성적으로 그럴듯한 것'을 기준으로 믿음을 정당화하는 방식. 직관이나 취향에 따라 달라지며, 객관성 부족

• 과학적 방법(Science): 경험과 실험, 관찰을 통해 검증하고 수정하는 방식

퍼스는 넷 중에서 '과학적 방법'이 가장 신뢰할 만하다고 보았다. 왜냐하면 그것은 객관적 경험을 통해 오류를 수정하며, 모두에게 검증 가능한 방식으로 작동하기 때문이다.

퍼스는 그 어떤 믿음도 절대적 진리가 될 수 없다고 단언했다. 퍼스의 실용주의는 오류 가능성(Fallibilism)을 인정하고 받아들인다. 즉 자신의 신념이나 믿음조차도 오류 가능성이 있음을 인정하는 겸허한 태도를 가져야 한다는 것이다. 진리는 언제나 잠정적인 것이다. 새로운 증거나 경험이 나타나면 기존의 믿음은 수정되어야 한다. 이는 도그마에 대한 명확한 거부이며, 실용주의가 유연성과 변화 가능성을 포용하는 철학임을 잘 보여준다.

퍼스의 이러한 실용주의 사유는 철학, 과학, 기호학, 논리학 등 거의 모든 영역에서 혁신적인 통찰을 제시했다. 하지만 그의 글은 난해하여 생전에는 그다지 주목받지 못했다. 그의 사유를 실제 삶과 철학의 접점에서 대중적으로 꽃피운 사람은 따로 있었다. 그가 바로 윌리엄 제임스다.

윌리엄 제임스: 진리는 유용한 것, 현금처럼 통용되는 것

윌리엄 제임스는 실용주의를 대중의 철학으로 만든 인물이다. 그는 퍼스의 복잡한 개념들을 삶과 밀착된 언어로 풀어냈다. 그는 철학이 책상 위의 개념놀이나 말장난이 아니라 삶을 더 잘 살아가기

위한 기술이어야 한다고 믿었다.

제임스는 실용주의를 명료하고 알기 쉽게 설명했다. "진리란, 그것이 유익하게 작동할 때 참이 되는 것이다." 그는 이를 '현금 가치'라는 은유로 표현했다. 즉, 어떤 개념이나 믿음이 현실 속에서 직접적인 도움이 되고, 문제를 해결하며, 우리 삶을 안정시키고 만족스럽게 만든다면 그것이 참이라는 것이다. 현실에서 현금처럼 사용할 수 있어 구매 가능하고 교환 가능하고 실용적 가치가 있을 때 진짜라는 것이다. 다분히 미국적 상업주의와 캐시 문화를 느끼게 하지만 실로 생생한 비유가 아닐 수 없다.

제임스는 이론이나 사상만이 아니라 사람의 의지도 실용적 힘이 있다고 보았다. 예를 들어, 자기 긍정의 태도나 '나는 내일 더 나은 사람이 될 수 있다.'는 낙천적 믿음은 과학적으로 입증되지 않지만 그 믿음이 실질적 행동을 유도하고 변화로 이어진다면, 그것은 그에게 작동하는 진리가 된다는 것이다. 이런 효용성은 형이상학이나 종교적 신념까지 포괄한다. 제임스는 이를 '의지의 믿음(Will to Believe)'이라고 표현한다. 우리의 경험을 통해 잘 알다시피, 세상은 불확실하고 어떤 것들은 과학적으로 아직 효과를 다 검증할 수는 없다. 그렇다고 아무것도 믿지 않고 주저하고 아무런 선택을 하지 않는 것은 더 위험하다. 그는 강조한다. "삶은 결단을 요구한다. 신념을 지녀야 행동하게 된다." 그래서 우리는 때로는 과학적 결론에 의해서가 아니라 자기 삶의 맥락에서 기꺼이 신념을 선택해야 한다는 것이다.

이처럼 그의 실용주의는 인간의 감정, 의지, 경험을 존중했다. 어떤 이론이나 사상이든 기계처럼 논리적으로만 아니라 사람의 마음,

욕망, 불안, 기대와도 연결되어야 한다고 보았다. 이는 정치와 교육, 윤리의 영역에서도 실용주의가 생명력을 지니는 이유이다. 무엇보다 제임스는 '다원주의(pluralism)'를 강조했다. 단 하나의 진리란 존재하지 않으며, 오히려 진리는 여러 개일 수도 있으며, 사람마다 상황마다 맥락에 따라 진리의 모습은 달라질 수 있다고 보았다. 그에게 세계는 유일하고 고정된 질서가 아니라 살아 움직이며 다양하게 해석될 수 있는 열린 장이었다.

철학에서 정치로, 실용주의의 궁극적 질문들

퍼스는 진리를 실험하고 검증해야 한다고 말했고, 제임스는 진리를 살아내고 느껴야 한다고 말했다. 그들의 철학은 고루한 개념의 유희가 아니라 삶의 문제를 해결하는 방식이었다. 이처럼 실용주의는 그 어떤 철학보다 행동을 요구하는 철학이며 삶을 위한 철학이다. 즉 실용주의는 이 땅에 발을 붙이고 살아가는 모든 인간, 즉 사람을 위한 철학이다. 실용주의의 원래 의미와 정신에 비추어 보면, 어떤 하나의 이념이나 가치에만 경도되는 것은 결코 실용적인 것이 아니다. 오히려 다양한 가치를 인정하는 바탕에서 실질적인 개선을 위해 한 발짝 나아가는 것이 실용주의의 지혜이자 실용적 자세이다. 그리고 실용적 가치를 단순히 경제적 이익을 추구하는 것으로 간주하는 것은 가장 심각한 오독이 된다. 그것은 인간의 삶의 질을 향상시키고 건강한 사회를 만들고 현실의 문제에 대한 해법을 찾으려는 사유이자 실천이다. 이 정신은 정치에로 이어진다. 덩샤오핑의 개혁, 정약용의 실학, 만델라의 전환, 그리고 우리가 탐구하는 이재명의 실용주의 정치는 모두 같은 질문에서 출발한다.

"이것은 지금 여기에서 작동하는가?"

"이 정책은 사람들의 삶을 낫게 하는가?"

"이 신념은 행동과 결과로 이어지는가?"

실용주의는 정치가 길을 잃을 때, 이념이 사람을 배신할 때, 삶의 현장으로 되돌아오라고 외친다. 진리는 살아 있는 것, 유동적인 것, 검증 가능한 것이어야 한다.

2 존 듀이의 실용주의

- 삶의 경험과 민주주의를 위한 철학적 실천

찰스 샌더스 퍼스가 실험실에서 실용주의의 뼈대를 세우고, 윌리엄 제임스가 그것을 사람의 마음과 감정으로 확장했다면, 존 듀이(John Dewey)는 실용주의를 사회와 제도의 영역 그리고 교육과 민주주의의 현실로 끌어온 사람이다. 그는 철학을 책 속에 묶어두는 데 만족하지 않았다. 그는 철학은 반드시 '삶에 작동'해야 한다고 믿었다. 그는 우리가 익히 아는 민주주의조차 이상적 제도나 숭고한 이념으로 보기보다 우리가 실현하는 삶의 방식으로 보았다. 이처럼 존 듀이에게 실용주의란 삶과 공동체 속에 작동되는 것을 의미했다.

철학은 현실을 돕는 도구

듀이에게 철학은 삶의 도구였다. 그것은 인간이 문제 상황에서 길을 찾고자 할 때 꺼내 드는 도구 상자였다. 그는 모든 개념과 이론은 행동을 위한 도구일 뿐이라고 강조한다. 진리는 고정된 명제가 아니라 상황에 따라 작동하고 수정되는 유동적인 것이라는 인식, 이 점에서 듀이는 퍼스의 실험 정신과 제임스의 유용성 개념을 모두 계승한다. 그러나 그가 더욱 강조한 것은 '사회 속에서 작동'하여야 한다는 원칙, 또 그렇게 되도록 실천하는 현실 감각이었다.

듀이는 교육자이자 민주주의 이론가이기도 했다. 그에게 철학 혹은 사상은 우리가 사회적 갈등을 해소하고 공존의 방식을 찾기 위한 훈련과 실천을 의미했다. 그래서 듀이는 사회가 새로운 문제에 부딪힐 때 철학은 그것을 풀기 위해 스스로의 이론을 조정하고, 때로는 폐기하며, 끊임없이 재구성(reconstruction)해야 한다고 보았다. 즉 진리는 미리 정해진 정답이 아니라 방향이어야 하고, 철학 역시 사회 속에서 함께 모색해 가는 과정이어야 한다고 보았다.

학교는 민주주의의 실험실

듀이가 실용주의를 정치로 끌어낸 가장 중요한 통로는 교육이었다. 그의 주요 저서들은 전통적인 교육의 한계를 날카롭게 비판하는 메시지들로 가득하다. 주입식 교육, 암기 중심 교육, 일방적 훈육, 수동적인 지식 전달과 같은 교육은 민주주의를 가르치기에 매우 부적합한 방식이라고 보았다. 듀이가 주장한 교육의 길은 경험을 통한 교육, 즉 경험 중심의 학습(Experiential Learning)이다. 아이들 즉 학생들이 직접 참여하여 문제를 마주하고 스스로 해결책을 모색하는 방식의 교육, 지금 우리 학교 교육에서 강조되는 참여식 교육 역시 듀이의 정신과 관련된다.

    그에게 학교는 사회를 압축한 실험실이었다. 아이들은 그곳에서 협력하고 갈등을 조율하며 타인의 입장을 이해하고 소통하며 공공선을 배운다. 그는 이 모든 과정이 바로 '민주주의의 훈련'이라고 보았다. 듀이가 말하는 교육을 통한 성장(Growth)이란 지식의 양적 축적을 뜻하지 않는다. 그것은 인간이 더 나은 판단을 할 수 있게 되는 질적 변화다. '무엇을 아는가'보다 '어떻게 생각하고, 어떻게 함께 살아갈 것인가'를 묻는 과정으로 교육을 이해하는 그의 교육 철학은 과연 실용주의적이고 학습자 중심적이다. 그의 실용주의 정신은 다음의 말에 그대로 나타난다. "교육은 삶을 위한 준비가 아니라, 삶 그 자체이다."

민주주의는 습관이자 태도

    '민주주의는 제도이기 전에 하나의 삶의 방식이다.' 듀이가 남긴 가장 강력한 명제 중 하나는 바로 이것이다. 그는 민주주의란 어떤 정치적 이상이나 엄격한 제도로 지켜야 할 절대 명제라고 말하지 않는다. 오히려 사회 구성원들이 살아낸 경험, 체험된 삶의 경험으로 구성되어 삶의 방식으로 실천되어야 한다고 보았다. 이러한 실용주의적 견해에 의하면 투표, 의회, 헌법 같은 제도는 민주주의의 외피일 뿐이다. 민주주의의 본질은 경청과 숙의의 습관, 차이를 조율하려는 태도, 공동의 문제에 참여하려는 책임감과 같은 '삶의 방식'에 달려 있다고 보았다.

듀이는 20세기 중반 민주주의를 표방하는 미국 정치를 겨냥하여 날선 비판을 아끼지 않았다. 그 질타는 산업화와 전문화로 인해 시민은 점점 관객(audience)으로 전락하고 있고, 정치는 엘리트의 전유물이 되고 있다는 것이었다. 그는 이를 정치적 마비라고 불렀다. 시민들을 조종하려는 온갖 정치적 연출과 가짜 뉴스와 미디어 정치를 목격하는 우리들의 경험과 매우 유사하다. 듀이는 시민 참여를 강조했다. 시민이 참여하지 않으면 민주주의는 껍데기만 남는다. 그에 의하면 민주주의는 조직화된 지성의 결과물이다. 오늘날의 표현으로 말하자면, 집단지성이 민주주의를 가능하게 한다는 것이다. 그래서 듀이는 정치 영역에서 시민이 점점 수동적인 존재가 되어 그림자 같고 형체 없는 관객처럼 전락하는 것을 거듭 경고한다.

듀이는 민주주의를 시민들이 함께 만들어가는 창조적 과정으로 보았다. 즉 다양한 시민들이 깨어 참여하는 일, 서로 연결되어 문제를 이해하고 해결안을 모색하며 함께 결정하는 과정, 이것이 민주주의의 본질이라는 것이다. 그는 민주주의는 단지 제도나 통치 방식이 아니라 살아가는 삶의 방식이며, 끝없는 창조적 과정이라고 강조한다. 그는 이를 '창조적 민주주의(Creative Democracy)'라고 부른다. 민주주의는 완성된 제도나 절대적 가치가 아니라 우리가 날마다 다시 살아내야 할 윤리적 실천이자 함께 참여함으로써 이루어야 할 삶의 과정이라는 듀이의 말은 오늘날 우리에게도 큰 울림을 안겨준다.

듀이의 철학이 오늘의 정치에 주는 통찰들

듀이의 실용주의는 삶의 기술로서의 정치와 닿아 있다. 그리고 이는 오늘날 우리가 맞닥뜨린 여러 정치적 과제와도 깊이 맞물린다.

시민의 참여가 곧 정치

듀이에 의하면, 정치란 전문가만의 일이 아니라 모든 시민이 훈련을 통해 성장해 가는 공공의 장이다. 듀이의 실용주의 정치 철학은 현장 중심의 문제 해결 능력도 강조하지만, 특히 민주적 참여, 시민 의식과 교육, 토론과 협력이 그 핵심이다. 사실 듀이가 참여 민주주의와 숙의 민주주의의 이론적 토대를 마련했다고도 말할 수 있다. 이는 한나 아렌트(Hannah Arendt)의 공론의 장, 위르겐 하버마스(Jurgen Habermas)의 소통 이론, 코넬 웨스트(Cornel West)의 예언적 실용주의(Prophetic Pragmatism) 등과도 잘 이어진다.

교육은 민주주의의 출발점

듀이에 의하면 학교는 단지 교육 기관이 아니라 민주주의의 유전자(bank)이다. 공동체적 감각, 공공 문제에 대한 민감성, 타인의 의견을 듣는 훈련이 없으면 시민은 영원히 정치의 객체로 남을 수밖에 없을 것이다. 특히 듀이는 '정치적 문해력' 교육의 필요성을 100년 전부터 예고했다. 이는 그의 실용주의적 교육 철학과 정치적 견해가 얼마나 선구적이었는지를 보여준다.

실패를 허용하는 정치

듀이의 철학은 오류를 인정하고 실험을 중시한다. 진리는 완결된 것이 아니라 더 나은 결과를 향한 끊임없는 수정 과정으로 보기 때문이다. 이 역시 현대 정치에 깊은 교훈을 던진다. 전통이나 이념과 같이 이미 정답으로 주어진 것을 기준으로 모든 것을 강요하는 '정답 정치'를 멈추도록 촉구한다. 나아가 서로 피드백이 가능한 정치, 유연한 정책 전환의 태도, 실패를 학습하는 제도적 탄력성을 지니도록 자극한다.

사회의 진보는 시민의 성장

듀이에게 '자아실현'은 개인의 자기 계발을 넘어, 사회 전체와 사회 구성원들이 함께 성장하는 윤리적 지향이었다. 정치란 바로 그 성장을 돕는 과정이어야 한다. 결국, 진보란 더 나은 제도가 아니라 시민들이 성장하는 과정이자 더 성숙한 시민들이 만들어가는 결과이다.

작동하는 민주주의를 위하여

존 듀이의 실용주의는 철학이 삶에 뿌리내리도록 하고, 교육과 정치가 사람을 위해 다시 작동하도록 하는 생동감 있는 사유가 아닐 수 없다. 철학, 교육, 정치, 윤리라는 경계를 넘나드는 존 듀이의 실용주의는 우리 삶을 잠시 멈추고 깊이 되돌아보게 만든다. 그는 우리에게 묻는다. "당신의 신념은 지금 여기에서 작동하고 있는가?"

이 질문은 실용주의 사유의 발전을 통해 다듬어진 보석이라 할 수 있다. 퍼스가 말한 '의미는 실천 속에 있다.'는 주장이, 제임스가 말한 '진리는 유용한 것이다.'를 거쳐, 듀이에 와서 '진리는 사회 속에서 살아 움직여야 한다.'는 것으로 점차 진화했다. 그리고 이는 정치적 실용주의의 철학적 기반으로 이어진다. 정치가 길을 잃었을 때,

민주주의가 의심받을 때, 우리는 이 질문으로 돌아가야 한다.

"이 정책은 지금 사람들의 삶에 어떤 변화를 주고 있는가?"

"이 제도는 시민을 어떻게 성장시키고 있는가?"

"이 결정은 더 많은 사람을 참여하게 만드는가, 아니면 소외시키는가?"

3 덩샤오핑의 정치적 실용주의 입체적 보기

- 이념의 탈피, 현실의 장악

'검은 고양이든 흰 고양이든, 쥐만 잘 잡으면 된다.' 이 문장은 중국의 20세기 후반기를 이해하는 데 있어 열쇠가 되는 말이다. 이는 단순한 비유가 아니다. 흑묘백묘론은 현대 중국 역사의 과거와 미래를 가른 경계선이 되었다. 덩샤오핑(鄧小平)은 이 간결한 문장으로 전대의 이념 투쟁과 교조주의를 단숨에 꺾고 실용주의 정치의 새 지평을 열었다. '쥐 잘 잡는 고양이'라는 비유는 더 이상 '무엇이 옳은가'가 아니라 '무엇이 더 실용적이고 현실적으로 유용한가' 하는 척도를 잘 보여준다. 이는 퍼스의 경험주의적 사고, 듀이의 민주주의적 실천 철학과 맞닿아 있다. 그러나 덩샤오핑의 실용주의는 국가의 운명을 건 정치적 선택이라는 점에서 그 진가가 드러난다.

마오 이후의 잿더미 위에서 시작된 현실주의

문화대혁명의 혼돈 이후, 중국은 깊은 상처와 빈곤 속에서 길을 잃고 있었다. 마오쩌둥(毛澤東)의 급진적 이념은 혁명이라는 이름으로 수많은 인민의 삶을 희생시키며 중국 사회를 경직시켰다. 게다가 중국은 농업국으로서 고질적인 빈곤을 벗어나지 못하고 있었다. 이념은 삶을 구원하지 못했고, 그 실천은 인민에게 깊은 잔혹한 상처를 남겼다. 덩샤오핑은 이 지점에서 철학적 전환을 선언한다. 바로 1978년 5월 11일, 중국의 이론 잡지 「광명일보(光明日報)」를 통해 중국 공산당 개혁파는 <실천은 진리를 검증하는 유일한 기준이다(實踐是檢驗真理的唯一標準)>라는 제목의 글을 게재한다. 덩샤오핑은 이 논리를 공개적으로 지지했고, 이는 이후 개혁개방 노선으로 이어졌다. 이는 마오쩌둥 사상에 대한 무비판적 수용을 거부하고 마르크스주의에서 실천의 우위성을 내세우며 개혁개방의 철학적 사상적 정당성을 부여한 선언이었다. 죽은 도그마에서 벗어나 현실에서 작동하는 정책, 인민의 삶을 개선하는 유효한 결과가 보다 중요하고 시급하다는 것이다.

덩샤오핑의 길은 사회주의 사상의 포기나 변화가 아니었다. 그것은 일종의 거대한 전환이었다. 그것이 국가의 생존 문제에 대한 근본적 방향 전환이었기 때문이다. 덩샤오핑의 정치적 실용주의는 중국 사회가 처한 절박한 위기의식에서 출발했다.

흑묘백묘론과 선부론: 이념을 해체하고 전략 다시 짜기

덩샤오핑이 흑묘백묘를 최초로 발언한 것은 1962년 광시(廣西)에서 열린 한 내부 간담회에서였던 것으로 알려져 있다. '검은 고양이든 흰 고양이든, 쥐만 잘 잡으면 좋은 고양이다.' 이후 이 말이 널리 알려지고 덩샤오핑의 정책 철학의 상징으로 자리 잡은 것은 1978년 이후 개혁개방 시기다. 이 말은 가벼운 속담이나 유머가 아니다. 그것은 선명한 비유를 통해 정치적 신념과 전략의 방향을 제시한 전복적 선언이라고 할 수 있다. 이념의 순수성과 역사적 명분보다 성과와 효용을 정치의 기준으로 삼는다는 실용주의적 정치 철학의 모든 것이 이 선언에 간명하게 담겨 있는 것이다.

이 같은 실용주의적 현실주의는 '선부론(先富論)'에서도 명확히 드러난다. 선부론은 '먼저 부유해져야 한다.'는 말이다. 선부론은 1980년 10월, 중국 공산당 중앙위원회 간부회의에서 덩샤오핑이 한 발언이다.

"우리는 일부 지역, 일부 사람들로 하여금 먼저 부유해지도록 허용할 수 있다. 그리고 그들이 다른 사람들을 이끌어 함께 공동 부유로 나아가게 해야 한다." 이 표현은 그가 자신의 실용주의적 정책 정당성을 부여하며 자주 말한 논리이며, '공동 부유(共同富裕)'는 이후 정치적 구호로 발전하게 된다. 일부가 먼저 부유해지고, 그 부가 확산되면서 사회 전체가 발전한다는 발상은 평등과 집단주의를 최고의 가치로 삼았던 기존 사회주의의 심장을 찌르는 말이었다. 이러한 그의 정신은 '인민 생활을 개선하지 못하면 사회주의를 말할 자격이 없다.'는 직설적인 표현에서도 드러난다.

덩샤오핑은 사회주의가 이상이 아니라 시스템이며, 그 시스템은 결국 인민의 삶을 낫게 만드는 데 복무해야만 존재 이유가 있다고 믿었다. 이로써 그는 역사적 진보를 이념의 언어가 아니라 삶의 개선이라는 현실의 언어, 삶의 언어로 다시 정의했다.

실사구시 정신, 실용주의 정치의 철학적 근거

덩샤오핑의 실용주의는 단지 전략으로만 평가하기 곤란한 차원이 있다. 그것은 '실사구시(實事求是)'의 유서 깊은 중국 전통의 계승이기도 하다. 실사구시란 '사실을 있는 그대로 받아들이고, 사실로부터 해답을 찾는다.'는 뜻이다. 『한서(漢書)』의 「하간헌왕전(河間獻王傳)」에서 유래한 이 말은 객관적 사실을 중시하고 허위나 허례허식을 경계하는 태도를 강조한다. 명분이나 특정 가르침을 허위의 이데올로기로 삼기보다 현실을 객관적으로 인식하고, 그 지점에서 문제를 해결하는 해법을 찾아야 한다는 메시지를 담고 있다. 이 정신은 조선 후기 실학사상과 정약용의 실학과도 깊이 맞닿아 있다. 마오주의적 교조를 내려놓고 정치의 판단 기준을 삶 속에서 실제 작동하는 것으로 삼는 이 정신은 실용주의의 핵심을 그대로 보여준다.

덩샤오핑의 정신은 이후 중국의 '4개 현대화' 전략으로 구체화된다. 농업, 공업, 국방, 과학기술의 발전은 중국의 현실에 기반한 성장 전략이었다. 더 이상 추상적 구호나 외세 타도, 계급 투쟁, 혁명을 외치지 않고, 물질적 생산성과 생활 개선을 국가 목표로 확립한 것이다. 경제특구, 외자 유치, 기술 도입, 적극적인 해외 유학 정책 등은 이 철학이 정책으로 구현된 생생한 사례들이다.

개혁의 궤적과 파급력, 국내 안정과 국제적 확장

덩샤오핑의 실용주의 노선은 중국의 경제 성장이라는 구체적 결과로 이어졌다. 1980년대 이후 연평균 9%를 넘나드는 경제 성장률은 세계를 놀라게 했다. 농민들은 자신이 재배한 곡물을 팔기 시작했고, 도시에는 민간 기업이 등장했다. 특히 선전과 같은 경제특구는 실험장이자 미래의 중국을 앞당긴 현실이 되었다. 이러한 성장은 단순한 수치의 문제가 아니다. 그것은 실용주의 노선의 성과를 입증하는 증거가 되었고, 빈곤이 사라지고 부유해진 중국인의 삶이 이를 잘 보여주고 있다.

사회주의를 외친 마오의 시대와 달리 덩샤오핑 시대에는 성과와 안정이 정권의 정당성 기반이 되었다. 급성장한 중국 경제는 지금 미국과 경쟁하며 세계 1위권으로 치닫고 있다. 중국인들은 이를 덩샤오핑의 노선이 남긴 생생한 성과로 인정하고 있다.

국제적으로도 그 파급력은 컸다. 중국은 베이징 컨센서스(China Model)라 불리는 국가 주도형 발전 전략으로 자유 시장주의가 아닌 또 다른 대안을 세계에 제시했다. 이는 특히 아시아, 아프리카, 중남미의 개발 도상국들에게 '서구식 민주주의 없이도 성장할 수 있다.'는 희망으로 읽혔다. 그래서 덩샤오핑은 현대 역사에서 세계 질서의 재편자 중 하나로 기록된다.

덩샤오핑은 철학자가 아니다. 그러나 그는 현실이 철학 이념보다 앞선다는 것을 행동으로 증명한 인물이란 점에서 철학적이다. 그는 이념보다 전략을 택했고, 말보다 결과를 택했으며, 혁명보다 생존을 택했다. 이제 그것은 입증된 국가 전략이자 탁월한 정치 철학으로 평가받고 있다.

이재명과 덩샤오핑의 교차점

덩샤오핑은 여러 차례 이재명에 의해 직접 인용되었다. 이재명은 자신의 실용주의 노선을 설명할 때 흑묘백묘론을 들며 '실용이 곧 진리'임을 강조하기도 했다. 그에게도 중요한 것은 좌우 이념의 정당성이 아니라 시민의 삶을 어떻게 개선하느냐였다. 민생과 경제 성장, 복지와 기본소득, 보수도 껴안는 중도 보수 노선 등의 실용적 작동성으로 모든 문제를 풀어나가려는 그의 정치적 감각은 덩샤오핑과 유사한 맥락을 공유한다. 물론 체제와 시대, 정체성이 다르기에 두 인물은 같은 실용주의라 하더라도 그 구현 방식은 전혀 다르다. 이재명이 덩샤오핑의 노선을 추구하는 것도 아니다.

덩샤오핑이 권력을 기반으로 하는 실용주의 정책을 폈다면, 이재명은 현장 중심의 실용주의를 실행한다. 덩샤오핑은 극심한 빈곤 문제를 우선적으로 해결하기 위한 현실적 해법으로 실용주의를 선택했지만, 이재명은 부강해진 한국에서 민생 개선과 성장, 국민 주권의 확장을 위해 실용 정책을 펴고 있다. 덩샤오핑이 권위주의적 개혁개방 정책을 폈다면, 이재명은 민주주의적 조정과 설득이라는 과정을 거치며 실용주의를 실행한다. 무엇보다도 이재명은 시민 항쟁을 통해 세워진 국민주권정부의 대통령으로서 아래로부터의 요구에 기반하여 실용주의 노선을 추진한다는 점에서 덩샤오핑과 큰 차이가 있다. 어쩌면 K-민주주의가 성숙하고 대한민국이 보다 부강해진다면 이재명 실용주의는 지구촌에서 주목할 만한 실용주의 정치 사례로 평가될 것이다.

보충 자료 덩샤오핑과 이재명, 실용주의의 두 얼굴

    덩샤오핑과 이재명은 전혀 다른 시대와 체제에서 등장했지만, 공통적으로 이념보다 현실을 중시하며 실용주의적 리더십을 실천해 온 정치인이다. 덩샤오핑이 흑묘백묘를 외치며 중국의 개혁개방을 이끌었다면, 이재명 역시 '정책의 성패는 국민 삶의 개선에 달렸다.'는 신념 아래 현장의 필요에 기반한 실용 정책을 고집해 왔다. 두 인물 모두 권위보다 민생을 앞세우며 추상적 명분보다는 구체적 성과를 중시하는 리더십을 실현했다.

    그러나 둘 사이에는 결정적인 차이들이 존재한다. 덩샤오핑은 공산당이 지배하는 중국의 수장으로서 이념 전환을 비교적 강압적 방식으로 추진할 수 있었다. 반면 이재명은 다당제 민주주의 안에서 치열한 경쟁과 국민적 설득을 통해 개혁을 실현해야 하는 입장에 있다. 중국이 사회주의 체제를 유지한 채 자본주의 시장경제를 도입하는 전환을 추구했다면, 한국의 이재명은 자본주의 시스템 안에서 공정한 재구성을 시도하고 있다. 다음은 이 둘의 실용주의를 간략히 비교한 표이다.

비교 항목	덩샤오핑 실용주의	이재명 실용주의
체제	사회주의 일당 체제	자유민주주의 다당제
전환 목표	계획경제 → 시장경제	시장경제 발전, 불공정 타파, 복지 강화
주요 전략	미국과의 수교	기존 외교 관계와 동맹 유지
정치 방식	권위주의적 개혁	민주주의적 조정과 설득
핵심 가치	경제 성장	민생 개선, 공정성 회복
시대 배경	냉전기, 문화대혁명 이후	탈냉전, 계엄 내란, 경제 위기와 양극화 배경
리더십 방식	안정적 권력 기반의 개혁	정치적 대결 속 현장 기반 개혁
실행 방식	위에서 아래로 전면적 추진	아래로부터의 요구에 기반한 설득과 성과

이재명의 실용주의는 그 자체로 보다 역동적이다. 작은 나라의 지정학적 제약 속에서도 그는 능동적인 경제 외교 전략을 구사하며 계엄 내란이라는 사회적 대위기를 극복하며 국내의 정치 혼란을 돌파해가고 있다. 무엇보다도 그의 실용주의는 단순한 현실 순응이나 '잘 살아보세'의 구호가 아닌 '민생'과 '정의로운 전환'을 병행하는 전략적 지향을 담고 있다.

소년공 출신의 삶과 진정성, 현장 감각은 그의 리더십을 더 대중적이고 생활 밀착적으로 만들었으며, 그의 실용주의 정치 철학과 현장 중심적 스타일은 짧은 기간 안에 한국 사회에 신선한 변화들을 초래하고 있다. 결국 이재명의 실용주의는 스스로 터득한 실용주의를 트럼프 세계정책이라는 악조건에서 국민들을 설득하고 호소하며 추진한다는 점에서 덩샤오핑의 길과 다르다.

실용주의 노선이라는 이름을 둘 모두에게 붙일 수는 있지만 이재명이 덩샤오핑의 이념이나 유산을 계승하는 것도 아니다. 냉전 시대적 갈등이 첨예했던 시기에 덩샤오핑의 개혁개방은 여전히 사회주의 이념을 고수한 반면, 거대 담론이 해체되고 이념이 퇴조하는 시대적 흐름 속에서 이재명의 실용주의는 열린 민주주의 노선에 기반하여 이념 과잉의 소모성을 넘어 실용 노선을 취한다는 점에서 탈이념적이다.

특히 이재명의 실용주의는 경제만이 아니라 삶과 정의, 경제 성장과 기본사회, 기술과 복지, 외교 주권과 국제 협력의 균형을 추구하고 무엇보다도 모든 국민들의 목소리를 경청하고 포착하려는 민주적 실용주의라는 점에서 큰 강점이 있다. 이것이 지금 한국 사회가 요구하는 리더십이자 이재명 정치 실용주의의 핵심이라 할 수 있다. 그런 면에서 이재명 실용주의는 한국형 실용주의의 고유한 특성을 지니고 창조적으로 진행되고 있다고 할 수 있다.

4. 정약용의 실학사상과 현장 중심의 실용주의

- 지금 여기에서 작동하는 철학

정치가 민심을 떠나 탈선하고 정책들과 공직 행정이 현실에서 점점 멀어질 때, 우리는 자주 정약용을 다시 소환하게 된다. 그는 단지 조선 후기의 실학자나 개혁가로 역사 기록에 묻혀 있는 존재가 아니다. 정약용은 오늘날에도 여전히 살아 있는 문제 해결의 철학자, 실용주의적 정치사상가다. 그의 학문은 서가에 꽂힌 유교 경전의 해석이나 시화(詩畵)를 추구한 것이 아니었다. 그의 대부분의 저술 작업은 백성의 삶을 개선하기 위한 구체적 설계이자 그의 뜨거운 목민(牧民) 사상의 표현이었다. 그는 늘 질문을 던졌다. '과연 이 제도는 백성을 위한 것인가?' 게다가 그는 목민관으로 현장을 익히 알고 치밀한 계획에 입각한 실무에 능한 행정가이자 공직자였다. 정약용은 늘 묻는다. '지금 여기에서 무엇을 해야 하는가?', '이 문제를 어떻게 해결하여야 하는가?'

정약용은 대표적인 실학(實學)사상가이자 실천가였다. 조선 후기의 실학사상은 우리 역사에서 서구 실용주의와 유사한 맥락을 지닌 사상이라고 할 수 있다. 실학은 당시 지배적이었던 성리학의 공리공론에서 벗어나 현실 사회의 모순을 개혁하고 백성의 삶을 풍요롭게 하기 위한 실제적이고 구체적인 방안을 모색했다. 토지제도 개혁, 상공업 진흥, 과학기술 발전, 국방 강화 등 실학자들이 제시한 정책들은 철저히 현실 문제 해결에 초점을 맞추었다는 점에서 현대 실용주의와 유사성을 지닌다. 실학은 이상적인 이론보다는 실제적인 적용 가능성을, 추상적인 논쟁보다는 구체적인 문제 해결 능력을 중시했다. 이는 진리의 유용성과 실천적 결과를 강조하는 서구 실용주의의 조선 시대 버전처럼 보인다. 정약용의 실학은 단순히 '현실을 중시하는 유학'이 아니다. 그것은 철저한 문제 해결 중심의 사유이며, 오늘날 실용주의자들이 말하는 도구적 사고(tool-like thinking)와 통한다. 그는 "배움은 백성을 위함이지, 글을 위한 것이 아니다."라고 단호히 말한다. 학문이 삶에 아무런 영향을 주지 못한다면, 그것은 공리공담(空理空談), 즉 텅 빈 이론일 뿐이다.

유배가 만든 실천 철학: 현장에서 시작된 목민 실용주의

정약용의 실학이 특별한 이유는 그것이 유학자의 글월이 아니라 정책 전문가이자 현장 목민관으로서 직접 경험하고 고민한 현장의 학문이었기 때문이다. 그는 조정에서 물러나 강진 유배지에서 18년을 보냈다. 어떤 이는 그것을 좌절의 시간이라 부르겠지만, 정약용은 그 시간에 새로운 세계를 상상하고 구축했다. 그는 백성과 직접 마주했고, 마을들을 살피며 백성의 삶의 현장을 찾았으며, 농업과 세금 제도, 노동과 제도를 개혁할 실질적인 방안들을 고안했다.

유배지에서도 그는 「전론(田論)」을 써서 조선의 경직된 정전제 대신 보다 유연하고 실제적인 토지 운영 방식을 제시했다. 그가 설계한 거중기와 같은 기술은 단순한 과학적 발명품이 아니라 백성의 고통을 줄이기 위한 실용적 선택이었다. 그는 과학자였고, 기술자였으며, 동시에 정책 설계자였다. 이처럼 정약용의 실용주의는 구체적인 대안을 만드는 실천 작업이었다.

그의 대표작 『목민심서(牧民心書)』는 그 정점에 있다. 이 책은 단지 관리들의 윤리 교과서가 아니다. 목민관들이 실행해야 할 현장 교본으로서 매우 치밀하고 입체적인 지침들을 담고 있다. 세금은 어떻게 걷고, 기근이 닥쳤을 때 어떤 순서로 곡식을 풀며, 홍수와 같은 재해가 발생했을 때 어떤 방식으로 백성을 도와야 하는지를 정약용은 상세하게 제시한다. 이 책은 한국 고전 이상의 가치가 있으며, 오늘날에도 유용한 정치와 행정의 실용주의적 재구성이라 평가할 만한 공직자의 교범이라고 할 수 있다. 당시 유학이 현학적 논쟁에 몰두하고 '좋은 군주란 어떤 사람인가?'라는 질문을 던지고 있을 때, 그는 목민의 심정으로 백성의 삶에 실질적인 혜택을 주는 방안을 고심하고 실천했던 것이다.

백성을 위한 실용주의, 지금 여기에 필요한 리더십

정약용의 실학은 추상적인 이상보다 잘 작동하는 실용을 중시했다. 그는 정치의 본질이 권력이 아니라 제도라고 보았다. 제도는 사람을 살리는 구조여야 하고, 법은 백성의 억울함을 줄이기 위한 장치여야 한다고 믿었다. 이 점에서 당대의 성리학적 이상주의의 한계를 넘어섰으며, 오늘날 우리가 말하는 정책 중심 실용주의에 한 걸음 먼저 도달해 있었다.

정약용은 200년 전의 인물이지만, 오늘날 우리 사회에 거주한다면 우리가 직면하는 문제들—실업, 관료 부패, 양극화, 폭우와 폭염,

기후 위기, 재난, 고령화, 지역 격차, 복지 사각지대—에 대해서도 분명한 목소리를 낼 것이다. 여러 데이터와 문헌들을 함께 들여다보며, 현장의 의견을 반영하고, 행정을 통해 실행 가능한 정책들을 구상할 것이다. 무엇보다 그는 정치란 사람을 살리는 것이라는 신념을 끝까지 놓지 않을 것이다.

오늘날 정치가 공허한 언어와 소모적 다툼으로 길을 잃을 때 정약용은 우리에게 묻는다. "너희의 정치와 사유는 현장에서 작동하고 있는가?" 이는 단지 정치인만이 아니라 우리 공직자와 모든 국민들에게 던지는 질문이기도 하다. 공정은 제도로 완성되어야 하고, 정의는 실행되어야 하며, 정책은 현장에 적합하게 작동되어야 한다. 정약용은 바로 그 지점에서 다시 살아난다. 그는 조선 후기의 학자가 아니라 오늘날에도 여전히 가장 급진적인 개혁가요, 가장 따뜻한 실용주의자로 우리에게 말을 걸고 있다.

이러한 정약용의 사상은 앞서 살펴본 덩샤오핑이나 이재명과도 연결된다. 덩샤오핑은 시장경제를 도입해 중국을 일으켰고, 이재명은 복지와 공정을 중심으로 현실의 필요를 제도화하고 있다. 이재명이 '국민 삶의 개선'이라는 단순하지만 강력한 기준으로 행정과 정책을 설계해 왔다면, 정약용은 '백성을 위한 학문'이라는 이름으로 제도 개혁을 시도했다. 이재명의 실용주의가 위기 속의 현장을 기반으로 움직인다면, 정약용의 실학 역시 유배라는 극단적인 상황 속에서 탄생한 위기의 철학이었다. 관념이 아닌 설계, 말이 아닌 실행, 화려한 이상이 아닌 구체적인 삶, 이것이 두 리더가 공통적으로 보여주는 실용주의의 핵심이다.

보충 자료 『목민심서』, 200년을 앞선 실용주의 행정 교과서

정약용의 『목민심서』는 단지 조선 후기의 수령 지침서가 아니다. 그것은 '지금 여기'에서 공직자가 무엇을 어떻게 판단하고 행동해야 하는지를 보여주는, 실용주의적 행정 철학의 정수다. 이 책은 유배지에서 써 내려간 철학자의 마지막 유산이자, 백성을 위한 실천의 설계도였다. 그는 제도의 목적을 한 문장으로 요약했다. "백성을 편안하게 하고, 억울함이 없게 하라." 단순하지만 강력한 이 문장이야말로 오늘날 실용주의 정치가 따라야 할 가장 정직한 지침이다.

말보다 중요한 실행, 이상보다 앞선 설계

정약용은 『목민심서』 서문에서 말한다. "정치는 감정이 아니라 설계다." 이는 감성적 통치가 아닌, 치밀한 구조와 판단을 요구하는 행정가의 철학이다. 『목민심서』 곳곳에는 오늘날에도 유효한 공공 리더십의 핵심 요소들이 등장한다.

예를 들어, 그는 새로 임명된 수령에게 이렇게 경고한다. "제발 재정을 남발하지 마라. 감격하여 남에게 베풀고 싶겠지만, 그 돈은 결국 백성의 주머니에서 나오는 것이다." 이는 현대 행정에서 '정책 초기 과잉 집행'에 대한 강력한 경계이자, 예산 책임성과 연결되는 메시지다. 무엇보다 중요한 건 재정 집행이 백성의 고통을 줄이느냐는 실용적 기준이다.

또한, 그는 수령의 언행에 대해 "말을 너무 많이 하지 말고, 성을 쉽게 내지 말라."고 조언한다. 이 역시 단순한 윤리 설교가 아니다. 당시 수령의 말 한마디는 마을 전체의 행정 기조를 뒤흔드는 권력이었기 때문이다. 이 메시지는 오늘날 공직자의 언어 책임성, 조직 내 감정 통제, 공공 커뮤니케이션의 절제와도 연결된다.

청렴, 가장 실용적인 공공 자산

정약용은 청렴을 '가장 큰 장사'라고 말했다. 공직자 윤리를 말하는 것처럼 보이는 이 말은 단지 도덕적 미덕이나 의무에 호소하고 있지 않다는 점이 매우 특별하다. 그러니까 청렴을 윤리적 의무가 아니라 실용의 원칙으로 말한 것이다. 권력에 흔들리지 않고 유혹에 넘어가지 않는 사람만이 조직의 신뢰를 지킬 수 있으며, 결국 남는 장사를 하는 셈이란 것이다. 마치 윌리엄 제임스가 말하는 '현금처럼 통용되는 실용성'을 생각나게 한다. 그는 "상관의 명령이라 해도 불의하면 받아들이지 말라."고 단호하게 말한다. 이는 오늘날 행정 내부 고발자 보호, 내부 감찰, 공익신고 제도 등의 기반이 되는 윤리적 저항의 뿌리다.

특히 정약용의 청렴 철학은 도덕이 아닌 시스템의 작동 조건이었다. 권력이 집중될수록 투명성이 소중해지고, 신뢰가 곧 정책의 효용성을 좌우하는 시대에, 우리는 여전히 정약용의 경고 속에서 우리 자신을 되돌아보게 된다.

- 『목민심서』의 정신과 오늘날의 행정 실용주의 비교

『목민심서』의 핵심 메시지	현대 행정학/실용주의 대응
재정 남용 경계	정책 초기 단계의 예산 절제 및 시범 사업 중심 운영
언행의 절제	공공 커뮤니케이션의 신중성과 언어의 책임성
상관의 부당한 명령 거부	내부 고발 보호 제도, 권력 감시 시스템
청렴은 최고의 공직 자산	윤리 경영, 재산 공개, 부패 방지 시스템
백성 중심 행정	주민 참여 예산제, 정책 수요자 중심 설계

이처럼 정약용의 설계는 오늘날 실용주의적 행정이 추구하는 대부분의 기준 및 지침들과 맞닿아 있다. 그에게 행정은 추상적 이상도 단순 업무도 아니었다. 사람들의 고통을 줄이고 삶을 개선하는 디자인이었다. 그리고 그 디자인의 중심에는 청렴이라는 현실적 가치가 있었다.

정약용은 지금도 묻고 있다

'당신은 백성의 삶을 개선하는 정치를 하고 있는가?' 정약용의 질문은 바로 이것이다. 그가 『목민심서』를 통해 말한 것은 목민의 행동이며, 백성의 삶에서 드러나는 기준을 채우는 공직 행위다. 정치란 무엇인가? 그는 말한다. "백성이 편안하면, 정치도 편안하다."

이 말은 이재명 정치의 실용주의 노선과도 직결된다. 현장의 고통을 정책으로 설계하고, 공정과 효용 사이에서 가장 구체적이고 직접적인 해법을 도출하려는 실용적 접근. 그것은 '정약용식 통치'의 현대적 계승이다.

『목민심서』는 조선 시대에 쓰인 고전이 아니라 지금도 살아 있는 매뉴얼이 될 수 있다. 정약용이 설계한 청렴, 절제, 실행의 정신은 오늘날 이재명 실용주의가 추구하는 가치이기도 하다. 정약용의 실학사상과 목민 정신과 현장 중심의 행정은 이재명의 실용주의와 애민 정신과 현장 중심의 리더십과 거의 동일하다. 이재명 실용주의는 우리 시대에 작동하는 실학사상의 현대적 버전이다. 실용주의는 시대를 초월한다. 오로지 사람을 향해.

5 넬슨 만델라의 정치적 실천과 실용주의

- 갈등을 넘어선 정치의 미학

넬슨 만델라(Nelson Mandela)를 정치의 아이콘이라 부르는 이유는 단지 그가 남아공의 첫 흑인 대통령이었기 때문만은 아니다. 그는 정치가 인간을 해방하고 공동체를 회복시키는 도구가 될 수 있음을 증명한 인물이었다. 만델라가 걸어간 길은 한 흑인 정치인의 영웅적 서사처럼 보이지만, 사실 만델라의 삶은 모진 현실을 뚫고 나아간 실용주의자의 여정이다. 극단의 시대를 살아내면서도 극단으로 흐르지 않았고, 정의를 말하면서도 보복을 선택하지 않았으며, 누구보다 절실한 민중의 편에 서면서도 그들을 선동하지 않았다. 이것이 바로 만델라 실용주의의 정수다.

진실과 화해의 정치: 상처 위에 미래를 세우다

1994년, 오랜 인종 차별 체제 아래에서 첫 번째 흑인 대통령이 된 넬슨 만델라에게 온 세계의 시선이 모아졌다. 놀랍게도 그가 택한 길은 누구도 예측하지 못한 것이었다. 잔혹한 흑인 차별 정책을 편 백인주의자들에 대한 피의 보복도 없었고, 혁명 이후 이어지는 과격한 청산도 보이지 않았다. 그는 진실을 철저하게 밝혀내되 화해를 전제로 활동하는 진실과화해위원회(Truth and Reconciliation Commission)를 출범시켰다. 고통받은 자의 이야기를 들어주는 동시에 가해자에게도 스스로의 죄를 고백하고 용서를 구할 기회를 부여한 이 방식은 실용적 정의의 극치를 보여준 위대한 선택이었다.

이러한 그의 철학은 그의 자서전 『자유를 향한 머나먼 여정』에 다음과 같이 표현되었다. "나는 자유를 위해 싸운 것이지, 백인을 억누르기 위해 싸운 것이 아니다."

이 말은 정치의 목적이 상대를 누르는 것이 아니라, 함께 살아가는 질서를 세우는 데 있다는 것을 웅변한다. 정치적 분노를 가질 자격이 누구보다 충분했던 만델라가 오히려 가장 절제된 리더십을 보여준 것은 그가 정치를 공존을 설계하는 기술로 이해했기 때문이다. 그의 실용적 길은 정치를 갈등을 극대화하여 자기 이익의 도구로 삼는 전 세계에 깊은 울림을 주었다.

감정의 정치에서 윤리의 정치로

만델라는 감정의 정치를 거부했다. '원한은 독을 마시고, 그것이 적을 죽이기를 기대하는 것과 같다.'는 그의 말에 이 정신이 잘 드러난다. 감정의 정치란 분노와 적의를 자극하는 정치를 말한다. 정치는 종종 분노를 연료로 삼기는 하지만, 그것이 지속되면 공동체를 파괴하고 사람들의 정신을 갉아먹는다는 사실을 그는 누구보다 잘 알았다.

만델라는 깊은 연민과 화해의 정신을 추구하였고, 분노를 폭력적으로 조직화하는 길을 단호히 거부했다. 그의 이러한 인식은 정치에 감정의 윤리적 통제를 도입한 모범적 사례로 평가받고 있다. 감정이 없는 정치는 인간의 현실을 무시하는 것이지만, 감정에 휘둘리는 정치는 결국 공공의 이성을 파괴한다. 만델라는 이 균형을 실용적으로 조율해냈다.

만델라가 추구한 '우분투(Ubuntu)'는 '나는 우리가 있기 때문에 존재한다.'는 말로 요약된다. 이는 아프리카 공동체 중심 전통에 뿌리를 둔 화해 정신으로, 타인의 삶과 고통에 대한 공감과 책임을 중시한다. 만델라는 이 개념을 정치적 화해와 포용의 정치 윤리로 확장했다. 우분투는 개인의 존엄을 인정하면서도 각자의 삶과 운명이 공동체와의 관계 속에서 실현된다는 점에서 나와 너, 나와 우리의 연결을 소중히 한다. 이를 현대 정치 철학으로 본다면 자유주의와 전체주의를 넘어선 중용의 길, 상생과 화해의 정치 철학을 구현하는 정신이라고 볼 수 있다. 공존과 공동의 이익을 생각하는 만델라의 우분투는 상생을 위한 실용주의 정치에 다름 아니다.

만델라식 실용주의의 세 가지 원칙

만델라의 실용주의 정치에는 몇 가지 핵심 원칙이 있었다. 이는 단순히 남아공에 국한된 것이 아니라, 오늘날 민주주의가 처한 위기와 혐오의 정치에 주는 실질적 해법이 될 수 있다.

구분	내용	현대적 의미
정의보다 통합	진실과화해위원회 설립	과거 청산보다 사회 통합 우선
보복보다 동행	적과 함께 정부 구성	협치와 연정, 소통과 관용
감정보다 공동체	우분투에 기초한 윤리	차별과 분열 정치의 해독제, 공존

만델라의 이러한 선택은 단순히 착한 정치나 이상주의적 선택으로만 평가할 수 없다. 그것은 그 어떤 정치보다 현실적인 선택이었다. 백인 자본에 크게 의존하고 있었던 남아공의 사회 경제적 구조

속에서 만약 보복 중심의 정치가 이루어졌다면 남아공은 정치적으로 고립되고 경제적으로 파산했을 것이다. 만델라는 공동체 전체를 살리는 정치를 실용주의적 감각으로 설계했던 것이다.

실용주의는 타협이 아니라 전략

일각에서는 만델라의 실용주의를 두고 이념 없는 정치 혹은 원칙 없는 절충으로 오해한다. 그러나 그것은 실용주의를 가장 협애하게 이해하는 방식이다. 만델라는 현실을 직시했고, 그 안에서 가장 강력한 도덕적 힘을 구축해냈다. 그는 원칙의 사람이었고, 그 누구보다 약자의 편에 선 정의의 노선을 견지했다. 그는 강한 원칙을 실현 가능한 방법으로 실천하기 위해 정책을 선택하고 자신의 리더십을 구성했다. 그는 다음과 같이 말했다. "만약 당신이 적과 평화를 이루고 싶다면, 당신은 그 적과 함께 일해야 한다. 그러면 그는 당신의 동료가 된다."

이 말은 정치의 본질을 되묻는 언어다. 적을 상대하지 않고는 평화를 만들 수 없으며 평화를 말하면서도 협력을 외면하는 정치는 공허한 이상주의에 불과하다는 사실을 보여준다.

만델라가 한국 정치에 주는 시사점

오늘날 한국 사회는 오랜 이념적 대결, 계엄 내란의 후속 여파, 정치적 혐오와 양극화, 사회적 갈등의 고착화 속에서 정치적 실용주의에 대한 새로운 해석을 요구받고 있다. 증오를 동원하는 정치, 보복을 제도화하는 권력, 상대의 실패를 기다리는 정당들 사이에서 만델라식 실용주의는 유효한 전환점이 될 수 있다.

특히 만델라가 경제 문제를 둘러싸고 백인 엘리트 및 주류 세력과 협상하여 협력을 이끌어낸 점은 주목할 만하다. 오늘의 한국 정치도 거친 진영 논리로부터 벗어나 '지금 가능한 최선'을 도출하는 용기와 설계 능력이 필요하다. 적의에 찬 세력의 강력한 힘을 무시하면 무지한 정치가 되고, 반대로 적대 세력과의 전쟁에만 몰두하면 어리석은 소모전이 된다. 국민의 삶과 국민의 이익을 위해서는 파시스트나 내란 세력을 제외한 그 누구와도 손을 잡을 수 있어야 한다. 그렇게 할 때 실용주의는 약한 자의 무원칙한 타협이 아닌 미래를 준비하는 강자의 전략이 된다.

실용주의는 실천 가능한 정의의 다른 이름

넬슨 만델라는 실용주의적 정치를 통해 정의와 화해, 용기와 절제를 조화시켰다. 그는 변호사 출신 정치인이었지만 말로만 정의를 말하지 않았다. 그는 전략가였지만 한 편만의 편협한 이익을 좇지 않았다. 그가 우리에게 남긴 가장 큰 유산은 이것이다. 정치는 가능성을 현실로 만드는 기술이며, 실용주의는 그것을 위한 가장 인간적인 방법론이라는 사실.

만델라와 이재명, 두 사람은 그 사회의 비주류 출신이라는 점에서, 둘 다 인권 변호사로서 민주화 운동에 투신했다는 점에서, 지배 세력에 의해 가혹한 탄압을 받았다는 점에서, 마침내 국민적 저항을 통해 대통령이 되었다는 점에서 밀접할 정도로 유사하다. 무엇보다도 두 사람은 냉철할 정도로 합리적이고 실용주의적이라는 점에서 공통점이 있다. 시대적 차이와 공간적인 거리를 넘어 이재명 실용주의와 통합 노선은 만델라 실용주의와 화해 노선을 그대로 껴안는다.

우리가 지금 만델라를 다시 불러내는 이유는 단순히 그가 위대한 인물이었기 때문만이 아니다. 우리 역시 만델라처럼 현실 속에서 이상을 구현하는 정치가를 필요로 하기 때문이다. 만델라 실용주의는 그 누구보다 약한 자의 위치에서, 누구보다도 강한 정치로 전환해낸 실천의 교본이다. 이는 실용주의 정치인 이재명을 통해 여전히 유효한 우리 정치의 미래다.

6 21세기의 대표적인 실용주의 노선의 국가 지도자 훑어보기

21세기 정치 무대에서 실용주의는 단순한 정치 스타일이나 다양한 선택지 중에 선택 가능한 하나의 길이 아니다. 복잡한 글로벌 문제들, 다양해진 국민들의 요구, 그리고 급변하는 사회 환경 속에서 실용주의는 '작동하는 정치'와 '현실을 바꾸는 정치'의 핵심 키워드로 자리 잡았다. 특히 냉전 체제 종식 이후 좌우 이념의 경계가 점점 흐려지고 과거처럼 단순한 이념 대결 구도로는 문제를 해결할 수 없는 시대가 되면서 실용주의적 리더십이 더욱 주목받고 있다.

21세기 세계 정치를 대표하며 실용주의 노선을 분명히 한 네 명의 국가 지도자를 간단히 살펴보려고 한다. 이들은 각기 다른 문화적 역사적 배경을 가졌지만, 이념적 정체성보다 실질적 성과와 문제 해결에 집중하는 공통점이 있다는 것을 알게 될 것이다.

앙겔라 메르켈: 합리적 냉정의 실용주의자

무채색의 정치인으로 불렸던 앙겔라 메르켈(Angela Merkel)은 독일뿐 아니라 유럽에서 가장 신뢰받는 정치 지도자였다. 그녀는 독일 통일 이후 가장 오랜 기간 안정과 성장을 이끌면서 독일 사회를 알차게 재구축했다. '이념은 사치다.' 그녀는 이런 말을 던지면서 실용주의적 철학을 몸소 실천했다.

기후 변화, 난민 문제, 유럽 통합 등 복잡한 문제 앞에서 메르켈은 이념적 정체성을 앞세우기보다는 과학적 사실과 국제적 책임, 국민 여론 사이의 균형을 선택했다. 2015년 난민 위기 때 적극적인 난민 수용 정책을 펼치면서 이렇게 말했다. "우리는 해낼 수 있다." 이 선언은 독일은 물론 유럽 전역에 깊은 울림을 줬다. 이것은 단지 도덕적 용기가 아니라 현실적 문제 해결 의지를 보여준 대표적 사례다.

경제 정책에서 그녀는 독일의 사회시장경제 전통을 유지하면서도 기술 혁신과 산업 재편에 힘썼다. 독일을 유럽의 경제 중심으로 굳건히 세운 것도 이런 균형과 실용적 선택 덕분이었다. 정치적 위기와 국회 다수당 부재 상황에서도 그녀는 타협과 연립정부 구성을 통해 안정적 국정 운영을 이끌었다. 메르켈의 리더십은 '이념을 넘어선 강한 리더십'이라는 현대 실용주의 정치의 새로운 얼굴을 상징한다.

에마뉘엘 마크롱: 유럽 중도 실험가의 실용주의

프랑스 정치 전통을 뒤흔든 에마뉘엘 마크롱(Emmanuel Macron) 대통령은 '좌도 우도 아닌 전진만'을 외치며 실용주의 정치의 선두 주자가 되었다. 기존 좌우 양당 체제를 무너뜨리고 '앙 마르슈(En Marche)'라는 신당을 세워 대통령에 오른 그의 등장은 유럽 정치에 새로운 변화를 알렸다.

마크롱은 노동 시장 유연화, 연금 개혁 같은 사회 개혁을 강력히 밀어붙였다. 그 과정에서 국민의 저항과 불만도 컸지만, 그는 미래 지향적 경제 재구성에 집중했다. 디지털 혁신, 스타트업 육성, 인공지능 산업 등 첨단 신산업 분야에 집중하면서 프랑스를 21세기 경제 경쟁력의 무대로 바꾸려는 시도를 계속해 왔다.

외교 면에서도 그는 미국과 중국의 갈등 속에서 유럽의 독립적 외교권을 주장하며 NATO와 EU 개편을 추진하는 전략적 실용주의를 보여줬다. 유럽 주권 강화는 그가 단순히 프랑스 국내 정치에 머무르지 않고, 국제 질서 속에서 현실적 위상을 고민했음을 보여준다. 그에 대한 비판들도 있지만, 그의 실용주의 리더십은 이념을 넘어서 미래를 설계하는 새로운 정치 모델이라는 평가가 보다 우세하다.

조코 위도도: 서민적 개혁가의 실용 정치

인도네시아의 조코 위도도(Joko Widodo) 대통령, 흔히 '조코위'로 불리는 그는 목수 출신으로, 기존 정치 엘리트의 대척점에 선 서민 정치의 상징이다. 그의 실용주의 역시 무거운 정치사상보다 단순하고 직접적인 문제 해결에 집중한다.

조코위는 인프라 구축을 통한 국가 균형 발전을 핵심 과제로 삼았다. 도로, 항만 건설, 수도 이전 등 대규모 토목 프로젝트는 단순한 건설 사업을 넘어서 인도네시아 전역의 경제 격차를 줄이려는 실험이었다. 그는 또한 디지털 행정 개혁과 부패 척결에 힘쓰면서, 관료주의를 혁파하고 정보 통신 기술을 행정에 접목해 효율성을 높였다. 이런 변화는 '국민 생활을 하나씩 개선해 나간다.'는 그의 철학을 그대로 반영하고 있다.

외교적으로는 미·중 사이에서 독립적 중립 외교를 견지하며, 다민족과 종교 갈등, 빈부 격차가 심한 국내 문제에도 실용적 균형감을 잃지 않았다. 조코위는 서민 출신이면서도 복잡한 국가 문제에 대해 현실적이고 구체적인 해법을 내놓는 결과 지향형 정치의 모범 사례로 자리매김했다.

나렌드라 모디: 강한 인도, 실용과 전략의 결합

나렌드라 모디(Narendra Modi) 인도 총리는 강력한 힌두 민족주의 이미지와는 별개의 냉철한 실용주의자다. 그의 실용주의는 대규모 산업 육성, 디지털 인프라 확충, 금융 혁신과 관료 개혁에 집중되었고 성공적인 성과로 이어졌다. 그는 인도 경제 발전의 실용적 전략가로 평가받고 있다.

'메이크 인 인디아', '디지털 인디아', '스마트 시티' 프로젝트는 인도의 낙후한 산업 구조와 도시 인프라를 첨단화하려는 실용주의적 정책들이다. 모디는 강한 권위주의 스타일로 관료 조직 개혁과 금융 시스템 현대화를 밀어붙였으며, 블록체인, 전자화폐 확산 등 디지털 경제 전환을 가속했다. 외교 정책에서도 모디는 친서방 정책과 동시에 중국 견제에 집중하며, QUAD(쿼드)와 G20 등 글로벌 플랫폼을 적극 활용해 인도의 전략적 입지를 높이는 역할을 했다.

그의 리더십이 독재적이고 정치적 권위주의라는 비판들도 있다. 하지만 모디의 정책들은 국민 생활 개선과 국가 경쟁력 제고라는 실용주의 목표에 집중했다는 점에서 인도의 전통적 정치들과는 다른 새로운 정치 선택으로 평가받고 있다.

실용주의 정치의 얼굴들에서 배우는 것

앙겔라 메르켈, 에마뉘엘 마크롱, 조코 위도도, 나렌드라 모디. 이 네 지도자는 각기 다른 배경에서 자신의 정치를 펼치지만 모두 21세기 실용주의 정치의 살아 있는 표본이다. 이들은 당위론이나 정치적 이념주의를 우선하지 않았다. 오로지 '무엇이 실제로 효과적인가'를 물으며 국민 삶과 국가 미래를 실질적으로 변화시키는 데 초점을 맞추었다. 이들의 정치에는 다음과 같은 공통 특성이 드러난다.

정치 변화	내용
이념보다 성과	이념 가치보다는 문제 해결 능력과 성과 중심
유연한 외교	고정된 진영 논리가 아니라 전략적 국가 이익을 우선
참여형 행정	국민과 직접 소통하며 현장 중심의 정책 설계
기술 기반 통치	디지털 전환과 산업 재편을 통한 미래 지향적 전략적 경제 정책

이들의 실용주의 정치는 한국 사회에 적잖은 시사점을 준다. 이념 대립과 지역주의, 포퓰리즘이 심화된 한국 정치에서도 21세기 실용주의 리더십은 국민 신뢰 회복과 국가의 장기 전략 수립의 해법이 될

수 있다. 경제 재도약과 국민의 삶, 외교 주권과 독립성, 국가 전략 프로젝트 기획, 내부 갈등과 평화 이슈, 복지 체계 재정비 등 복합적 난제 앞에서 실용주의는 가장 강력하면서도 유연한 정치 전략이다.

21세기 정치 지도자들의 사례를 통해 우리는 실용주의가 단순한 선택을 넘어 필수 전략임을 확인하게 된다. 실용주의 정치는 정치를 해묵은 사상에서 벗어나 삶의 지혜로 되돌리게 하는 고도의 기술이자, 국민에게 신뢰받는 성과 중심의 정치 윤리를 재구축하는 과정이다. 이러한 흐름과 함께 이재명 실용주의가 구축되어 그 실행력을 펼치고 있는 것이다.

"모든 위대한 변화는
한 사람의 마음에서
시작된다."
- 마거릿 미드(Margaret Mead)

"내가 진리라고 부르는 것은
내가 경험한 것이다."
- 안톤 체호프(Anton Chekhov)

2장

1 이재명 실용주의는 현장에서 체득한 삶의 진리
2 이재명 실용주의는 현상학적 정치 실천
3 이재명 실용주의 리더십의 7대 특징
4 이재명 실용주의는 국민 통합을 이루는 열쇠

이재명 실용주의의 특징과 정수
– 삶에서 길어 올린 실천 철학

위대한 변화는 거대한 조직이나 복잡한 이념에서 시작되지 않는다. 언제나 한 사람, 그 사람의 진실한 경험, 그리고 삶의 현장을 향한 귀 기울임에서 출발한다. 경험 속에서 길어 올린 진리는 책 속 문장이 아니라, 피부로 느끼고 몸으로 부딪친 생생한 현실에서 나온다. 현장을 떠난 지식은 공허하고, 사람을 외면한 정치는 길을 잃는다. 이재명 실용주의가 힘을 갖는 이유도 바로 여기에 있다. 그는 한 사람의 경험과 목소리를 존중하며, 그 속에서 모두를 바꾸는 길을 찾아왔다. 이재명의 실용주의는 고단한 삶의 현장에서 절박한 문제들을 맞닥뜨리고 해결하며 스스로 터득한 삶의 진리였다.

이 장에서는 이재명 실용주의의 본질과 특징을 본격적으로 해부한다. 이재명 실용주의가 단지 한 정치인의 스타일이 아니라, 국가를 변화시키고 국민을 통합할 수 있는 유력한 정치 노선이자 하나의 정치 철학으로서 우리 상황에 적합하고도 실현 가능한 대안적 길임을 알게 될 것이다. 이제 이재명 실용주의의 정수에 깊이 들어가 보자.

1 이재명 실용주의는 현장에서 체득한 삶의 진리

이재명의 정치 실용주의는 삶의 현장에서 체득된 진리다. 그것이 우리 정치의 흐름 속에서 전략적 선택으로 채택된 것은 사실이지만 그 기저에 이재명의 삶의 경험이 내재되어 있다는 점이 소중하게 발굴되어야 한다. 실용주의 정신이 정치 공학이 아니라 정치 지도자의 삶의 서사와 결합될 때 단단함과 지속성을 지닌 철학적 내공을 갖추기 때문이다. 실용주의 정치는 포장된 이념과 명분으로 국민 주권을 왜곡하며 소수 엘리트 집단의 전유물이 되어버린 한국 정치의 관성에 대한 실질적 저항이자 그 틀을 바꾸는 사건적 전환이 아닐 수 없다.

모든 정치사상은 시대의 부름에 대한 응답

정치사상은 결코 진공 속에서 탄생하지 않는다. 로크(John Locke)의 자유주의가 영국 내란이라는 정치적 격랑 속에서 출현했고, 루소(Jean-Jacques Rousseau)의 사회계약론이 앙시앵 레짐의 억압적 구조 속에서 형성되었으며, 19세기 여러 이상주의적 사상들이 산업 자본주의의 모순 속에서 등장한 것처럼 모든 정치적 노선은 그 시대가 제기한 문제들에 대한 응답의 형식으로 구성된다.

어떤 이상과 사상이든 시대적 맥락 속에서 사람들의 구체적인 삶의 현장과 만날 때 비로소 이론이 되고 실천의 힘을 지니게 된다. 아울러 그 실천이 구체적인 사람의 인격과 운명 속에 스며들면서 그것은 단단하고 실제적인 철학이 된다. 서구의 자유사상과 민주주의 이념 및 진보 이념들만이 아니다. 우리나라의 동학도 그러했다. 시천주와 인내천 사상은 조선 말기의 사회적 위기와 민중의 고통을 온몸으로 껴안은 최제우 개인의 내적 각성이 낳은 산물이었다. 하늘을 모시는 인간, 인간 안에 깃든 신성이라는 동학의 명제는 민중적 현실과 영혼의 고통이 결합한 삶의 현장에서 탄생했었다. 이처럼 이재명 실용주의 역시 21세기 한국 사회의 삶의 현실에서 배태되고 형성되었다.

삶에서 길어 올리고 체득한 진리

이재명의 실용주의는 삶의 학교에서 퍼 올린 경험적 진리일 뿐 아니라 이재명의 삶의 서사가 한국의 역사와 교차하면서 출현하고 숙성되고 있는 실천적 가치다. 이재명 실용주의의 내공은 그의 아프고 고단했던 소년 시절, 산업 현장과 노동 현장에서의 생존 투쟁, 성남시장과 경기도지사로서의 행정적 현장 경험 등을 통해 비상식적이고 불평등한 사회의 벽과 싸우며 체득한 몸의 진리에 뿌리를 두고 있다. 이재명은 신념으로 정치에 뛰어들었다고 볼 수도 있겠지만 실은 삶의 문제를 풀기 위해 정치를 시작했다. 그러기에 그의 실용주의는 이념으로 치장되지 않고 늘 현장의 문제에 밀착되어 움직인다. 그것은 책이 아니라 생생한 경험, 즉 정글에서 터득한 필사의 생존 감각에 기반하고 있다. 그는 알고 있다. 진리란 추상적 명제가 아니라 고통을 해석하고 삶을 바꾸는 능력임을.

이재명의 실용주의를 바라보는 시선에는 편견과 오해가 있다. 그것을 단지 선거 승리를 위한 전략이라고 폄하하거나, 상황에 따라 입장을 바꾸는 기회주의적 처세라고 예단해 버리는 시각이 그것이다. 이재명의 실용주의는 명분이 없는 현실주의도 아니고, 표면적 이익에 몰두하는 변화무쌍함도 아니다. 그것은 오히려 사람들이 공통적으로 느끼는 문제들에 대한 가장 정확한 응답이며, 그 현실로부터 도망치지 않으려는 윤리적 몸부림에 바탕을 두고 있다.

그래서 그는 명분을 위해 현실을 외면하지 않으며, 이상을 위해 사람을 버리지 않는다. 무엇이 문제인지 정확히 파악하고, 그 문제를 해결할 수단을 실용적으로 조직하고, 그 결과로서 시민의 삶을 바꾸는 것, 이 일련의 과정이야말로 이재명의 정치와 리더십의 작동 방식이었다. 실용주의 정치 철학은 바로 그것을 표현하는 언어일 뿐이다. 실용주의가 한 지도자의 삶을 통해 축적된 지혜와 힘을 지니고 있다면, 그것이 단기적인 정치적 이득을 위한 방편으로 선택한 것이 결코 아니라면, 우리 사회의 장기적인 구조 개혁과 지속 가능한 사회 개조의 실천적 기획을 이루어내는 엔진이 될 수 있다.

이재명 실용주의는 새로운 정치 철학

우리는 이재명의 실용주의를 단지 전략적 차원이 아니라 하나의 철학으로 다루어야 한다. 이를 방편적인 정치 노선으로만 다루는 경우, 일시적인 현상으로만 받아들이게 된다. 하지만 실용주의를 하나의 정치 현상이 아니라 사상으로 해석할 때, 실용주의는 매우 강력한 이론적 힘으로 작용한다. 따라서 이재명의 정치 실천을 실용주의 정치 철학으로 구축하고 정제하는 일이 요청된다. 이는 이재명의 노선에 대한 심층적인 해석, 토론, 이론화 작업을 통해 이루어질 것이다. 이재명 실용주의를 우리 역사에서 처음 시도되는 새로운 정치사상으로 이해하는 일, 이것이 이재명 현상을 제대로 해석하는 출발점이다.

그러므로 한국 정치사에서 새로운 정치 철학이 등장하고 있다고 평가할 수 있다. 그것은 현실을 이론에 맞추기보다 이론을 현실로부터 끌어내는 실천적 철학이다. 사실 이재명 대통령은 이제 막 실용주의 노선의 정부 활동을 시작했다. 이제 막 옷을 입기 시작했다고 비유할 수 있는 시점이다. 물론 앞으로의 여러 정책과 입법 활동, 제도 개혁과 실행, 거버넌스와 지역 균형 발전, 경제 및 외교 현안 처리, 국민 주권 강화를 위한 제반 실천을 통해 그 철학은 구체화되고 발전할 것이다.

앞서 언급했듯이, 이재명은 자신의 삶과 노동, 고통과 생존, 실패와 투쟁의 축적된 경험 속에서 정치의 원리를 길어 올린 사람이다. 이재명의 실용주의는 지식 습득의 산물이 아니라 자기 몸으로 살아낸 결과다. 그래서 더욱 강력하고, 더욱 지속 가능하며, 더욱 진실하다. 그의 실용주의는 사람에 대한 믿음에 기반하여 삶을 바꾸는 정치에 대한 집념으로 구성되었으므로, 사람들의 마음을 만지고 현실을 바꾸고 사람을 살리는 내재적 힘을 지니고 있다. 이제 우리는 그가 던지는 '실용하라'는 화두를 들으며 그 경이로운 힘을 목격하게 될 것이다. 이 말은 이 시대 우리가 붙잡아야 할 가장 강력한 진리의 하나가 될 것이다.

2 이재명 실용주의는 현상학적 정치 실천

　이재명의 실용주의는 현상학적 정치 실천이다. '현상학적 정치'라는 정치 용어나 이론이 따로 있는 것이 아니지만, 이 신조어야말로 이재명 실용주의의 본질과 방법론을 담는 최선의 언어이다. 정치적 실용주의에서 현상학적 접근을 강조하는 것은 정치는 본래 관념이나 이념보다는 실제 현상, 사변적 가치보다는 현장의 체험과 목소리에 기반해야 하기 때문이다. 역사를 통해 알 수 있듯이, 진정한 사회 지도자 혹은 정치인이나 군주는 시민 혹은 백성들이 겪는 삶의 경험과 감정 및 삶의 고통과 요구에 기반하여 정치를 행했다. 그것이 바로 현상학적 정치 실천이다. 현상학적 정치야말로 이재명 실용주의를 설명할 수 있는 최선의 언어가 될 것이라는 점에는 의문의 여지가 없다.

현상학적 접근이란 무엇인가

　현상학(phenomenology)은 후설(Edmund Husserl)과 하이데거(Martin Heidegger) 등으로부터 시작된 철학적 방법으로서, 사물을 인식하는 방법과 태도에 근원적인 변화를 초래한 20세기 철학 사조이다. 현상학은 후설에 의해 체계화되었다. 그는 '사물 그 자체로 돌아가자.'는 선언을 철학의 출발점으로 삼았다. 즉 현상학은 '사물 자체'로의 회귀를 강조한다. 그 결과 어떤 개념이나 이론이나 이념의 틀로 사물을 판단하고 해석하기 이전에, 먼저 인간이 경험하는 구체적인 세계를 탐구하여야 한다고 강조한다. 현상학적 인식의 핵심 원리는 다음 네 가지로 요약할 수 있다.

- **지향성(Intentionality)**: 의식은 항상 어떤 대상에 지향되어 있다. 즉 인간의 모든 의식은 어떤 대상을 향해 있다는 것이다. 우리의 경험으로도 알 수 있듯이 우리는 항상 어떤 것에 대해 생각하고 느끼며 반응한다. 그것이 사물이든, 사람이든, 언어든, 자연 현상이든 그 대상과의 관계성 속에서 우리는 인식하고 판단한다. 이러한 지향성이 인간 인식과 판단에 결정적인 영향을 미치는 것이다.
- **선험적 판단의 중단(Eoché)**: 현상학은 경험 이전의 선입견에 괄호를 치고 현상을 관찰할 것을 제안한다. 이를 현상학적 환원이라고 한다. 내가 갖고 있는 어떤 이론적 전제나 선(先)견해를 일단 보류하고 대상을 '있는 그대로' 경험하려는 시도가 현상학적 태도의 핵심이다. 그러므로 현상학적 인식은 인간 외부에서 주어지는 어떤 본질적인 가치가 존재한다는 생각을 내려놓는다. 경험 이전에 이미 주어져 있는 인식이 모든 인간에게 있다는 가정도 하지 않는다. 직접 경험하고 인지하는 것에 주목하는 것이 현상학이다. 그래서 자신이 직접 경험하고 인식하지 않는 것에 대해서는 판단을 유보한다. 이는 그 유명한 판단 중지(Epoché)라고 할 수 있다.
- **생활 세계(Life-world)의 존중**: 따라서 현상학적 태도는 이론적 추상보다 사람들이 살아가는 구체적인 일상 세계가 모든 판단의 출발점이 되어야 한다고 믿는다. 실로 진정한 인식이 체험의 층위에서 이루어진다면 생활 현실과 경험의 현장에 우선 주목해야 하는 것이다. 현상학적 정치 역시 마찬가지다. 지금 이 땅에서 살아가는 사

람들의 삶의 경험과 느낌에 우선 주목한다.
- **감정과 정동 감각**: 따라서 현상학은 이성뿐 아니라 인간의 감정, 감각, 분위기, 몸의 느낌도 진지하게 다룬다. 이를 정서(affection) 혹은 정동(affect)이라고 하는데, 이는 현대 예술만이 아니라 정치학에서도 진지하게 탐구되는 영역이다. 현상학적 정치 실천을 행하는 자와 조직은 정동 정치(Politics of affect) 감각을 소중히 여긴다.

현상학은 실천에 있어서도 다른 태도와 특징을 지닌다. 그 태도를 현상학과 관련되는 세 철학자의 주요 메시지로 엮어 요약하면 다음과 같다.

- 몸과 감각의 지각이 먼저이고, 이념은 사후적이다.
    - 메를로퐁티(Maurice Merleau-Ponty)
- 도덕률이 아니라 고통받는 타자의 얼굴이 나를 환대의 행동으로 호출한다.
    - 레비나스(Emmanuel Levinas)
- 실존은 세계 안에 내던져 있다.
    - 하이데거(Martin Heidegger)

이처럼 현상학은 '삶의 세계'가 이념보다 앞서며, 모든 실천은 특정한 현실 조건 속에서의 응답과 책임으로 나타난다는 윤리적 태도를 지니고 있다. 이러한 인식은 어떤 본질이나 절대적 가치를 앞세우지 않고, '지금 여기'에서의 경험과 현상에 대한 섬세한 주의를 중요시한다.

실용주의와 현상학의 만남

현대 정치에서 이념과 원칙은 여전히 중요한 좌표이다. 하지만 그것은 실질적인 삶의 문제를 외면하는 편견이 되어버리거나 현실 문제를 해결하는 데는 무기력하였다. 이러한 무능이 반복되면 정치에 대한 깊은 불신을 낳는다. 특히 격동의 시기를 지나고 있는 한국 사회에서 '무엇이 효과적인가'라는 질문은 실용주의와 현상학이 만나는 접점이 된다. 실용주의적 관심은 현실에 대한 인식 태도에서 출발하고, 현상학적 접근은 실용주의적 실천으로 이어질 수밖에 없기 때문이다.

앞서 살펴보았듯이, 실용주의는 진리의 기준을 관념이 아니라 효과와 결과에서 찾는다. 실용주의는 우리 삶 속에서 유용하게 작동할 때 비로소 진리가 성립하는 것이라고 보았고, 이념 역시 도구적 사유의 하나로 간주했다. 이처럼 실용주의는 다음의 세 가지 또렷한 태도를 지닌다.

첫째, 진리는 경험적 유용성에 달려 있다.

둘째, 문제 해결 중심의 사고를 지향한다.

셋째, 가치 상대성과 유연성을 내포한다.

실용주의는 이념과 이론을 삶의 도구로 간주하고, 과연 그것이 현실 문제를 해결하는 데 기여하는가를 기준으로 그 가치를 판단한다. 따라서 특정 이념을 현실에 마구 그대로 적용하는 경직성을 내던지고, 그것이 현장에서 적용되고 유연하게 변용되고 시험(test)되는 과정을 중요시한다. 따라서 실용주의적 태도를 지닌 자는 면밀한 상황 판단, 실행 가능성, 그리고 실질적인 효과성을 보다 중시한다. 이 지점에서 실용주의와 현상학은 만난다. 실용주의적 태도야말로 현상학적 인식과 실천에 거의 유사한 태도라고 하지 않을 수 없다.

정치 실천에서의 실용주의적 전환은 정치 스타일을 근원적으로 바꾼다. 그것은 실용주의와 현상학이 교차하고 융합하며 발생하는 고유한 정치 실천으로 나타난다. 이러한 정치적 실천의 방향성은 다음과 같다.

- 이념이 아니라 국민의 삶에 기반한 정치
- 민생을 최우선시하는 경제 정책
- 보통 사람들의 욕구와 고통에 대한 경청
- 정치 원칙보다 문제 해결을 우선시하는 유연성
- 사람들의 삶과 일상 및 감정적 반응에 대한 민감성
- 현장성과 경험을 중시하는 정책 설계
- 복잡성과 모순을 인정하는 상황 감각
- 정치 언어의 재구성: 이념적 표현이나 슬로건이 아닌 현상과 경험을 담아내기
- 국익 중심의 외교 실천
- 정치는 책임 있는 응답이라는 실존적 태도
- 추상 이념보다 '지금 여기'에 대한 실천적 개입

이러한 전환은 정치의 탈이념화를 의미하지 않는다. 오히려 이념이 경험 속에서 다시 구체화되고, 살아 있는 삶에 응답할 수 있도록 재조정되는 것이다. '지금 여기에서 무엇이 요구되고 있는가'에 응답

하는 실천으로서의 정치를 모색한다. 그 응답은 타자의 고통, 국민의 삶, 세계정세의 흐름과 징후, 그것이 국민의 삶에 미치는 영향력에 대한 섬세한 감수성에서 출발하게 된다. 실용주의와 현상학은 이처럼 행동의 출발점을 삶의 현장에 두는 바탕에서 만나게 된다.

정치에서의 현상학적 접근

현상학적 인식이 사물 자체로의 회귀를 지향하는 것처럼 현상학적 정치는 정치의 근원적 출처인 사람들, 즉 국민들의 삶과 신체와 마음으로 귀환한다. 그래서 삶의 현장에서 일어나는 현상들에 집중한다. 따라서 정치에서의 현상학적 접근은 다음과 같은 입장을 지닌다.

- **삶 중심**: 정치 이념이나 거시적 담론 이전에 국민 개개인의 구체적 삶을 우선시한다. 민중의 말과 언어, 몸짓, 침묵, 분노, 고통 등을 중요한 정치적 텍스트로 해석하고 반응한다.
- **경청**: 현상학적 접근은 언제나 사람들의 몸과 경험을 중시한다. 따라서 국민들의 경험을 경청하고, 이를 정치적으로 번역하는 것이 정치의 핵심 역할이다. 이러한 경청을 기반으로 의견을 수렴하고 정책을 결정하고, 정무적인 판단을 한다. 여기서 말하는 경청은 여론 조사나 통계학적 데이터 이전의 날것의 대화를 말한다. 현장에서 직접 만나 얼굴을 마주하고 경청한다. 레비나스가 말했듯이, 타자의 얼굴이 곧 나를 향한 처절한 도움에의 호소이자 윤리적 명령이라는 태도를 취한다. 현상학적 정치는 경청과 환대로 나아가는 관성을 지니고 있다.

- **공허한 기호의 폐기**: 현상학적 정치 실천에서는 기호와 코드가 전환되거나 폐지된다. 모든 정치 이론이 강조하듯이 정치는 언어 게임이자 사람의 마음을 얻고 훔치는 투쟁이다. 따라서 주로 정치적 언어나 이념적 구호가 앞서고, 이를 담아내는 상징을 제작하는 일을 중요시했다. 하지만 현상학적 정치는 이제 이념 언어나 정치적 상징보다는 체험을 중시하고, 정치적 수사를 구사하기보다는 청취하려 애쓰고, 자유와 평등과 같은 고차원적 이상보다는 시민들의 감정과 고통에 공명하는 감응의 태도와 기술을 중시한다.
- **공감과 동행**: 현상학적인 접근을 아는 정치인은 국민과의 거리 두기를 최소화한다. 국민을 대상화하고 조종 대상으로 간주하는 타자화를 극도로 경계한다. 줄곧 겸허한 태도로 민중과 함께 동행하는 의지를 지닌다. 공간적인 거주가 다르고 정치적 직책에 따라 호칭을 달리하지만, 그 마음과 삶은 민중 속에서 민중과 함께 살아간다. 국민의 경험을 공감적으로 내면화하고자 노력한다.

이러한 현상학적 정치 실천, 즉 실용주의적 정치는 다음과 같은 정치적 비전을 갖는다.

첫째, 정치란 특정 계층이나 집단을 대변하는 것이 아니라 모든 국민의 삶과 고통에 응답하는 실존적 실천이다.

둘째, 국민은 이념이나 정당을 통해서만 대변되는 존재가 아니라 정치의 근원이자 실질적인 주인이다. 국민의 존재와 삶 자체가 모든 정치적 진실의 자산이다. 대의된 국민(represented people)으로 만들려고 하지 않고 직접 참여하는 주권자로 국민을 존중한다.

셋째, 정치인은 미래를 설계하는 기술자가 아니라, 지금 이 순간의 목소리를 들을 수 있는 열린 감각의 소유자여야 한다.

현상학적 정치 실천의 방법과 기술들

현상학적 정치의 대전제는 한마디로 정치란 '현상에 응답하는 실천이다.'라고 할 수 있다. 즉 정치의 본질은 지금 우리와 함께 살아가는 국민들의 구체적 경험과 감정, 삶의 요구에 공감하고 응답하는 것이다. 이러한 인식의 철학적 기반은 후설의 생활 세계(Lebenswelt) 개념이나, 하이데거의 세계-내-존재(Dasein), 아렌트의 공론의 장 등에서도 추출할 수 있고, 레비나스의 '타자의 얼굴을 통한 호소에 대한 응답의 윤리'와 최근의 여러 정동 정치 이론가들의 정동 정치 혹은 감응적 정치에서도 그 윤리적 근거를 확보할 수 있다.

현상학적 정치 실천은 특정 이념을 실현하기 위해 정책 설계를 하는 것이 아니므로, 전통적인 정당 정치나 정책 기획과는 매우 다른 방식의 접근 기술을 취한다. 그것은 국민의 삶의 현장 속에서 정치를 발견하고, 정치의 구체화를 집요하게 추구한다. 다음은 그 핵심 기술들이다.

- **현장 동행**(Field immersion): 정기적으로 현장을 직접 방문하여 주민과 함께 걷고, 듣고, 경험하는 생활 실천
- **공감적 경청**(Empathic listening): 단순한 듣기나 형식적 소통이 아니라 상대의 감정을 따라가며 내면화하는 경청 태도와 기술
- **응답적 행정**(Responsive administration): 매뉴얼과 규정보다 구체적인

상황과 요청에 따라 유연하게 대응하는 행정 실천
- **생활 세계 리서치(Lifeworld-based research)**: 여론 조사나 통계 이전에 사람들의 체험, 감정, 감각, 언어를 중심으로 한 질적 조사
- **감정 분석 정치(Affective analysis)**: 사회의 정동 구조(다중의 분노, 불안, 좌절, 애도, 무력감 등)를 파악하고 민감하게 대응하는 정치 전략과 분석 시스템
- **내러티브 접근(Narrative politics)**: 국민 개개인의 이야기를 정책의 언어로 번역하는 서사 기반 정치
- **상징과 몸짓의 정치를 통한 공명(Symbolic resonance)**: 구호보다 몸짓, 성명서보다 참여, 담화보다는 대화, 브리핑보다는 소통, 담론보다 실천으로 메시지를 전달하는 방식

· **현상학적 정치 실천의 기술들**

방법	방향
정치의 현장 동행 (political immersion)	정치인은 삶의 현장을 주기적으로 함께 걸어야 함
정동 조사 (affective inquiry)	국민의 정서 흐름(불안, 분노, 희망 등)을 탐지하고 분석
공감 청취 (empathic listening)	언어적 발화뿐 아니라 비언어적 신호(침묵, 눈빛, 태도 등)를 경청
서사 채집 (narrative collection)	국민 개개인의 이야기를 기록하고 정책과 연결
현장 분석 기반 정책 (narrative-informed policy)	삶의 언어를 정책 언어로 번역
응답적 행정 (responsive administration)	국민의 목소리와 민원에 대한 능동적 응답
민감성 리더십 (sensitive leadership)	빠른 공감, 유연한 반응, 구체적 판단 능력을 갖춘 정치 감각

· 현상학적 정치 실천과 다른 정치 이론과의 차이점

구분	전통적 이념 정치	현상학적 정치 실천
정치의 목적	이념의 실현, 제도 구축	삶의 고통에 대한 공감과 응답
판단 기준	정책의 효율성, 체제 안정	감정의 정당성, 정동의 흐름
접근 방식	하향식(top-down), 논리적	상향식(bottom-up), 수평적, 감각적
정치 기술	기획, 설득, 제안, 조종	경청, 공감, 동행
인간 이해	이성적 시민, 군중	고통받고 감응하는 존재
활동 방식	정강 정책 → 전략 → 정책	현장, 민심과 민도 → 정책
조직화 방식	정당, 외곽 조직, 대중	열린 대화, 직접 민주주의 차원
장애물 인식	다른 이념, 적대 세력, 자원 부족	현장과 현실에 대한 이해 결여
자원 순환	인적 물적 자원 → 사람 동원	사람의 마음 → 정책, 자원

국민의 목소리에 응답하는 정치 실천을 향하여

이처럼 현상학적 정치 실천은 이재명의 실용주의와 크게 공명하고 있고, 그 내용과 실행 방법에 있어서도 거의 동일하다는 사실을 알 수 있다. 이재명의 실용주의를 함께 실현하거나 실천적으로 계승하기를 바라는 이들을 위해 현상학적 정치 행위의 기본 테제를 다음 일곱 가지로 제시한다.

첫째, 이상이나 이념을 내세우지 말고 국민의 삶의 현장과 목소리를 우선하라.

정치는 하늘의 청사진이 아니라 땅의 울림에서 시작되어야 한다. 주권자 국민의 경험에 응답하라. 이론보다 체험, 관념보다 감각, 이념보다 정서에 주목하고 감응하라.

둘째, 국민의 실질적인 이익과 감정적 차원을 중시하라.

국민의 말과 침묵을 정치의 언어로 번역하라. 통계보다 눈물, 숫자보다 분노, 자료보다 체험이 더 중요하다. 민중의 고통의 이야기를 정책 언어로 옮기는 것이 실용주의다.

셋째, 말하기보다 먼저 듣고, 해석하기보다는 먼저 관찰하고 느껴라.

먼저 현장을 찾아가 함께 걷고, 그 상황을 몸으로 느껴야 한다. 정치인의 행위는 정동적 공감에서 나와야 바람직하다. 이미지 쇼하는 것을 그만두어야 한다. 민중들의 분노, 슬픔, 절망에 인간적 반응과 정치적 감응으로 함께 느끼는 것이 실용주의 정치의 핵심 감각이다.

넷째, 국민의 생활 세계가 정치의 출발점이다.

모든 정치적 행동과 선택은 국민의 경험에 대한 해석이자 응답이 되어야 하며, 정책적 결정 역시 구체적 삶의 요청에 대한 적절한 응답이어야 한다. 재난, 질병, 실업과 빈곤, 내 집 마련의 꿈, 노인 돌봄과 외로움 등 모든 현장이 출발점이 되어야 한다. 관행과 법과 제도도 이에 맞추어야 한다.

다섯째, 거시 담론보다 미시 체험의 과정을 경유하라.

국가 경제 성장이라는 수치적 통계보다 자영업자들이 폐업하는 종합적 이유와 회사원들과 노동자들의 '내 월급이 안 오르는 이유'에 천착하라. 정치는 타자의 고통에 대해 함께 있음이라는 현존의 방식이다.

여섯째, 국민의 침묵과 무감각조차 정치적 신호로 받아들여라.

말 없는 다수는 정치적 무관심이나 공백이 아니라 강력한 정치적 메시지일 수 있다. 정치는 해석 이전에 청취다. 설명하고 설득하기 전에 가까이 머물러야 한다.

일곱째, 기획하고 조종하려 하지 말고 먼저 밑바닥의 고통에 감응하라.

정치인은 미래를 설계하기도 해야 하지만 먼저 지금의 고통에 공명할 줄 알아야 한다. 국민들을 조종하거나 동원하는 방식으로 타자화하거나 도구화하지 말라. 그들이 정치의 주인이자 진정한 주권자다.

민심을 알고 민심을 얻는 실용주의

실용주의는 국익과 민생과 같은 실질적 효능을 중시한다. 이는 국민들의 삶과 감정과 요구에 민감하게 응답하고 민심과 함께 호흡하는 실용적 노선이다. 따라서 실용주의는 민심의 기저에 민감하고, 이를 현장에서 포착하고, 자기 각성의 계기로 삼는다.

여론과 민심은 전혀 다르다. 여론(public opinion)은 정치적 대중과 관련된다. 이는 단기적 흐름이다. 통계 조사를 하여 수치화, 디지털화할 수도 있다. 주로 선거와 정책과 관련되고, 정치적 조종과 관리의 영역이다. 여론은 조사 방법과 시기와 사안에 따라 가변성이 매우 크기도 하다. 다분히 서구적인 방법론이다.

이와 달리 민심(民心, the people's heart)은 대다수 국민 혹은 다수 국민과 관련된다. 즉 주권자 국민의 마음 심층과 관련된다. 그래서 장기적이다. 민심을 얻으면 오래간다. 정서 및 감정과 관련되는 차원이고 다분히 동양 문화적이다. 이는 매우 얻기 어려우나 한 번 얻으면 지속성이 있다. 이는 정권 혹은 특정 지도자의 정당성과 존립 기반이 된다. 우리식 언어로 표현하면 이심전심의 차원이다.

물론 여론은 민심을 파악하는 중요 지표가 될 수 있다. 하지만 전략적으로 민심을 사유하고 파악하는 본능적 감각과 성실한 태도가 없이는 장기적인 정치 실천에서는 실패할 수밖에 없다. 이재명 실용주의 정치의 현상학적 실천은 바로 이 민심과 함께 호흡하고, 민심에 기반하여 결정하고, 민심의 물결을 타고 흘러가는 항해가 되어야 할 것이다.

3 이재명 실용주의 리더십의 7대 특징

이재명 실용주의는 이재명 스타일의 실용주의 리더십으로 표현된다. 이재명 실용주의 리더십은 특유의 색채와 특징이 있다. 이는 21세기 실용주의 리더십의 일반적 가치를 담고 있으면서도 이재명 특유의 특이성과 개성을 담고 있다. 이재명 실용주의 리더십을 단순한 리더십 기술이라고 볼 수 없는 것은 그것이 그의 삶의 스타일과 밀접하고, 일상 속에서 자연스럽게 묻어나기 때문이다. 이재명 리더십 유형은 그의 현실을 직시하고 사람을 존중하며 결과를 만들어내는 일련의 태도와 역량의 집합으로서, 실용주의 리더십의 전형을 보여준다. 그 핵심은 다음 일곱 가지로 요약된다.

- **따스한 리더십**: 흔히 실용주의 리더십을 냉정한 실익 중심이나 건조한 실적주의로 오해한다. 진정한 실용주의 리더는 따스하다. 이재명 리더십은 따뜻한 리더십이다. 그는 인간미가 있다. 그는 실용적 문제 해결이야말로 타자를 위한 최선의 섬김임을 안다. 그 실용성

이란 단지 경제적 문제 해결이나 표피적 이익만을 뜻하지 않는다. 사람들의 마음을 깊이 껴안고 이해하려 한다. 이재명 리더십은 온도가 있는 사회를 지향한다.

- **현장 중심성**: 실용주의 리더는 책상이 아니라 거리에서 정치를 배우고, 보고서가 아니라 사람의 목소리에서 진실을 듣는다. 삶의 현장에 천착하며, 귀 기울이고 몸으로 경험한다. 이재명 실용주의는 현장에서 형성되고 발달하고 전진하였다. 이재명 리더십은 언제나 현장에서 소통하였고, 바로 그 현장에서 행동을 통해 활력을 창조해내었다.
- **진정성**: 진성 리더십은 실용주의 리더십의 뿌리다. 실용을 전략이 아니라 삶의 태도로 받아들인 사람만이 진정성을 갖는다. 인간 이재명, 대통령 이재명은 지금 진성 리더십의 여정에 있다. 그간 그는 자신의 말을 자신의 삶의 진실에서 길어 올리며 진심으로 그 말을 실행해 왔다. 그의 리더십 여정에서 진북(true north)을 향한 나침반은 변함없었다.
- **퍼포먼스(효능)**: 성과 없는 리더십은 공허하다. 실용주의 리더는 말보다 구체적인 숫자와 변화, 그리고 실질적인 결과로써 평가받는다. 이재명 실용주의는 퍼포먼스에 탁월하다. 그는 성과와 문제 해결 능력을 통해 리더십을 강화하고 신뢰를 얻어 왔으며, 자신의 실력과 존재를 증명해 왔다.
- **통합력**: 차이를 껴안는 것은 실용주의의 주요한 미덕이다. 노선의 차이나 이념적 긴장보다 더 중요한 것은 협업과 공동의 이익이다. 실용주의는 언제나 반대자나 불편한 사람마저도 동료로 만드는

힘을 지녔다. 이재명 실용주의 역시 언제나 창조적 통합에 충실했다. 그래서 이재명의 실용주의적 통합력은 탈이념의 힘을 지니고 있다. 이념은 사람을 나누고 실용은 사람을 묶는다. 이재명은 현실적 연대에 큰 가치를 둔다. 그는 좌우를 넘어, 진보와 보수를 넘어 문제를 함께 푸는 공동체를 지향한다.

- **문제 해결력**: 문제를 파악하고 해결하는 능력은 리더십의 핵심이다. 이재명 실용주의는 이상적 언어 대신 실질적 조치를 선택한다. 예기치 않게 발생하는 문제를 회피하지 않고 직면하며, 신속한 해결에 집중한다. 모호하고 소모적인 가치 논쟁이나 탁상공론 대신 직접적인 행동으로 나아간다.
- **견딤과 돌파력**: 현실은 뜻대로 되지 않는다. 이재명 실용주의는 버티고, 침묵하고, 때를 기다릴 줄 안다. 하지만 때가 오면 누구보다 과감하게 결단하고 돌파한다. 지난 20년간의 정치 여정도 그러했지만, 계엄 내란과 맞서 싸우는 과정과 대통령 선거 과정은 한마디로 견딤과 돌파의 연속이었다. 이재명은 언제나 체념하지 않고 인내를 선택했으며, 그의 침묵과 웅크림은 돌파를 위한 기다림이었다.

이 일곱 가지 특징은 이재명의 몸과 내면에 배어 있는 존재론적 가치에 가깝다. 게다가 이재명 대통령은 세종대왕 이후 가장 행정력이 탁월한 지도자로 평가받고 있다. 누가 보더라도 전형적인 실무형 리더십이자 치밀한 전략적 감각과 강력한 실행력을 지니고 있다. 이제 각 항목을 하나씩 살펴보며 이재명 실용주의 리더십의 정수를 조명해 보자.

1) 따스한 리더십: 실용의 이름으로 울고 웃는 사람

실용주의에 대한 가장 흔한 오해는 그것이 냉정하고 계산적인 이익 추구만을 지향한다고 생각하는 것이다. 실용주의는 결과만을 중시하고 일이 진행되는 과정과 사람들의 감정은 무시한다는 착각을 흔히 한다. 그러나 진정한 실용주의는 인간에 대한 깊은 이해가 없이는 불가능하다. 그것은 단지 무엇이 가장 효과적인가만을 추구하지 않는다. 오히려 '누구를 위한 실천인가'라는 질문을 던진다.

이재명 실용주의 리더십은 바로 이 지점에서 출발한다. 그는 밑바닥 삶을 경험한 사람이다. 가난과 차별, 부당함과 고통을 피부로 겪었다. 그 경험은 개인의 서글픈 성장사로 머물지 않았다. 인간의 고통을 알고 타자의 마음을 깊이 이해하는 교훈이 되었다. 고통받는 이들의 언어를 이해하고 기댈 곳 없는 사람들의 마음을 알아듣는 것이 지도자의 조건이다. 실용주의가 절실하고 설득력 있는 길이 될 수 있는 이유는 그것이 사람들의 고통을 덜어주는 가장 현실적인 방식이기 때문이다.

"사람은 따뜻한 불 앞에 모이듯, 따뜻한 리더 앞에 마음을 연다." 미국의 조직 심리학자 마이클 울프(Michael Wolff)가 들려주는 이 말처럼 이재명 리더십은 바로 그런 따뜻한 불이다. 문제 해결에 집중하지만, 그것은 언제나 사람을 향한다. 그는 일을 잘하는 시장이기 이전에 우는 자의 눈물을 닦아주며 함께 우는 시장이었고, 강력한 선거 후보자이기 이전에 약자의 편에 선 정치가였다. 이것이 바로 그의 리더십의 깊이이자 실용주의적 길의 이유이기도 하다. 과거에는 지도자란 강력한 카리스마와 장악력을 가지고 추종자들을 한 방향으로 몰아가는 이미지를 지녔다. 군주와 영웅호걸과 성공한 정치인들을 리더십 모델로 삼았다. 사실 그런 리더상은 말을 타고 채찍을 휘두르며 소 떼와 말들을 몰고 가는 카우보이 리더십에 다름 아니다. 이제는 리더의 품성과 인격, 관계성을 보다 중시한다. 목자 리더십과 관계 리더십이 강조되고, 우정과 여행의 동반자로서의 관계성과 인간성을 보다 강조한다. 나아가 리더십 개념을 근원적으로 재정의하는 경향이 짙다. 그래서 리더십을 목표를 향한 거래적 관계가 아니라 '상호적 영향력의 윤리적 관계'로 이해한다. 따라서 성과 이전에 인간적 신뢰를 형성하는 것이 더 중요하다. 이재명의 실용주의는 성과를 지향하지만, 그것은 신뢰라는 따뜻한 관계성이라는 견고한 윤리적 기초를 지니고 있다.

이재명의 리더십에는 온기가 있다. 그에게는 웃음이 있고 눈물이 있다. 이웃의 이야기 앞에서 함께 분노하고, 함께 울고, 함께 웃는 그의 정치는 공감의 정치이자 살아 있는 실용주의다. 그가 말한 실용은 결코 선전용 경제적 지표만을 추구하지 않는다. 민생과 제도적 나눔을 우선하고, 먼저 현장에서 사람들을 만나고, 삶의 무게에 짓눌려 아파하는 그 누군가의 삶이 조금이라도 더 나아지는 실용적 기획과 의지로 추진되고 있기 때문이다. 바로 그런 지점에서 정치 실용주의는 사랑이 된다. 성서에 기록된 말처럼 "즐거워하는 자들과 함께 즐거워하고, 우는 자들과 함께 울라.(로마서 12:15)"는 이재명 리더십의 뿌리이기도 하다. 이재명 실용주의 리더십은 공감적 리더십(Empathic Leadership), 바로 그것이다.

이재명의 실용주의는 그래서 따스하다. 그것은 차가운 성과주의가 아니라 현실을 응시하면서도 인간의 온기를 놓치지 않는 포옹의 정치다. 따스한 리더십은 이재명 실용주의 리더십의 첫 번째 특징이자 그 모든 리더십 실행을 관통하는 숨결이라 할 수 있다.

2) 현장 중심성: 길 위에서 배우고 사람 속에서 길 찾기

정치는 서재 안에서 만들어지지 않는다. 보고서 뭉치로부터 태어나지도 않는다. 정치란 결국 사람들의 삶, 갈등, 생존의 이야기로부터 출발해야 한다. 이재명의 실용주의 리더십은 이 명제를 정확히 증명해 왔다. 그가 정치를 배운 장소는 언제나 현장이었다. 광장의 소음, 시장통의 분주함, 시청 앞과 광장에서 들리는 시민들의 분노, 삶에 지친 청년들의 눈동자, 길거리와 골방 노인들의 한숨, 이 모든 것이 그에게는 교과서였다.

존 듀이의 말처럼 지식은 삶의 실천 속에서 검증될 때에만 가치가 있다. 이재명의 정치 철학은 바로 이 실용주의의 근본정신을 따르고 있다. 그래서 그는 현장을 소중히 여기고, 현장에서 일한다. 그는 항상 이렇게 말한다. "현장이 답이다." 그 말은 그의 정치적 학습의 방식이자 세계를 인식하는 프레임이었다. 시장 시절, 그는 새벽 5시 쓰레기봉투를 들고 거리를 누볐다. 이재명의 행정은 정책이 현장을 덮는 방식이 아니라 현장이 정책을 만드는 방식이었다. 사람들의 분노와 서러움, 무시당한 목소리들은 그의 현장 보고서였다. 아래로 내려오는 종이 한 장이 아닌 아래에서부터 솟구치는 체험적 진실에서 그는 정치적 해답을 찾았다.

정치는 대리 경험이 되어서는 안 된다. 간접 보고와 여론 조사, 참모의 브리핑만으로는 국민들의 아픈 삶을 껴안을 수 없다. 이재명의 정치가 사람들에게 강렬하게 다가가는 이유는 그것이 국민들을 '대변'하는 정치가 아니라 현장에서 동행하는 삶의 나눔이었기 때문이다. 정치는 현장을 떠나는 순간 실존을 잃고 방황한다. 정치인의 말이 공허해지는 이유는, 그들의 말이 삶의 현장에서 나오지 않기 때문이다. 그는 늘 현장에서 사람들과 대화하고, 메모로 기록하여 즉각 실행하도록 조치했다. 한 사람의 눈물을 들여다보고, 그 눈물에서 정책을 끌어올리는 리더십, 이것이 바로 이재명의 실용주의다.

현장 중심성은 단지 스타일이 아니다. 그것은 줄곧 인간을 바라보는 지향성이 또렷한 현상학적 태도이다. 실용주의는 탁상에서 설계하는 기술이 아니라 불확실한 현실 속에서 길을 찾는 사람들의 몸짓에 주목하는 방식이어야 한다. 이재명 실용주의는 그러한 실용의 윤리와 현장의 감각을 결합한 보기 드문 리더십이다. 진정한 정치인은 길 위에서 배우고 사람 속에서 길을 찾는다. 이것이 이재명 실용주의 리더십의 둘째 원리이다. 이 정신이 대통령 이재명만이 아니라 모든 공직자들과 정치인들에게 내면화되고 실행될 때 우리 정치는 근원적인 변화가 일어날 것이다. 그는 늘 현장에 있었다. 그리고 앞으로도 그가 서 있을 자리는 그곳일 것이다. 말이 끝나는 자리, 사람의 숨결이 시작되는 바로 그곳 말이다.

3) 진정성: 고난에서 길어 올린 진심, 흔들림 없는 진북의 나침반

오늘날의 정치에서 '진정성'이란 말만큼 많이 회자되면서도 가장 무시되고 결핍된 가치도 드물 것이다. 대중은 정치인의 말보다 그의 삶을 먼저 본다. 말이 아무리 세련되고 고상해도, 그 말이 삶의 진실에서 길어 올려진 것이 아니라면 사람들은 그 언어에 반응하지 않는다. 정치 언어는 오래전부터 신뢰의 언어가 아닌 의심의 언어가 되었고, 리더의 말은 의례적이거나 교묘한 전략처럼 들릴 때가 더 많다. 이재명 실용주의 리더십은 이러한 정치 문화 속에서 강한 신뢰를 획득해 온 드문 리더십이다. 그것은 그가 보여준 실력이나 성과만으로 설명되지 않는 차원이 있다. 그 핵심은 바로 인간 이재명의 삶으로 증명된 진정성 때문이다. 이재명의 말은 언제나 자신의 삶과 등가를 이룬다. 그가 무엇을 말하든, 그와 함께 일해 온 사람들과 그가 일한 행정 구역 내 사람들은 이렇게 증언한다. "저 사람은 그런 삶을 살아왔다."

이재명 리더십은 혹독한 시련 속에서 진실해진 리더십이다. 이재명의 진정성은 평탄한 삶에서 비롯된 것이 결코 아니다. 그것은 치열한 생존의 바닥에서 단단히 형성된 것이다. 어린 시절의 가난, 소년공 시절과 산업재해, 노동자와의 연대, 야학 교사, 사법시험이라는 도전, 인권 변호사로서의 활동, 이 모든 삶의 족적과 실천의 조각들이 하나의 존재적 진심을 빚어냈다. 이재명은 가난의 감정을 아는 정치인이다. 그는 비통함과 억울함과 사회적 모멸감을 기억하는 리더다. 그리고 그는 고난 속에서 '사람을 위한 정치'라는 나침반을 쥐게 되었다.

21세기 들어, 그간의 리더십 이론의 상업성과 진정성 결여를 비판하며 진성 리더십(Authentic Leadership)이라는 새로운 흐름이 주목받고 있다. 진성 리더십을 창안한 빌 조지(Bill George)는 진정한 리더는 흔들리지 않는 좌표를 지니고 있다고 강조한다. 이를 '진북(True North)을 향한 나침반'이라고 칭한다. 진북이란 빠르게 회전하는 세상 속에서도 방향을 잃지 않도록 해주는 고정된 지점을 말한다. 빌 조지는 이러한 나침반은 리더의 삶의 역경을 통해 경험하고 깨달음을 체득함으로써 단단히 고정된다고 설명한다. 진정한 리더는 반짝이는 북극성을 바라보고, 시련과 고통 가운데서 나침반을 열고 자신의 진정한 방향을 놓지 않는다는 것이다. 이재명의 삶이 바로 그렇다. 그에게는 진북을 향한 나침반이 있다. 천지사방 세상이 흔들리고 정치가 요동치고 온갖 세력들이 유혹하더라도 그는 자신이 처음 정한 방향을 바꾸지 않았다. 고난이 그의 나침반을 만든 것이다. 그 나침반은 다음과 같이 명료한 진심의 초점을 지니고 있다. "사람을 살리고, 현실을 바꾸며, 억눌린 이들과 함께 걷는다." 이는 일시적인 정치적 전략이 아니라 인간 이재명의 존재론적 각성에서 비롯된 길이다. 그래서 흔들리지 않는다. 혹독한 고난을 통해 자신의 가치 나침반을 고정했기 때문이다.

    사람들은 완벽한 리더보다 진짜 리더를 원한다. 자기 자신에게 진실한 사람을 기다리고 갈망한다. 이재명은 바로 그런 리더의 길을 묵묵히 걸어왔다. 그와 가까이서 일하는 사람만이 아니라 멀리서 응원하는 사람들도 그에게서 어떤 진심을 발견한다. 그는 허세로 치장하지 않고 과장으로 자신을 부풀리지 않는다. 때로 그는 거칠고 직선적이다. 자신의 감정을 여과 없이 드러내기도 하고 매우 분개하기도 한다. 이 모든 모습은 정치적 연기가 아니라 '진짜 사람'의 날것의 드러남이 아닐 수 없다. 그래서 그의 말은 삶의 고백의 형식을 지니게 되고, 그 결과 강력한 공감의 외침으로 울림을 얻는다.

이재명의 진정성은 그의 정치 여정 전반을 관통한다. 성남시장에서 출발하여 경기도지사, 대선 후보, 그리고 지금에 이르기까지 그는 진심과 내면의 나침반을 굳게 지키려 애쓰고 있다. 진성 리더, 즉 진정성 있는 리더는 숭고한 가치에 의해 인도되고, 사명감에 의해 동기 부여되며, 목적의식으로 자기 삶을 투신한다. 가난했던 한 소년이 고통 속에서 바른길을 찾아내고, 스스로를 끌어올리며 억눌린 이들과 비통한 자들을 위한 정치를 향해 나아가는 일관된 여정, 이런 여정에는 헛된 야망이나 전략적 변심이 있을 수 없다. 오직 하나의 방향을 향한 행진, 무모해 보이는 돌진만이 있을 뿐이다. 그 나침반이 가리키는 것은 무엇일까? 그 중심에는 바로 사람이 있다. 진짜 정치를 향한 열망이 있다.

말과 삶이 어긋나는 리더는 오래가지 못한다. 혹시 장고하더라도 단숨에 몰락하게 된다. 그러므로 오늘날의 리더십에서 가장 귀한 자질은 기술이 아니라 진심, 곧 진정성이다. 이재명 실용주의 리더십의 혈관에는 진정성이란 액체가 흐른다. 그는 화려한 말장난을 구사하지 않고 거대한 거짓의 갑옷을 입지 않는다. 그래서 진심에 익숙하지 않은 이들은 그의 스타일을 불편해하고, 진심을 그리워하는 이들은 열광한다.

진정성은 자기 삶의 결을 드러내는 용기이자 자기 자신과의 정직한 대화를 통해 고난을 오래 견뎌내는 고요한 힘의 드러남이다. 이재명 실용주의 리더십의 진정성은 바로 여기서 빛난다. 이재명 실용주의의 세 번째 축은 인간 이재명의 신체와 삶 속에 새겨진 진정성이다. 고난의 삶에서 응축되어 흘러나오는 그 윤리적 좌표를 흔들림 없도록 붙잡아주는 힘은 그 진정성을 알아채고 신뢰를 보내는 주권자 국민들일 것이다.

4) 퍼포먼스(효능): 말이 아닌 결과로 증명하는 리더십

이재명 리더십은 효능과 성과를 중시하는 명료한 특징을 지니고 있다. 리더는 결과로 말해야 한다. 설득력 있는 언변, 숭고한 이상, 진실한 열정도 이를 입증하는 결과가 없이는 그리 오래가지 못한다. 아무리 순수한 동기를 지닌 실천도 절벽 같은 현실 앞에선 무기력하고, 아무리 탁월한 비전이라 해도 실질적 성과를 내지 못하면 공허한 메아리가 되어버린다. 그렇기에 진짜 리더는 반드시 결과를 만들어내야 한다. 이재명 실용주의 리더십은 이 점에서 분명한 철학적 고집이 있다. 그의 리더십은 성과를 통해 증명되고, 실적으로 강화되며, 변화의 수치로 신뢰를 획득하며 구축되어 왔다.

20세기 말, 경영 리더십 이론에서 '변혁적 리더십(transfomative leadership)'이 크게 유행했다. 좋은 리더는 변화를 만들어내는 변혁적 리더십을 지니고 있으며, 변화를 이끌어내는 비전과 팀워크와 기술로써 팔로워(follower)들을 이끌어 분명한 성과를 이루어낸다는 것이다. 즉 변혁적 리더는 실제 변화를 추구하고, 그 리더에 대한 진정한 평가는 그 결과에 달려 있다는 것이다. 이재명은 단연코 변화를 만들어내는 리더다. 그의 리더십은 현상 유지나 이념 수호와 거리가 멀다. 오히려 야성적으로 문제 해결자의 길을 걷는다. 실용주의 리더십은 정치적 타협에 몰두하기보다 성과를 위한 치열한 실행력에 몰두한다. 이재명은 자신의 실행력을 입증해내는 행정과 정무적 실행의 결과로 지자체 주민들의 신뢰를 얻어 왔다. 대개의 정치인들이 당선과 동시에 지지율이 추락하는 현상을 보이는 반면, 이재명은 선거에 당선된 이후에 점점 지지율이 높아지는 희귀한 정치인이다. 시민들은 그를 기억할 때 그의 말보다는 그가 남긴 성과, 그를 통해서 변화된 도시의 변화와 정책의 열매를 먼저 기억한다. 그는 성과로 말하는 정치인이었다.

이재명 리더십의 성과 중심성은 가시적인 변화로 나타나는 지표정치로 이어졌다. 이재명이 성남시와 경기도에서 집행한 정책 대부분은 수치로 검증 가능하다. 예산, 공약 실행률, 만족도, 경제 효과 등 각종 데이터는 단지 정책 홍보 자료가 아니라 리더십의 정당성을 입증하는 증거 자료로 작용했다.

흔히 성과 중심의 리더십은 성과주의라는 비판의 도마 위에 오른다. 지나치게 수치에 의존하거나 온갖 상황들의 질적 맥락을 소외시킨다는 우려 때문이다. 그러나 이재명의 실용주의 리더십은 단순한 숫자의 성취를 보여주기보다 사람들의 문제를 실제로 해결하고 공동체의 삶의 질을 향상하게 하는 성과로써, 공동체의 삶의 맥락에 충실한 리더십이었다. 복지를 포기하지 않으면서도 재정을 회복하고, 행정의 속도를 늦추지 않으면서도 사회적 약자를 배려하는 방식이었다. 각종 수치들은 그의 역량을 표현하는 도구적 성격이나 투명한 사후 평가에 가까웠다. 성과와 윤리의 병행, 효율과 정의의 균형, 이것이야말로 실용주의 리더십의 진정한 위엄일 것이다.

이재명은 대통령이 되어 이제 더 큰 무대에서, 더 크고 복잡한 문제들을 마주하고 있다. 그가 여전히 실용주의 리더로서 성과 중심의 리더십을 지속할 수 있는가 하는 것은 그에게 주어진 최대의 과업이자 숙제일 것이다. 하지만 그의 과거 궤적은 분명하게 말한다. 그는 말보다 결과로, 선언이나 언어 게임보다 가시적 실적으로, 담론보다 변화로 사람을 설득하리란 것을. 이제 이재명 실용주의 리더십이 행동과 정책으로 역량을 발휘하고 눈에 보이는 결과로 증명해낸다면 이재명이란 이름은 효율적인 정치 실용주의의 대명사가 될 것이다.

5) 통합력: 이념이 아니라 실용으로 묶어내는 리더십

리더십은 언제나 갈등과 분열의 상황에서 테스트를 받는다. 사회가 둘 혹은 여럿으로 갈라질 때 리더는 선택의 기로에 선다. 하나의 편에 서서 나머지를 배제할 것인가, 아니면 각기 다른 세력들을 엮어내어 새로운 길을 열 것인가. 이재명 실용주의 리더십은 신중하고 단호하게 후자를 택하고 있다. 통합의 길이란 배제가 아니라 포용을, 가치 대결보다 현실적 연대를 선택하겠다는 선언이다.

이재명 리더십의 통합력은 이념이나 정파를 넘어서는 실용주의적 연대 정신에 뿌리를 두고 있다. 그의 정치 여정을 살펴보면 그는 정치를 대결의 장이 아니라 공존의 해법을 찾아 상생을 이루는 공간으로 줄곧 인식하여 왔음을 알 수 있다. 그는 좌우의 대립을 부추기지 않고 주어진 현안을 둘러싼 문제를 함께 해결하는 실용적 연합의 가능성을 끊임없이 모색해 왔다. 특히 2025년 현재, 대통령으로서 이재명은 국민통합정부를 표방하며 보수, 중도, 진보를 가리지 않고 '함께 가는 정치'를 표방했다. 이것이 집권 후 흔히 보이는 정치적 제스처에 머물 것인지 아니면 진정성 있는 통합의 의지 아래 일관된 정책으로 실현될 것인지 의문을 품는 이들도 있다. 하지만 정부의 이름을 국민통합정부로 칭한 이상, 그의 정책적 진심은 이미 표현되었다고 보아야 한다.

이재명의 통합 노선을 단순한 정치적 외연 확장을 위한 기술이나 연기로 보아서는 곤란하다. 공존하는 사회를 원하는 그의 바람과 공익 중심 실용주의라는 그의 리더십 철학의 실천이라는 점에서 긍정적으로 해석하여야 마땅하다. 다시 말해, 이재명식의 통합 노선은 공동체 전체의 실질적 이익과 삶의 질 향상이라는 공통 목표 아래 이념의 경계를 넘는 길을 추구하는 것이다. 그는 이렇게 말하곤 한다. "국민이 편하자고 정치하는 것인데, 왜 정치가 국민을 고단하게 만듭니까?" 이 말에는 통합을 위한 정치의 근본 방향이 그대로 담겨 있다. 정치는 국민을 두 패로 쪼개는 것이 아니라, 국민의 삶을 하나의 방향으로 모으는 것이다.

통합은 서로 이해관계와 가치를 넘어선 공동의 목적을 발견하고 공공의 가치를 창출하기 위해 협력할 때 발생한다. 통전적 리더십(Integrative Leadership) 이론의 대표적 학자인 바바라 크로스비(Barbara Crosby)는 공동의 선(common good)을 발견하는 것이 리더십 실행에서 중요한 관건이라고 강조한다. 그녀가 말하는 공동선은 단순히 공통의 이해관계(common interests)나 상호적 유익(mutual benefit) 이상을 의미한다. 이는 공공의 선(public good)에 가깝다. 공통의 이익을 바탕으로 협상을 이끌어내는 측면도 있지만, 보다 본질적으로는 공공의 선과 도덕적 가치 지향, 공동체의 지속 가능한 미래를 포함한다.

　이재명 리더십이 지향하는 통합의 길 역시 이 정의에 부합한다. 그의 실용주의는 '누가 말했는가'보다는 '그 말이 어떤 내용인가'를 살피고, '그것이 국민의 삶에 어떻게 실질적 유익이 되는가'에 집중한다. 진보가 내놓은 해법이 좋으면 채택하고, 보수가 제안한 방안이 효과적이면 그 역시 받아들인다. 그는 편 가르기의 정치 대신 문제 해결의 연대 정치를 실현하려 한다.

　분석해 보면 이재명 실용주의 리더십의 통합력은 다음과 같은 세 가지 기반 위에 서 있다고 할 수 있다.

① **공익 중심의 가치 지향**: 정파적 이익보다 공동체 전체의 이익을 우선시하는 가치 기준
② **실용 중심의 의사 결정**: 어떤 노선이든 효과적이라면 수용하는 유연함
③ **연대 중심의 실행 역량**: 상반된 입장을 지닌 이들과도 실행 중심으로 협업하는 연대

　이런 통합의 길은 결코 쉽지 않은 길이다. 적의에 찬 정적들의 공격과 한반도를 둘러싸고 예민하게 전개되는 강대국들 간의 대결 국면이 이를 방해하는 강력한 힘으로 작용할 것이다. 하지만 이재명 대통령의 통합 의지와 정책은 그의 리더십 특성으로 보아 변함없이 지속될 것으로 예견된다. 통합의 길에는 강력한 내적 용기와 현실 감각이 요구된다. 자신을 공격하는 이들과도 협력해야 하며, 때로는 자신의 지지층으로부터 쏟아지는 비판들을 감수해야 한다. 지금 이

재명 정부는 출범 초기부터 적대적 정치 세력의 파상 공세를 받고 있고, 앞으로도 예기치 않은 방해나 악재가 돌출할 수도 있다. 하지만 진짜 통합 리더십은 이런 상황에서도 목표를 잃지 않는 실용의 힘으로 발휘될 것이다.

이재명의 실용주의 통합력은 이념을 비켜가는 게 아니라 이념 위에서 삶의 문제를 함께 풀어가는 방식이다. 그것은 거의 고착화된 극단적 분열의 한국 정치 구조 속에서 희소하고도 절실한 리더십 자원이 아닐 수 없다. 정치적 갈등을 줄이고 사회적 피로를 낮추며 국민 전체를 품는 정치, 이것이 이재명 실용주의 리더십의 목표다. 이재명의 통합력은 이제 막 펼쳐지고 있다. 국민통합정부는 선언이 아니라 실천으로 완성되어야 하며, 그 실행은 수많은 실패와 저항을 감내하는 지난한 과정이 될 것이다. 이재명 대통령이 '함께 사는 나라'를 꿈꾸는 실용주의자라는 점은 분명하다. 하지만 그 꿈을 연대의 기술과 통합의 철학, 그리고 오롯이 국민을 위하는 실천의 정치로 완성하여야 할 복잡한 숙제를 안고 있다.

6) 문제 해결력: 공허한 이상을 넘어 행동으로 가는 리더십

이재명은 언제나 행동하는 리더였다. 변호사 시절에는 억울한 이들을 위해 거리를 돌아다녔고, 성남시장 시절에는 단돈 1원의 예산도 허투루 쓰지 않으며 지방 정부의 효율성과 민생 중심성을 실천으로 증명해냈다. 경기도지사 시절엔 전국 최초로 재난 기본소득을 도입했으며, 계층이나 정당 지지 경향을 불문하고 시민들이 체감 가능한 변화를 만들어내었다. 그의 리더십은 말보다 빠른 실행, 실행보다 강한 결과를 추구한다.

실용주의는 문제 해결을 중시하는 길이다. 남을 이끄는 리더 역시 말만 하는 사람이 아니라 문제를 해결하는 사람이어야 한다. 대중이 리더에게 바라는 것은 감동적인 연설이 아니라 당면한 현안과 문제를 해결하는 행동과 해법이다. 이재명 실용주의 리더십의 본령은 바로 여기에 있다. 그는 현장의 절실함에 응답하는 실질적 조치, 대안 없는 주장보다 즉각 실행 가능한 해결책을 중시해 왔다.

실용주의 철학은 경험으로부터 배우고 실패를 통해 개선하며 현실에 직접 개입함으로써 자신을 증명하라고 말한다. 듀이가 이재명 스타일을 목격한다면 이렇게 말할 것이다. "이재명의 지식은 정적인 것이 아니다. 그 사람 자체가 실용주의적이다. 그는 경험으로부터 문제 해결 역량을 키웠고 현실의 문제를 해결해낸다."

그는 이론을 찾지 않고 토론을 통해 문제 해결의 길을 찾는다. 다양한 조언을 경청하고 최선의 방법을 해법으로 선택하기를 주저하지 않는다. 난제나 악재 역시 정면 돌파함으로써 반전의 계기로 만들어낸다. 알다시피 이재명은 전임자들이 주저하거나 회피한 개혁 과제에 정면 돌파로 대응했다. 부동산 개발 이익 환수, 병상 공공성 확대, 지역화폐 강화와 같은 정책들은 여러 반대에도 불구하고 실행을 통해 새로운 정책 모델로 입증되었다.

이재명의 문제 해결형 리더십은 현대 리더십 이론에서도 유의미한 평가를 받는다. 특히 하버드 케네디 스쿨 교수인 로널드 A. 하이페츠(Ronald A. Heifetz)의 '적응적 리더십(Adaptive Leadership)' 개념은 이재명 리더십과 그대로 통한다. 하이페츠가 말하는 '적응'이란 수동적 적응이 아니라 적응적 도전(adaptive challenges)을 말한다. 즉 조직이나 공동체가 변화하는 환경 속에서 기존의 가치, 습관, 역할, 권위 구조 등을 재검토하고, 스스로 변화와 학습을 통해 문제를 해결하고 해답을 찾아가는 것을 말한다. 이는 환경에 맞추는 적응이 아니라 문제 상황을 재구성하는 적응력과 문제 해결력을 말한다. 하이페츠는 리더십이란 사람들을 움직여서 어려운 문제를 해결하게 하고 살아남도록 돕는 것이라고 강조한다. 이재명의 리더십 방식이 그렇다. 문제가 초래하는 불확실성과 갈등을 수용하고, 문제 해결 과정을 통해 공동체 시스템 전체의 학습과 진화를 촉진하고자 한다. 그는 투명하게 모든 정보를 공개하고, 쟁점이나 실패 가능성까지 알리고, 시민들의 의견을 묻고 실행한다. 이는 언제나 시민과 함께 문제를 나누고, 해법에 공동 책임을 지는 참여적 리더십의 특성이기도 하다. 이재명의 문제 해결력은 선명한 결과를 보여주지만, 그 실행 과정에서 시민의 목소리와 참여를 이끌어내는 열린 개방성에 바탕을 두고 있다.

이재명 리더십의 강점은 정답이 없는 문제를 회피하지 않고 돌파해내며, 민감한 이해관계가 얽힌 사안들에 대해서도 단호한 선택과 책임을 동반한 해결을 모색한다는 점에 있다. 이것이 그가 갖는 실용주의적 리더십의 진면목이다. 이재명 리더십의 놀라운 문제 해결력의 핵심은 다음 세 가지로 요약될 수 있을 것이다.

① **직면의 용기**: 이재명은 불편한 진실을 피하지 않고 정면으로 맞선다. 이는 리더십의 도덕적 용기이자 현실 개입의 전제 조건이다.
② **속도의 통찰력**: 그는 빠른 결단과 실행으로 상황의 악화를 방지한다.

위기를 예견하고 선제적으로 개입하는 전략적 감각이 돋보인다.

③ **효과 중심의 실천력**: 무엇이 효과적인지를 기준으로 삼으며, 기존 관행이나 매뉴얼에 얽매이지 않고 문제 해결을 위한 경로를 유연하게 전환한다.

문제 앞에서 주저하기보다 오히려 문제를 리더십의 연료로 삼는 이재명의 모습은 정치적 생존술이 결코 아니다. 2025년 8월 6일, 한 여당 국회의원이 차명 계좌로 주식 투자를 했다는 사실이 제기되자마자 이재명 대통령은 철저한 수사를 지시했다. 이런 신속하고 단호한 원칙은 그의 문제 해결력을 잘 보여준다. 그는 정치적 여정 내내 단기적 인기보다 단단한 원칙을 통해 장기적 변화의 길을 선택해 왔다. 때론 오해를 받거나 정치적 불리함을 감수하고서라도 국민들의 시선과 눈높이를 기준으로 선택했다.

결국 리더십이란 위기 속에서 본모습이 드러나는 법이다. 정치적 논쟁은 언제든 회피할 수 있지만 국민의 고통은 외면할 수 없다. 이재명 리더십의 문제 해결력은 바로 이러한 원칙에서 출발한다. 그는 싸우는 대신 문제를 해결하고, 말하는 대신 행동하고, 이상을 설계하기보다는 현실을 고치는 데 집중한다. 앞으로 대한민국이 마주할 새로운 복합적 위기와 구조적 문제들 앞에서, 이재명식 실용주의 문제 해결력은 단순한 정책 기술을 넘어서 국가를 유지시키고 발전시키는 국가적 에너지가 될 것이다. 그리고 그 실천의 기록은 국민들이 삶에서 체감하는 변화로, 그리고 마음에 남는 따뜻한 변화로 증명될 것이다.

7) 견딤과 돌파력: 현실을 이기는 실용적 인내와 결단의 리더십

이재명 리더십의 가장 두드러진 특성은 그의 돌파력이다. 리더십이란 위기 앞에서의 태도로 증명된다. 세상에는 재력과 학력과 부모의 후광을 기반으로 화려하고 편안하게 정치의 길에 오른 이들이 많다. 하지만 이재명처럼 밑바닥에서 고군분투하며 살아남고, 온갖 고난과 악의적 공격의 파고를 온몸으로 견디며 걸어온 리더는 흔치 않다. 이재명의 리더십은 시련을 통해 단련된 정신의 순도에 기반하고 있다. 그의 실용주의는 실로 단단하다. 왜냐하면 그것은 모진 고통에서 연마되었기 때문이다.

이재명은 척박하고 고된 삶의 경험 속에서 성장해 왔다. 빈곤한 노동자의 아들로 태어나 팔 하나를 잃을 뻔한 산업재해의 고통을 겪었고, 사법시험을 통과하며 자신의 인간적 한계와 신분의 벽을 넘어섰다. 그 모든 과정 자체가 견딤의 서사였다. 그리고 그는 그 견딤의 미덕을 정치 여정에서도 실천했다. 성남시장 재직 기간을 거쳐 중앙 정치로 진출하고, 민주당 대표로 당선된 뒤 대통령 후보가 되고, 그리고 집권 초기의 현재에 이르기까지 그는 수많은 위기와 파괴적 공격 앞에서 무너지지 않고 버텼다.

특히 지난 몇 년간 이재명의 정치 여정은 그야말로 진흙탕과 낭떠러지의 연속이었다. 대통령 선거 국면에서만 해도 적어도 일곱 차례 이상의 심각한 정치 공작, 사법적 공격, 언론의 왜곡 보도, 악의적인 가짜 뉴스, 정적의 모함들이 거세게 몰아쳤다. 2024년 연말부터 2025년 봄, 소위 계엄 내란과 맞서 싸우는 항쟁 기간 동안에도 그는 침묵과 기다림으로 견뎌야 했다. 그리고 최적의 타이밍에 일격을 날리며 위기들을 하나씩 돌파해내었다.

  우리가 잘 알고 있는 회복 탄력성(Resilience)이란 말은 이재명의 생존 스타일이다. 빅토르 프랑클(Victor Frankl)이 『죽음의 수용소에서』를 통해 그려낸 정신적인 자기 극복의 서사는 이재명의 삶의 서사와 그대로 통한다. 이재명은 악의적 이념 공격과 사법적 타격이라는 정치 수용소를 벗어나 마침내 승리하고, 그 수용소 체제를 무너뜨리고 있다. 그의 반전 스토리는 정치적 극한 상황에서도 자신의 숭고한 목적과 의미를 붙잡을 때, 결국 그것이 고통을 견뎌내고 돌파하는 근원적 힘이 된다는 것을 잘 보여준다.

  오해가 없도록 하자. 이재명 리더십의 견딤은 단순한 정치적 버티기가 아니다. 그것은 공적 가치의 실현을 위해 고통을 감내하고, 비난 속에서 흔들리지 않으며, 자신을 바꾸고 단단하게 다듬는 시간이었다. 그는 숱한 정치적 음모와 공격 앞에서 거센 반격보다 침묵의 미소로 정신을 가다듬었으며, 압력에 굴복하거나 회피하기보다 정면 돌파를 선택해 왔다. 돌파력, 이것이 이재명 리더십의 가장 강력한 특징이란 것을 이제는 모든 사람들이 알게 되었다. 그 결과 지지자들과 대중에게 '이재명은 강한 사람', '결국 그는 믿을 수 있는 사람'이라는 확고한 인식을 남겼다.

  무엇보다도 이재명의 견딤과 돌파력은 그 자신만을 위한 것이 아니다. 그는 국민의 고통을 대신 견디고, 국가의 미래를 위해 싸움을 감수하며, 자신의 온몸으로 국익을 방어하는 리더가 되기로 자처했다. 이재명은 실용주의의 성취는 오로지 인내의 힘으로 이루어진다는 사실을 잘 알고 있다. 특히 그는 외교와 경제 협상, 국방을 둘러싼 국제적 논의의 흐름 속에서 국익을 지켜내기 위해서는 때로는 침묵하고, 오래 기다릴 줄 알아야 함을 본능적으로 알고 있다. 집권 직후 국방 외교와 관련하여 이재명은 이렇게 말했다. "국익은 저절로 얻어지지 않는다. 그것은 준비와 원칙, 그리고 버팀으로 이루어진다." 이 말은 그의 실용주의 리더십의 핵심을 잘 드러낸다. 실용이란 손익의 계산만이 아니라 분명한 원칙을 기반으로 한 고통의 인내이며, 필요할 때는 침묵하고, 때가 되면 단호하게 결단하는 냉철한 용기이기 때문이다.

이재명의 견딤이 단순히 인내의 미덕에 머무르지 않고 결단과 돌파로 전환되는 에너지로 작동했다는 점은 대한민국의 미래 서사와 관련하여 매우 중요하다. 이재명은 때로는 오래 침묵하지만, 그 침묵이 끝나는 시점엔 누구보다 빠르고 과감하게 결단한다. 이것이 바로 실용주의 리더십이 안고 있는 민첩한 현실 개입력이다. 정치야말로 타이밍과 결단의 예술이고, 국가 정책에서도 적확한 판단과 결단력이 중요하다면 견딤의 힘과 전략적 실용주의 감각이 합쳐진 이재명 실용주의는 국가적 자산이 될 것임이 분명하다.

이재명의 실용주의 리더십은 실용적 냉철함과 따뜻한 인간미, 버팀의 묵묵함과 결단의 돌파력을 하나로 융합한 보기 드문 리더십이다. 그 견딤의 내공과 돌파의 힘은 지금도 국민 앞에서 그 타당성을 계속 증명하고 있다. 그 힘을 굽히거나 꺾지 않는다면 결국 국민에게 현실을 바꾸는 변화의 동력으로 작용할 것이며, 앞으로의 국난을 이겨내는 결정적 힘이 될 것이다.

4. 이재명 실용주의는 국민 통합을 이루는 열쇠

국민주권정부가 내건 세 가지 기둥은 민생 회복, 국민 통합, 국민 주권이다. 실용주의적 정치 노선만이 그것을 현실로 바꿀 수 있다. 특히 국민 통합은 가장 눈에 보이는 사회적 변화로 나타날 수 있는 실용주의 정책의 열매일 것이다. 국민 통합은 저절로 오지 않는다. 통합은 치밀한 전략과 일관된 정책, 그리고 시대의 흐름을 꿰뚫어 보는 통찰력과 정치적 상상력이 있을 때만 가능하다. 실용주의 정치 실천으로 국민 통합을 이루기 위해서는 다음의 방향성과 역량이 요청된다.

갈등과 대립을 용해시키는 진정성 있는 통합 정책

과거 모든 정부가 집권 초기에는 국민 통합을 말했지만 대부분 형식적 제스처에 그쳤다. 위원회를 만들고 원로를 앞혀 회의를 열었지만, 시간이 지나면 통합이라는 단어는 사라졌다. 이재명 정부가 이 전철을 밟지 않기 위해서는 통합에 대한 확고한 의지와 강도 있는 정책 집행이 필요하다. 통합비서관이나 국민통합위원회를 두는 것만으로는 부족하다. 국가 운영의 중심에 국민 통합을 두어야 한다.

이재명 정부는 집권 기간 내내 보수 진영의 치열한 공세에 직면할 것이다. 국민의힘과 보수 세력은 온갖 명분과 구호로 공격을 멈추지 않을 것이다. 언론들은 비판과 공격의 타이밍을 기다리며 전선을 열어둘 것이다. 노동계와 시민사회단체 역시 자신들이 세운 정부라 믿는 정당성 논리에 기반하여 강력한 요구를 멈추지 않을 것이다. 역설적으로 사회적 갈등과 혐오는 더욱 깊어질 가능성도 남아 있다.

적대적 공격을 돌파하고 갈등을 최소화하고 보수층도 껴안으면서 지지층이 등을 돌리지 않는 길이 있을까? 가장 중요한 것은 초기 정책과 전략적 세팅일 것이다. 노무현 정부는 보수와 진보 양측으로부터 고립되는 뼈아픈 교훈을 남겼고, 문재인 정부 때도 지루한 소모전과 극단적 진영 대립이 발생했다. 이를 되풀이하지 않기 위해서는 방어와 공격을 동시에 수행할 수 있는 정치력이 필요하다. 서구식의 이념 논쟁이나 토론 민주주의만으로는 양당 체제와 분단 구조라는 한국 정치의 현실을 이길 수 없다. 적대적 세력의 공격을 약화시키고 민심의 흐름을 끌어오는 전략적 실용주의가 요구된다. 이 전략은 오로지 진정성 있는 통합 의지와 정책을 통해서만 이루어질 수 있다.

정치 공학을 넘어 민심을 헤아리는 감각

한국의 정치 현실에서 서구식 정치 공학은 한계를 가진다. 대중의 마음을 훔치는 여론 정치, 단순 동원 정치, 편 가르기로는 국민 통합을 결코 이룰 수 없다. 우리 문화권에서는 민심을 읽는 능력, 정서적 연결을 만드는 감각이 결정적이다. 단순한 구호나 상징적 언사가 아닌 이념적 설계와 정책적 접점을 정교하게 조율하는 통합 정책이 필요하다.

이념 정체성 혼합형 중도주의(coalitional centrism)는 이러한 상황에 적합한 전략일 것이다. 이념 정체성 혼합형 중도주의는 보수 및 진보의 핵심 가치들을 선택하고 조합하여 실용적 정책 연합을 세우는 전략이다. 영국 총리 토니 블레어(Tony Blair)의 '제3의 길(The Third Way)'을 예로 들 수 있다. 제3의 길은 전통적 노동당의 노선과 신자유주의 사이의 새로운 혼합으로써 공동체적 책임과 개인적 자율성을 동시에 강조하는 길이었다. 이 노선은 급진 대신 점진, 가치 존중과 민심 결합을 중시해 갈등을 낮추고 폭넓은 다수 동맹을 만든다. 하지만 이 길 역시 쉽게 이룰 수 없는 난제가 가득하고, 그 진심이 제대로 전달되기도 쉽지 않다. 지지율을 위한 전술적 접근으로는 협력을 이끌어내기 쉽지 않기 때문이다.

그러므로 실용주의 노선을 선명하게 천명하고 통합을 호소해야 한다. 국민 이익과 국익을 중심에 두고 사회 전반의 균형을 맞추는 전략적 태도를 견지하며 통합의 진정성을 충분히 표현하면서 추진하여야 한다. 특히 온건 보수 세력이 우려하는 민감한 영역을 정교하게 다루어야 한다. 안보와 질서 유지에 대한 신뢰 회복, 급진적이지 않은 점진 개혁, 전통적 가치에 대한 존중이라는 세 가지 민감한 영역을 치밀하게 설계하는 감각이 필요하다. 성평등이나 가족 가치 정책은 특히 정교해야 한다. 보수층의 정서와도 충돌하지 않고, 민심과의 감정적 연결을 중시하는 길이 바로 실용주의적 통합 노선이다.

실용주의에 기반한 국민적 합의

국민 통합을 위해서는 우리 사회의 정치 지형 자체를 바꾸는 국민적 합의가 필요하다. 이는 1987년 체제의 실질적 해체와 맞닿아 있다. 개헌 논의가 중요한 이유가 여기에 있다. 그러나 개헌 과정은 국론을 분열시킬 위험을 내포한다. 보수는 민주당식 개헌을 막기 위해 총력을 다할 것이며, 실패할 경우 이재명 정부는 큰 정치적 부담을 질 수 있다.

따라서 보수와 진보 모두가 합의할 수 있는 개헌안을 도출하는 것이 열쇠가 된다. 이 과정을 성공적으로 이끈다면 이재명 정부는 역사에 길이 남는 성취를 기록할 것이다. 그러나 그 길은 험난하다. 보수 진영의 조직적 반발, 국제적 정치 환경의 변화, 진보 진영과 시민사회의 다양한 요구를 모두 조율해야 하기 때문이다. 실용주의적 국가 전환에 기초한 국민적 합의를 이끌어내는 지혜가 요구된다.

이재명 실용주의가 가져올 정치적 전환

"보수면 어떻고 진보면 어떤가?"라는 이재명 대통령의 언사에는 그의 정치 철학이 응축되어 있다. 보수는 이를 불신하고 진보는 우향우를 경계하겠지만, 국민들은 이 말 속에서 기대와 신뢰를 느낀다. 국민주권정부는 지금 역사적으로 보기 드문 기회를 맞고 있다. 의회와 정부의 협력 구조, 중립적인 사법부, 그리고 국민들의 실용주의에 대한 열망이 맞물린 지금이야말로 사회 개조와 정치 개혁을 이루기에 최적의 순간이다. 또한 한국 사회는 거대 정당의 적대적 공생 체제의 고착화로 왜곡된 정치 지형을 가지고 있다. 이재명 실용주의는 그간의 보수-진보 도식을 넘어서 극소수 극우, 합리적 보수, 중도 보수, 중도 개혁, 진보 등 다양한 스펙트럼의 정당들이 공존하며 정치적 경합을 벌이는 건강한 정치 구도를 형성하는 계기가 될 것이다.

이재명식 정치 실용주의는 우리 사회의 뿌리 깊은 분열을 치유하고, 새로운 정치 질서를 만들어낼 힘을 가지고 있다. 온갖 몰이해와 방해를 넘어서서 그의 실용주의 정치 실천이 정교하게 추진된다면, 우리 사회의 왜곡적 정치 지형이 극복되고 이념을 넘어선 공존형 민주주의 시스템이 구축될 수 있을 것이다. 평화적인 내란 극복과 국민주권정부의 탄생에 이은 성숙한 국민 통합의 성공은 K-정치, K-민주주의의 숙성된 열매로서 지구촌에 민주주의의 모범으로 알려질 것이다.

　지금 우리 사회는 이념적 피로와 정서적 단절이 깊다. 국민주권정부가 과거의 정치 논리를 복기하고 성찰하여 보수도 진보도 아닌 길, 국민 모두를 아우르는 새로운 길을 열어야 한다. 그 길은 기존의 지도를 벗어나 국민과 함께 새 지도를 그리며 나아가는 길, 이재명 실용주의의 길이다. 국민 통합은 선언이나 형식적 제스처로서가 아니라 견실한 실용주의적 태도와 꾸준한 정책적 노력으로만 이룰 수 있다. 지금이야말로 우리 정치가 새로운 도약을 할 시간이다. 보수도 진보도 아닌, 국민과 함께하는 새로운 길이 그 방향이다.

"인간은
고난 속에서
자신을 발견한다."
- 알베르 카뮈(Albert Camus)

"내면화된 진리만이
힘을 가진다."
- 빅토르 프랑클(Viktor Frankl)

3장

4 개인적 이상을 넘어 공동체 중심의 실용주의로
3 공직자의 길에서 체화된 실천 중심 사고
2 노동 현장에서 익힌 현장성과 문제 해결 중심의 태도
1 흙수저의 유년기

이재명의 성장 과정과 실용주의의 내면화

인간은 평탄한 길에서 성장하지 않는다. 시련과 고통이야말로 내면의 근육을 단단하게 만들고, 삶의 철학을 뿌리내리게 한다. 그 속에서만 경험은 지혜로 숙성되고, 진리는 힘을 가진다. 결국 한 사람의 사상과 리더십은 그가 살아낸 이야기를 빼고는 설명할 수 없다. 이재명의 실용주의가 단순한 정치 전략이 아니라 삶에서 길어 올린 실천 철학인 이유도 바로 여기에 있다. 그것은 가난과 노동, 부당함과 싸우며 현실을 견뎌낸 한 인간의 삶에서 체득된 생존의 기술이었고, 이는 타자와 공동체를 향한 책임의 윤리로 발전했다. 그가 강조하는 실용주의는 냉정한 효율만을 좇는 기계적 실용이 아니다. 타인의 고통에 대한 민감성과 연대, 청렴과 헌신이 함께 어우러진 인간미 넘치는 따스한 실용주의다.

이 장은 이재명의 연설문과 발언, 어록을 깊이 독해하고 분석한 기초 위에 작성되었다. 그의 삶의 모든 측면을 다 그려내기보다 삶 속에서 실용주의를 체득하고 실행한 사례들과 흥미로운 에피소드를 들려주고자 한다. 이재명 실용주의는 그가 걸어온 거친 길 위에서 형성되었다. 그의 노선은 길 위의 실용주의다. 그 길 위에서 우리는 새로운 한국 사회와 새로운 정치의 가능성을 마주하게 된다. 이제, 그 여정이 남긴 발자취를 따라 함께 산책해 보자.

1 흙수저의 유년기

- 현실을 돌파하는 사고방식

"나는 흙수저 출신이다." 이재명은 이를 당당하게 말한다. 바닥의 삶을 뼈저리게 경험한 이재명의 유년기는 그가 현실의 어려움을 극복하고 세상을 변화시키는 데 필요한 사고방식을 형성하는 데 결정적인 영향을 미쳤다. 그는 경북 안동군 예안면 도촌리 지통마을에서 태어나 초등학교 졸업 때까지 안동의 물과 풀, 쌀을 먹고 자란 흙수저 출신임을 숨기지 않는다. 이러한 배경은 그의 심정에 애민(愛民) 정신으로 자라났으며, 그가 지역주의에 갇히지 않고 오직 유능하고 충직한 일꾼이 중요하다고 외칠 수 있는 서사적 기반이 되었다.

불평등을 넘어선 실질적인 나눔 정책: 무상 교복 지원

이재명은 성남시장 재임 시절, 전국 최초로 중·고등학교 신입생에게 교복을 무상으로 제공하는 정책을 시행했다. 이 정책은 그의 마음과 민생 노선을 잘 보여준다. 성남시의 무상교복지원 정책은 단순히 가계의 교육비 부담을 줄이는 것을 넘어, 모든 아이들이 경제적 배경과 상관없이 동등한 출발선에 설 수 있도록 돕는 보편적 복지의 상징적 사례로 회자된다. 이는 흙수저 출신으로서 그가 겪었던 사회적 불평등에 대한 깊은 공감에서 비롯된 것이 아닐 수 없다.

2025년 5월 13일 경북 구미에서 열린 유세에서, 대통령 후보 이재명은 성남 상대원 시장에서 화장실을 지키며 고단한 삶을 이어가던

어머니의 모습과 그 주변 공장에서 일하던 노동자들의 삶에 대해 이야기한다. 어린 시절 그들의 삶의 모습을 직접 목격하면서 그 심정 속에 각인된 어떤 인상과 느낌을 말한 것이다. 여기서 우리는 보통 사람들의 삶의 처지와 마음에 대한 그의 감수성을 엿보게 된다. 물론 그가 어머니의 삶과 자신이 실행한 무상교복지원 정책을 직접적으로 연결지어 말한 것은 아니다. 하지만 그의 유년기 경험과 노동 현장에 대한 깊은 공감의 마음은 그가 약자들에게 필요한 실질적 지원에 대한 고민과 정책적 시도를 하는 데 주요한 바탕이 되었다고 추론할 수 있다.

무상 교복 지원이라는 파격적 조치와 연결되는 이야기가 있다. 이재명은 성남에서 '공장 노동자들이 가장 부러워하는 것이 무엇일까?'를 항상 고민했다고 한다. 독자들은 쉽게 상상하기 힘들 것이다. '시장이 왜 그런 고민을 할까?'라고 생각할 수도 있다. 수많은 직업을 가진 사람들이 있는데, 왜 유독 공장 노동자를 생각했을까? 분명한 것은 그런 고민과 질문 속에서 모든 사회 구성원들의 삶의 질을 높이고 사회적 불평등을 해소하는 정책을 일관되게 시행하였다는 것이다.

이재명은 정책은 결국 '사람을 위한 것'이라는 신념으로, 시민들의 삶에 직접적인 영향을 미치는 실질적인 복지 정책을 추진하는 데 주저함이 없었다. 무상 교복 지원 외에도 청년 기본소득, 무상 공공 산후조리원 등 성남시에서 시행된 다양한 보편적 복지 정책들은 사회적 약자를 배려하고 모두가 함께 잘 사는 대동 세상을 만들고자 하는 그의 철학이 구체화된 결과였다. 이러한 정책들은 이후 경기도지사로 확장되어 더 넓은 범위의 국민에게 혜택을 제공하는 기반이 되었으며, 그의 정치적 행보에 있어 중요한 이정표가 되었다.

어린이가 마음껏 책을 읽고 토론하는 세상: 성남형 교육지원단 운영

이재명은 자신의 흙수저 경험을 시정에 쏟아부었다. 특히 모든 어린이가 건강하게 자라고 차별 없이 양질의 교육을 받을 권리를 보장하여, 이를 통해 미래 사회의 주역으로 성장할 수 있도록 지원하는 데 주력했다.

2025년 5월 5일 어린이날 발표한 이재명의 <어린이 정책 발표문>은 주목할 만하다. 여기서 그는 "어린이라는 단어에는 사랑은 물론 '존중'의 의미가 담겨 있다."고 강조하며 아이들의 인권과 인격을 온전히 존중해야 한다고 역설한다. 이러한 마음은 그의 행정에서도 일관되게 나타난다. 경기도지사 시절, 그는 발달 지연 영유아를 조기에 발견하여 상담과 치료를 받을 수 있도록 돕는 '경기도 영유아 발달지원 서비스'를 도입했다. 이는 모든 아이들이 건강하게 성장할 수 있는 기반을 마련하려는 그의 의지를 보여주는 대표적인 사례이다. 이제 대통령으로서 이를 전국으로 확대하겠다고 약속하는 것은 그의 보편적 복지 지향점을 잘 드러낸다.

특히 이재명은 아이들이 단순히 지식을 습득하는 것을 넘어 스스로 생각하고 탐구하며 창의력을 키울 수 있는 환경을 조성하는 데 큰 관심을 기울였다. 성남시장 재임 당시 운영했던 성남형 교육지원단(단장 김원근)은 이를 보여주는 현장이다. 이 프로그램은 아이들이 마음껏 책을 읽고 토론하며 자신의 생각을 자유롭게 펼칠 수 있는 공간이 되었다. 주입식 교육에서 벗어나 아이들 스스로 학습의 주체가 되어 능동적으로 지식을 탐구하고 비판적 사고력을 함양하도록 돕는 교육 철학을 정책으로 담아냈던 것이다.

이재명은 또한 증가하고 있는 디지털 범죄로부터 아이들을 보호하고, 아동 학대를 예방하며, 피해 아동 보호 체계를 강화하는 등 아이들의 안전한 성장을 위한 사회적 안전망 구축에도 힘썼다. 이 외에도 공공 후견인 제도 도입, 공적 입양 체계 안착 지원, 그리고 영케어러(young carer, 가족 돌봄 청소년), 수용자 자녀, 경계선 지능인 등 소외된 아이들을 위한 빈틈없는 지원 방안을 모색한 점은 빈곤 가정이나 돌봄의 사각지대에 있는 아동에 대한 관심과 정책적 의지를 여지없이 보여준다. 모든 어린이가 차별 없이 존중받고 행복한 삶을 누릴 수 있는 사회라는 보편적 가치는 구체적인 정책 실행을 통해서만 이루어지기 때문이다.

이재명은 아동 수당 지급 연령을 18세 미만까지 단계적으로 확대하여 부모의 양육 부담을 줄이겠다고 약속했다. 이 역시 그의 흙수저 경험에서 오는 적극적 노력의 일환으로 읽을 수 있는 정책이다.

청년들이 마음껏 꿈을 준비하도록: 성남시 청년기본소득

이재명은 2022 대선 시기 교육 정책단을 만난 자리에서 이런 질문을 던졌다. "대학 무상 교육 참 좋구요. 그런데 대학을 가지 않은 청년들에 대한 지원은 없을까요?" 그 현장에서 이 질문은 매우 신선하고 날카로운 자극이 되었다. 입시와 대학 교육 중심의 교육 정책에 일침을 가했던 것이다. 이처럼 이재명의 마음은 학교 밖 청소년들과 대학에 진학하지 못하는 청년들의 삶에 깊이 연결되어 있다. 이는 가정 형편으로 돈이 없어 배우지 못하고 공장으로 가야 했던 자신의 아픔이 투영된 것이며, 그런 슬픔이 이 사회에서 구조적으로 되풀이되지 않아야 한다는 그의 소망과 관련된다. 즉 이재명은 지금 우리 사회 청년들이 겪는 어려움이 단지 개인의 문제가 아닌, 사회 전반의 기회 부족이 만든 구조적 위기임을 깊이 인식하고 있다. 그는 줄곧 청년들이 마음껏 일하고, 자산을 키우며, 걱정 없이 살 수 있도록 실질적인 기회와 희망을 제공하는 것이 국가의 책임임을 강조한다. 우리 사회의 그 어느 세대보다 미래가 불확실한 현실에 내몰린 청년들이 불안을 딛고 일어설 수 있도록 '함께하겠다'는 그의 약속은, 이재명의 청년 정책이 단순히 일회성 지원에 그치지 않고 청년들의 삶 전반에 걸친 근본적인 변화를 목표로 한다는 사실을 보여준다.

이러한 정책 철학은 성남시장 시절 그가 도입했던 혁신적인 '성남시 청년기본소득'에서 보다 선명하게 드러난다. 당시 성남시 청년기본소득은 청년들에게 최소한의 경제적 기반을 제공하여 구직 활동, 자기 계발, 사회 진입 준비 등에 집중할 수 있도록 돕는 파격적인 정책이었다. 이는 청년들이 경제적 어려움 때문에 꿈을 포기하거나 미래를 준비할 기회를 잃지 않도록 지원하려는 이재명의 확고한 의지를 담고 있었다. 이 정책은 이후 '청년내일채움공제 시즌2(가칭 청년미래적금)' 도입, 가상자산 현물 ETF(Exchange Traded Fund) 도입 및 안전한 투자 환경 조성, 청년 맞춤형 재무 상담 프로그램 도입 등으로 확장되었다. 이는 청년기본소득을 넘어 청년의 자산 형성을 돕는 다양한 정책으로 발전한 점에서 주목할 만하다.

이재명 후보가 발표한 <청년 공약 발표문>을 보면, 그의 청년을 향한 실용주의적 정책이 잘 드러난다. 그는 청년의 일할 권리를 강화하고, 더 많은 기회를 만들기 위해 구직 활동 지원금을 확대하고, 자발적 이직 청년에게는 생애 1회 구직 급여 지급을 추진하겠다고 밝힌다. 그리고 글로벌 기업이 운영 중인 '채용 연계형 직업교육 프로그램'의 확산을 국가가 적극 지원하고, 고용 형태나 계약 명칭과 무관하게 일하는 모든 청년이 공정한 보상과 안전한 노동 환경, 충분한 사회 보장을 누릴 수 있도록 하겠다고 약속한다. 이는 청년들의 노동권을 보호하고 안정적인 일자리를 제공하려는 그의 의지와 정책적 노력을 보여준다.

청년 주거 지원 강화 또한 이재명 청년 정책의 핵심이다. 그의 약속은 매우 세밀하고 구체적이다. 청년 맞춤형 공공 분양과 고품질 공공 임대를 대폭 늘려 주거 불안을 덜고, 무주택 청년 가구의 월세 지원 대상을 넓히고 월세 세액 공제를 확대하여 주거비 부담을 낮춘다는 계획 등도 사뭇 구체성을 지니고 있다. 성동구 한양대 반값 기숙사와 같은 상생형 공공 기숙사를 대폭 공급하여 안정된 생활 기반을 마련하고, 전세사기특별법 개정을 통해 피해자 구제를 확대하고 가해자 처벌을 강화하며, 임대 시장 감독을 강화하여 불공정 행위를 뿌리 뽑겠다는 약속도 매우 디테일하다. 여성 1인 가구를 상대로 한 범죄 예방을 포함한 청년의 안전한 정주 환경을 위한 범죄 예방 시스템과 긴급 대응 체계 강화도 청년의 삶의 현장에 기반한 실질적인 정책 방향으로 보인다.

이재명이 말하는 '진짜 대한민국'은 청년들에게도 진정한 '내 나라'로 인식되어야 할 것이다. 이재명은 청년이 직면한 다양한 문제들을 해결하기 위해 '국가가 먼저 움직여야 한다.'고 강조하며, '청년에게 기회를 주는 사회가 성장하고, 청년을 방치한 사회는 퇴보한다.'는 신념으로 청년 정책을 펼쳤다. 이러한 정책의 이면에는 흙수저 출신 이재명에게 각인되고 내면화된 어떤 가치가 담겨 있다. 이것이 그의 실용주의적 정책의 이면에 담겨 있는 진실인 것이다.

억강부약으로 대동 세상 펼치는 기본사회

이재명의 흙수저 경험은 그의 기본사회 정책으로 이어진다. 이재명의 '기본사회' 구상은 그가 어린 시절에 체득한 경험을 바탕으로 성남시장과 경기도지사 시절의 정책 및 행정을 통해 보다 구체화된다. 기본사회는 현대 정치와 정책에서 널리 수용되고 있는 노선으로, 모든 국민이 기본적인 삶을 보장받고 함께 잘 사는 대동 세상을 만들겠다는 이재명의 가치 철학과 그대로 조응한다. 이재명의 <기본사회 안전망 정책 공약>에는 그의 기본사회의 방향이 일목요연하게 잘 나타나 있다.

이재명은 저성장 시대에 심화되는 기회와 자원의 불평등, 그리고 기존 복지 제도의 한계를 극복하기 위한 대안으로 '빈틈없는 두툼한 안전 매트'로서의 기본사회를 제시한다. 기본사회는 주거, 의료, 돌봄, 교육, 공공 서비스 등 삶의 모든 영역에서 국민의 권리를 최대한 실현하고 국가와 사회가 함께 책임지는 사회를 의미한다.

이재명의 기본사회는 대동 세상 가치와 억강부약의 지혜로운 실천과 연결된다. 이는 그의 오랜 고민과 성남시장, 경기도지사 시절의 다양한 정책 실험을 통해 충분히 입증되고 평가받았다. 하늘을 나는 새의 양 날개처럼 대동 세상은 억강부약과 함께 움직인다. 이재명의 정치 여정은 억강부약의 길이기도 했다. 억강부약(抑强扶弱)의 뜻은 흔히 오해된다. 한자어를 직역하면 '강한 자를 억누르고 약한 자를 돕는다.'는 뜻이지만 이를 이념적으로나 직설적으로 해석해 버리면 매우 거친 노선이 된다. 가령 억강(抑强)을 '강한 자와 가진 자를 억압한다.'는 식의 해석은 최악이다. 이재명은 따스하고 실용적인 정책으로 세련된 억강부약으로 대동의 가치를 실현하고자 했다. 그러므로 억강부약을 정교하고 부드럽게 풀어 이해할 필요가 있다. 이는 다음의 네 가지 정신으로 실현된다.

① 권세를 제어하고 약자를 보살피는 정신: 이는 강한 자의 횡포를 제어하고 약한 자의 삶을 돌보는 정의로운 마음을 말한다.
② 권력의 남용을 견제하고 사회적 약자를 우선하는 애민의 길: 권력 남용과 특권 및 갑질을 억제하고 아울러 사회적 약자에게 손을 내미는 공정의 실천이다.
③ 불균형한 힘의 질서를 바로잡고 연약한 이들과 연대하는 자세: 기울어진 권력의 무게를 바로잡고 연약한 이들의 곁에 서는 동행의 정신이다.
④ 강자의 책임을 요구하고 약자의 권리를 보호하는 정책: 강자에게는 책임감을 설득하고 약자에게는 권리를 보장하는 정의와 공정의 길이다.

이재명은 힘의 불균형을 바로잡고 약자의 편에 서려는 억강부약의 부드러운 실행을 자신의 삶과 정치에 일관되게 구현해 왔다. 이는 대동 사회를 위한 통합의 정신과 결코 분리되지 않는다. 그는 진영과 이념을 넘어 오직 국민의 삶과 대한민국의 미래를 최우선으로 삼아야 한다고 강조하여 사회 구성원들이 합의에 이르도록 설득한다. 유치한 편 가르기나 졸렬한 보복을 내던지고 대신 '잘하기 경쟁'을 해야 한다고 주장한다.

"국민은 가난해서가 아니라 불평등에서 불만을 느낀다." 이재명의 이 말은 공정하고 상식적인 사회를 향한 그의 열망을 보여준다. 죄를 지어도 처벌받지 않거나 억울하게 죄를 뒤집어쓰는 비정상적인 세상을 바꾸고, 모두가 함께 노력한 결과물을 공정하게 나누는 세상을 만들고자 하는 것이 그의 목표다. 기본사회 구상을 지닌 그의 실용주의는 국가 전체의 역량을 오로지 국민 행복을 위해 제대로 사용하는 노선이며, 그가 보여준 행정 능력과 실천력을 바탕으로 일관되게 추진할 것이다. 흙수저 경험에서 출발하여 인권 변호사, 시장·도지사 등의 공직 경험으로 이어지는 과정을 통해 대동 세상을 향한 그의 기본사회 구상이 구체화되었다.

선조의 길이냐 정조의 길이냐

2025년 5월 13일 경북 구미에서 열린 유세에서, 대통령 후보 이재명은 선조와 정조를 대비하고, 박정희 전 대통령에 대한 자신의 견해를 말한다. 이재명은 조선 시대 선조와 정조의 대비를 통해 한 사람의 지도자가 세상에 미치는 엄청난 영향력을 설명한다. 알다시피 선조 시대에는 수백만 백성이 죽어 나갔고, 정조 시대에는 동아시아 최대의 부흥을 이뤘다. 정조는 노비라도 실력이 있으면 등용하고, 부정부패를 없애고, 신상필벌을 확실히 했다. 선조는 무능하고 신하를 의심하였으며, 정조는 늘 공부하고 관리들을 격려하고 애민 정신으로 나라 정책을 펼쳤다. 이재명이 언급하는 선조와 정조의 사례는, 똑같은 조건에서도 지도자 한 사람의 의지와 역할에 의해 국가의 흥망이 좌우되며, 지옥이 열릴 수도 번영이 찾아올 수도 있다는 그의 통찰을 잘 드러낸다. 이는 지도자의 유능함과 충직함이 세상의 개벽을 가져올 수 있다는 그의 신념으로 이어진다.

 이러한 국가 경영에 대한 견해를 기초로 이재명은 박정희 전 대통령에 대한 복합적인 평가를 내놓았다. 이재명은 자신의 젊은 시절에 박정희를 독재와 인권 탄압, 사법 살인, 장기 집권으로 민주주의를 말살한 '나쁜 사람'으로 인식했다고 솔직히 인정한다. 하지만 그는 자신의 인식을 객관화하고 수정한다. 박정희 전 대통령이 동시에 이 나라의 산업화를 이끌어낸 공을 이루었다는 것은 부인할 수 없는 사실이라는 것이다. 그는 만일 '박정희가 민주적인 과정으로 집권하여 인권 탄압 없이 나라를 부유하게 만들었다면 모두가 칭송했을 것'이라는 가정법을 펼친다. 이는 이재명의 실용주의적 사고방식을 명확히 보여준다. 박정희에 대한 실용적 평가를 통해, 오직 '유능하고 국가와 국민에게 충직한 일꾼'만이 세상을 크게 변화시킬 수 있다는 자신의 신념과 철학을 강조한다.

 바닥의 삶, 애민 정신, 국민의 삶을 안전하고 풍요롭게 하는 책임 정치, 이러한 현실 감각과 실용주의적 사고방식은 그의 유년기와 성장 과정에서 체득된 것이었다. 이는 이후 성남시장과 경기도지사로서 펼친 정책의 근간이 되었으며, 대통령으로서 이재명의 행보를 충분히 예견하게 한다. 바닥의 삶과 국민의 생활 현실에 민감한 마음씀과 정책들이 바로 그것이다.

2 노동 현장에서 익힌 현장성과 문제 해결 중심의 태도

이재명은 노동의 가치를 온몸으로 체득한 사람이다. 소년공 시절 프레스에 팔이 끼어 장애를 얻은 경험은 그의 정책 전반을 관통하는 현장성과 실천성의 근원이 되었다. 청소년기 노동의 경험은 그의 정책의 정신적 뿌리가 되었다. 고단한 신체 노동과 저임금, 산업재해를 직접 경험한 이재명에게 노동은 고상한 관념이 아닌 삶 그 자체다.

노동 존중 사회의 토대

2025년 5월, 그는 <노동 정책 발표문>과 경상북도 구미시에서 열린 유세 연설을 통해 '일하는 사람이 주인공인 나라'를 만들겠다고 약속했다. 노동 현장에서 체득한 자신의 경험과 인간의 존엄에 대한 신념을 기반으로 우리 사회가 노동이 존중받는 사회가 되도록 하겠다는 것이다. 이재명의 정책은 국민들이 일하는 공장과 건설 현장, 배달 플랫폼(platform)과 사무실 등 삶의 터전 곳곳에서 시작된다. 그의 삶의 궤적과 공직자로서의 실천의 흔적들은 '일하는 사람 모두에게 보편적 권리를 보장하겠다.'는 약속의 진정성을 충분히 담보한다. 그는 노동자의 땀과 눈물 속에서 길어 올린 정책과 해법으로 시대적 과제에 응답한다.

이재명은 노동 존중과 경제 성장이 대립하는 개념이 아님을 분명히 한다. 그는 구미시 유세에서 신안군의 '햇빛 연금' 사례를 들었다. 전라남도 신안군이 풍력 발전을 통해 얻은 개발 이익을 지역 주민과 공유하자 외부 자본의 투자가 늘고 인구가 증가하는 선순환이 일어났음을 강조했다. 이와 마찬가지로 노동자에게 합당한 보상과 안정된 권리를 보장하는 것은 비용이 아니라, 결국 내수를 활성화하고 기업의 생산성을 높이는 가장 확실한 투자가 된다는 것이다. 즉 노동 존중이 성장의 동력이 된다는 것이다.

노동 존중과 안전하고 행복한 삶

이재명의 정책 공약집을 보면 노동자의 권리 보장과 관련되는 내용이 많다. '아프면 쉴 권리', '자발적 이직자에 대한 구직 급여 지급', '청년미래적금' 등이 그것이다. 그리고 특수 고용직, 플랫폼 노동자부터 청년과 중장년까지 모든 세대를 아우르는 촘촘한 사회 안전망을 위한 대책을 담고 있다. 이는 노동이 더 이상 생존을 위해 감내해야 할 고통이 아니라, 자아실현과 행복 추구의 과정이 되어야 한다는 정신이 담겨 있다.

또한 노동위원회의 신속한 조정 기능 강화, 노동법원 설립 추진 등 노동 현장의 갈등을 빠르고 공정하게 해결하려는 구체적 정책을 제시한다. 국가가 노동하는 모든 국민의 든든한 버팀목이 되도록 이를 정책화하여 추진하여야 한다는 의지를 보인 것이다.

이재명이 꿈꾸는 나라는 '일하는 사람이 주인공인 나라'라는 말로 표현할 수도 있다. 노동의 가치가 제대로 인정받고, 노력한 만큼의 몫이 공정하게 주어지며, 실패해도 다시 일어설 수 있는 기회가 보장되는 사회가 그런 세상이다. 소년 노동자에서 시작해 대한민국을 이끄는 지도자의 자리에 이르기까지 쉬지 않고 일하며 살아온 그의 삶 자체가 '노동 존중 사회'의 꿈이 정책화되고 역동적으로 추진되리라는 보증이 될 수 있다.

에피소드1 가스통 시위대와 맞짱뜨다

적대적 만남, 원칙으로 마주하다

이재명이 성남시장으로 취임했을 때 소위 보수단체들은 가장 적대적인 집단이었다. 그는 이들을 억누르거나 회유하는 대신 정면으로 마주하는 길을 택했다. 모든 시민사회단체들을 모은 자리에서 그는 '내 편을 들지 말라.'고 선언했다. 그리고 그 단체의 고유 목적에 충실히 활동하면 예산과 사무실을 지원하겠다는 원칙을 밝혔다.

포용의 정치, 경계선을 만들다

그 원칙은 명확했다. 시의 지원을 받는 단체로서 성남시 안에서는 정치적 시위를 하지 말라는 것이었다. 그러나 성남 밖, 서울 광화문에서 가스통을 들고 시위하는 것까지 막지는 않았다. 이재명은 '성남 밖에서 하는 건 내가 뭐라 그러겠습니까?'라며 합리적인 경계선을 제시했고, 이러한 원칙 있는 포용은 놀라운 결과를 낳았다.

진심, 반대자들의 마음을 움직이다

성남의 보수단체 회원들은 서울에 가서는 극렬하게 정부 비판 시위를 하다가도, 성남 경계를 넘으면 봉사자의 자세로 돌아왔다. 심지어 2016년 성남시장 이재명이 정부의 예산 삭감에 반대하며 광화문에서 단식 농성을 할 때, 바로 옆에서 시위하던 그들이 찾아와 '충성, 성남시를 위하여!'라고 외쳤다. 이 일은 매우 유명한 일화다. 이 상징적 이야기는 이념을 넘어선 그의 실용주의와 진심이 어떻게 가장 강한 반대자마저 자신의 편으로 만들 수 있는지를 보여주고 있다.

에피소드 2 시흥 파리바게트 노동자 산업재해 현장을 직접 찾아가다

비극의 현장, 즉시 달려가다

경기도지사 시절, 시흥의 한 파리바게트 공장에서 20대 청년 노동자가 기계에 끼어 숨지는 비극적인 산업재해가 발생했다. 이재명은 사고 소식을 접한 직후, 보고서를 기다리지 않고 즉시 현장으로 달려갔다. 그의 이런 행보는 도민의 생명과 안전을 최우선으로 여기는 이재명의 정신과 원칙의 발현이었다.

책임을 추궁하고 재발 방지를 약속하다

현장에 도착한 그는 유족의 손을 잡고 위로하는 것을 넘어, 회사의 안전관리 책임자를 불러 사고 경위를 날카롭게 추궁했다. '왜 2인 1조 근무 원칙이 지켜지지 않았는가?'를 곧바로 질타했다. 즉 그 일이 단순한 우발적 사고가 아니라 안전 불감증이 부른 인재(人災)임을 명확히 한 것이다. 그는 현장에서 즉시 특별 근로감독을 지시하고, 동종업계 전반의 안전 시스템을 점검하여 다시는 이런 비극이 반복되지 않도록 하겠다고 약속했다.

공감과 해결, 현장 정치의 본질

이 사건은 이재명의 통치 스타일을 압축적으로 보여준다. 그는 비극에 공감하되 감상에만 머물지 않고, 문제의 근원을 파고들어 책임 소재를 명확히 하고 실질적인 대안을 제시한다. 노동자의 죽음 앞에서 그가 보여준 단호한 태도는 노동 존중이 단순한 시혜가 아니라 반드시 지켜져야 할 사회 시스템의 문제라는 그의 철학을 증명한다.

에피소드 3 민주노총 위원장 출신을 노동부 장관에

파격적 인선, 대화의 장을 열다

이재명은 집권 후 노동부 장관으로 민주노총 위원장 출신 인사를 임명하는 파격을 선보였다. 이는 단순히 노동계의 환심을 사기 위한 제스처가 아니라 한국 사회의 고질적인 노사 갈등을 정면으로 돌파하려는 고도의 전략적 선택이다. 이러한 인선은 그 자체로 노동 존중 사회를 만들겠다는 강력한 시그널(signal)이 되고 있다.

신뢰 구축, 갈등 해결의 첫걸음

노동계를 대표하는 인물이 국정의 파트너가 될 때, 정부와 노동계 사이의 불신은 신뢰로 바뀔 수 있다. 이는 '노조법 2, 3조 개정'이나 '초기업 단위 교섭 활성화' 같은 민감한 현안을 사회적 대화 테이블 위에서 풀어나갈 동력을 확보하는 길이다. 사용자와 노동자, 어느 한쪽의 일방적 희생이 아닌, 상생의 해법을 찾는 대타협의 물꼬를 트는 실용적 해법이 될 것이다.

책임과 균형, 새로운 리더십의 조건

물론 이러한 인선은 공공연한 반발이나 경영계의 보이지 않는 우

> 려를 초래할 수도 있다. 그러나 이재명은 '일만 잘하면 되지, 어느 출신이냐가 무슨 상관이냐.'는 실용주의 정신으로 이를 돌파할 것이다. 그는 노동부 장관에게 노동자의 권익 보호뿐만 아니라, 국가 경제 전체를 생각하는 균형감과 책임감을 동시에 요구할 것이며, 이를 통해 노사 모두가 수긍할 수 있는 합리적 정책을 만들어낼 것이다.

3 공직자의 길에서 체화된 실천 중심 사고

이재명은 성남시장, 경기도지사로 이어지는 공직자 생활을 통해 자신의 실용주의를 깊이 내면화했을 뿐 아니라 그 실행력을 단단하게 했다. 그 과정에서 자신이 생각하는 공직자의 사명과 자세를 정교하게 가다듬었다. 공직자에 대한 그의 생각은 명료하다. 어떻게 지역 구성원들의 안녕과 행복을 지켜내고 상생하는 사회로 나아가는가, 무엇보다도 국민의 삶에 실질적으로 미치는 성과로 자신의 존재와 필요성을 증명할 수 있는가 하는 질문에 대한 대답이 그것이다. 이것이 이재명의 '공복(公僕)'의 철학이다.

공직자의 사명: 국민의 삶을 바꾸는 충직한 도구

이재명은 공직자를 국민의 삶을 실질적으로 책임지는 '공복'이자

'머슴'으로 정의한다. 그렇다면 그 머슴의 주인은 누구인가? 바로 국민이다. 종교인들이나 문학가들이 자신을 종이나 머슴, 혹은 바보로 비유하는 경우는 종종 있지만, 지자체장이 그런 표현을 하는 경우는 드물다. 이재명의 정신에 의하면, 공직자의 한 시간은 100만 시민의 이해관계가 걸린 '100만 시간의 가치'를 지닌다. 공무원의 업무 하나하나가 관련된 시민에게는 생사가 걸린 문제일 수도 있다. 이재명은 공직자가 사명 공동체로 부름받고 세움받았음을 강조한다. 즉 공직자는 단순히 주어진 업무를 처리하는 행정가를 넘어 국민 전체와 국민 개개인의 더 나은 삶을 위해 존재 이유를 증명해야 하는 존재라는 것이다. 그에게 공직자는 주인의 삶을 바꾸는 존재로서의 공복이다.

알다시피 공동체의 운명은 한 사람의 리더의 역량에 따라 극명하게 갈린다. 2025년 5월 13일 포항시 유세에서 이재명은 이순신을 예로 들어 이를 설명했다. 그는 임진왜란 당시 이순신 장군과 원균의 사례를 들며 "지도자에 따라 공동체의 운명이 결정된다."고 강조했다. 똑같은 조선 수군을 이끌고도 연전연패한 원균과 24전 24승의 신화를 쓴 이순신은 극명하게 대조된다. 이재명이 자기 자신을 유세하는 맥락에서 던진 역사적 사례이지만, 이는 단순한 수사나 가벼운 언사로만 볼 수 없다. 그 기저에는 자신의 리더십과 실력에 대한 어떤 확신이 담겨 있는 것이다. 그 유세에서 그는 이렇게 말했다. "지금과는 완전히 다른 대한민국을 보여 드리겠습니다." 그는 지도자 한 사람의 영향력, 공직자 한 사람의 가치를 알고 있는 듯하다. 공직 사회도 마찬가지다. 리더가 어떤 철학을 가지고 조직을 이끄느냐에 따라 '복지부동'의 집단이 될 수도 있고, 시민을 위해 헌신하는 '봉사단'이 될 수도 있다.

성과로 자신을 증명해낸 정치인으로서 이재명의 명성과 평가 지수는 타의 추종을 불허한다. 이재명이 성남시장과 경기도지사로서 일할 때 전임자들과 똑같은 공무원 조직과 함께 일했다. 그런데 얼마 지나지 않아 성남과 경기도는 '이사 가고 싶은 도시', '도정 만족도 1위'라는 평가를 얻었다. 이는 공무원들의 잠재력을 어떻게 이끌어내고, 그들의 역량을 시민의 삶 속에 나타나는 긍정적 결과로 이어지게 하는 시스템을 설계했기에 가능했다.

대한민국 공무원들의 학력과 지식 및 전문성은 지구촌에서 최고 수준을 자랑한다. 한마디로 최고 양질의 인재가 가득한 곳이 바로 공무원 사회다. 자칫 관료제로 굳어지기 쉬운 공무원 사회의 관행과 악습을 극복하고, 그들의 공직자로서의 소명과 역량을 최적화한다면 나라 살림과 행정은 상당한 활력을 띠게 될 것이다. 그간 왜곡된 정치와 권력이 공무원들을 자기들의 도구로 사용했을 뿐이다. 공직자 출신 이재명은 공직 사회의 이정표가 될 만한 실적들을 이루고 새로운 조직 문화를 조성해내었다. 최선을 다해 봉사하자는 호소를 넘어 '결과로 보여주자.'는 실천적 증명을 강조하는 이재명식 실용주의 공직 철학이 바로 그 뿌리라 할 수 있다.

공직자에게 요청되는 경쟁과 효율

이재명은 경쟁과 효율을 강조하는 정치인으로 유명하다. 특히 정치인들에게 바로 이 기준을 적용해야 한다고 날 서게 말한다. 2025

년 5월 구미시 유세에서 '말뚝만 꽂아도 당선되는' 지역 정치의 폐해를 지적하면서 정치인을 경쟁시켜야 주인인 국민을 위해 제대로 일하게 만들 수 있다고 역설했다. 그는 공직자들이 유능하고 충직하게 일할 때 세상이 변할 수 있으며, 국민들이 정치적 선택 가능성을 다양하게 보여줄 때 정치인들은 국민을 존중하고 경쟁하며 더 나은 정책을 내놓을 것이라고 강조한다.

이재명은 서울과 수도권에 막대한 예산이 투입되는 GTX(Great Train eXpress) 건설 사례를 들며 실용 지향의 정책 경쟁을 역설한다. GTX 건설 사업들이 대개 지역구 국회의원들의 강력한 경쟁과 압력의 결과로 이루어진 것이므로, 지역 주민들 또한 정치인들에게 정책적 대안과 실행을 요구하고 경쟁을 유도해야 한다는 것이다. 이러한 '경쟁을 통한 발전' 논리는 일하는 사람들이 더 나은 보상과 환경을 얻기 위해 목소리를 내고, 정치와 제도가 이에 반응해야 한다는 그의 노동관과 정확히 일치한다.

이재명은 공직자의 역할을 신속한 일 처리와 책임성 있는 응답으로 본다. '쉽고 간단한 일부터 최단 시간 내에 신속하게 처리하는 것'이 곧 공직의 역할이다. 이는 문제를 하나씩 처리하여 마침내 티끌을 모아 태산을 실현하게 하는 실사구시의 길이자 방법이었다. 이러한 방식은 처음에는 관료적 통제에 익숙한 공직 세계에 매우 낯설게 받아들여졌다. 하지만 이재명의 현장 중심의 실행을 함께 경험하며 함께 일한 공무원들과 실무자들의 역량이 상승하고, 만족도 높아지는 많은 사례들이 널리 알려지게 되었다.

이재명은 공직자로서 '일만 잘하면 되는 것 아니냐.' 하는 실용주의적 태도를 노골적으로 말한다. 그는 권력이 손오공 이야기에 나오는 파초선과 같다고 비유한다. 한 번 휘두르면 엄청난 바람을 일으키는 부채와 같아서 어떻게 사용하느냐에 따라 세상에 엄청난 영향을 미칠 수 있다는 것이다. 그는 이를 오로지 국민을 위해 사용해야 한다고 역설한다. 그의 업무 방식은 앞서 언급한 '쉽고 간단한 일부터 최단 시간 내에 신속하게 처리한다.'는 원칙에 기반한다. 이는 공직자의 책임감과 효율성, 이 둘을 모두 고려한 일 처리 방식이다. 아무리 작은 민원이라도 개인의 삶에 미치는 영향이 크므로 신속한 처리가 중요하고, 그 신속성을 위해 난제나 복잡한 민원보다 우선 처리하여 응답해야 한다는 것이다. 그는 공급자가 아닌 수요자의 입장에서 생각해야 한다고 공직자들에게 주문했다. 서류 한 장, 사인 한 번이 개인의 목숨이나 기업의 운명이 달린 일임을 잊지 말라고 당부했다.

이재명이 말하는 공직자의 핵심 가치

이재명의 연설과 어록 및 정책 실천들을 종합하여 볼 때, 공직자가 지녀야 할 핵심 가치를 다음 열 가지로 정리할 수 있다. 이는 공직자로서의 자세와 함께 실질적 성과를 내도록 안내하는 실질적 가치들이다.

- **국민 주권주의**: 대통령은 제왕이 아닌 국민의 '대장 머슴'이다. 항상 모든 권력은 국민으로부터 나온다는 사실을 명심한다. 공직자의 유일한 주인은 국민이며, 그들의 뜻에 충실히 복무하는 것이 최대 덕목이다.
- **성과 가치**: 공적인 일은 작고 사소한 일을 꾸준히 해내는 과정에서

성과가 쌓인다. '티끌 모아 태산'을 만들 듯, 작은 민원 해결과 꾸준한 개선이 모여 거대한 변화를 이룬다는 사실을 믿고 실천한다.

- **적극 행정**: 민원을 '원망할' 원(怨)이 아닌 '원할' 원(願)으로 받아들여 시민의 요구를 해결해야 할 사명으로 인식한다. 문제가 발생하기를 기다리지 않고 먼저 현장을 찾아다니며 불편 사항을 발굴하고 해결하는 능동적 자세를 취한다.
- **효율성**: '쉽고 간단한 일부터 신속하게' 처리한다는 원칙을 세운다. 산더미처럼 쌓인 일이라도 하나씩 처리하면 된다. 빠른 의사 결정과 실행으로 행정의 속도와 효율을 극대화한다.
- **열린 소통**: 시장실과 도지사실, 대통령실과 국무회의의 문을 활짝 열고 공개하듯이 투명하고 적극적인 소통으로 신뢰를 구축한다. 민원인과 몇 시간이고 토론하면 길이 열린다. 안 되는 일은 왜 안 되는지 명확히 납득하게 되므로 불필요한 오해와 갈등을 크게 줄인다.
- **공정성**: 공정하고 편견 없이 사람들을 대하고 합리성을 지향한다. '콩 심은 데 콩 나고, 팥 심은 데 팥 난다.'는 상식이 통하게 한다. 법과 원칙이 모두에게 평등하게 적용되고, 힘의 논리가 아닌 합리적 기준에 따라 결과가 주어지는 공정한 질서를 수호한다.
- **책임주의**: 자신이 한 일의 결과에 대해 명확히 책임진다. 공직자는 성공은 국민에게 돌리고, 실패의 책임은 자신이 진다는 자세를 가져야 한다.
- **이념을 넘는 실용주의**: '검은 고양이든 흰 고양이든 쥐만 잘 잡으면 된다.'는 흑묘백묘는 공직에서도 유효하다. 진보와 보수, 영남과

호남 등 이념과 지역의 경계를 넘어 오직 국민의 삶에 도움이 되는 정책이라면 박정희의 것이든 김대중의 것이든 가리지 않고 채택한다.
- **자긍심**: 자신이 하는 일이 100만 시민, 1,000만 국민의 삶에 영향을 미치는 가치 있는 일이라는 자부심을 갖는다. 이러한 자긍심은 공직자가 부패와 나태의 유혹을 이겨내고 시민을 위해 헌신하게 만드는 원동력이 된다.
- **협업과 통합**: 조직 내에서는 리더를 중심으로 단단히 뭉쳐 역량을 극대화하고, 사회적으로는 작은 차이를 넘어 모두의 힘을 합치는 통합의 정신을 발휘한다. 국민의 먹고사는 문제를 해결하기 위해 모든 자원과 역량을 한데 모으는 데 협력한다.

> **에피소드 1   점거 대신 대화를 선택한 열린 시장실**
>
> **권위의 상징을 소통의 공간으로**
>
> 이재명이 성남시장으로 취임했을 때, 시장실은 9층 구석에 전용 엘리베이터로만 접근할 수 있는 일종의 아방궁이었다. 그는 시장이 시민과 격리되어서는 안 된다는 생각으로, 취임 직후 누구나 쉽게 접근할 수 있는 2층 현관 옆으로 시장실을 옮겼다. 관할 경찰서장이 '시장실이 점거당하면 자신이 직위 해제된다.'며 극구 말렸지만, 그는 '점거당할 일이 없을 것'이라 약속하고 열린 시장실을 강행했다.
>
> **열쇠를 건네자 마음의 문이 열리다**
>
> 예상대로 수많은 민원 집단이 시장실로 몰려들었다. 첫 번째로 찾아온 시위대가 퇴근 시간이 지나도 자리를 뜨지 않자, 이재명은 그들

에게 시장실 열쇠를 건네며 "혹시 가시게 되면 문은 꼭 잠그고 가세요."라고 말한 뒤 퇴근했다. 공무원들의 만류에도 불구하고 그는 '훔쳐갈 것도 없고 CCTV도 있는데 무슨 상관이냐.'고 말했다. 밤 10시가 되자 그들은 스스로 집으로 돌아갔다. 이재명은 그들을 믿었으며, 회피 대상이 아니라 마땅한 권리를 주장하는 시민으로 보았다.

대화, 최고의 민원 해결책

이재명은 그들을 다시 불러 몇 시간이고 그들의 이야기를 들었다. 안 되는 일은 왜 안 되는지 명확한 논리와 근거를 들어 설득했고, 가능한 일은 즉시 해결했다. 이러한 과정이 반복되자, 시청 앞에서 끊이지 않던 시위가 몇 달 만에 거의 사라졌다. 시민들은 '정치인들이 될 것처럼 희망 고문하는 바람에 속아서 몇 년을 허비했다.'며, 차라리 안 된다고 솔직히 말해주는 이재명에게 고마움을 표했다. 이 일화는 불통과 권위주의가 아닌, 진심 어린 소통과 신뢰가 가장 효과적인 문제 해결 방식임을 명확히 보여준다.

에피소드 2 일하는 공무원을 만든 혁신적 시스템

동기 부여, 조직을 바꾸다

취임 초기, 성남시 공무원들은 돈과 연줄로 승진이 결정되던 과거의 폐습 때문에 일할 의욕을 잃은 상태였다. 이재명은 '과거의 일은 문제 삼지 않겠다.'며 그들을 구체제의 피해자로 규정하고 안심시킨 뒤, 완전히 새로운 동기 부여 시스템을 도입했다. 그는 '동네에서 민원을 가장 많이 발견해 오는 공무원을 승진시키겠다.'고 선언했고, 이는 공무원 사회에 엄청난 변화를 가져왔다.

눈 치우는 공무원과 얼음 깨는 공무원

적극 행정의 가장 극적인 사례는 제설 작업에서 나타났다. 그는 눈이 오면 동원되는 공무원들에게 '성남시 공무원 봉사단'이라는 문구가 크게 적힌 옷을 입혀 시민들이 그들의 노고를 알게 했다. 또한 제설 작업 사진을 SNS에 올리도록 독려하고, 이를 칭찬하며 공무원들의 사기를 높였다. 시민들의 격려가 쏟아지자, 공무원들은 책임 구역인 큰 도로뿐만 아니라 이면도로와 인도를 치우기 시작했고, 심지어 꽝꽝 언 얼음까지 깨는 열의를 보였다. 적극적인 빙설 제거 분위기는 '과유불급'을 우려한 이재명이 직접 금지시킬 정도가 되었다. 이는 시민을 위한 봉사가 자발적인 보람과 자긍심으로 이어질 수 있음을 보여준 대표적 사례다.

줄어드는 민원 서류, 높아지는 시민 만족

이재명은 매년 진행하는 동 순회 간담회 방식을 완전히 바꿨다. 지역 유지들만 모으던 형식적 행사를 폐지하고, '시장에게 할 말 있는 사람 다 오라.'며 체육관에서 대규모 주민 간담회를 열었다. 현장에서 발언하지 못한 사람들을 위해 '하고 싶은 말'을 무엇이든 자유롭게 적어 내도록 했고, 이렇게 모인 민원서류 뭉치는 첫해 책 세 권 분량에 달했다. 성남시는 이를 적극적으로 처리하고, 그 결과를 민원인들에게 상세하게 보고했다. 해가 갈수록 민원이 급격히 줄어 퇴임하던 해에는 아주 얇아졌다. 공무원들이 평소에 동네를 구석구석 살피며 민원을 해결한 결과였다. 이는 공직자가 주인의식을 갖고 능동적으로 일할 때 행정 서비스의 질이 얼마나 극적으로 향상될 수 있는지를 증명한다.

국민 주권 시대의 중앙 공직자 혁명의 길

　이재명은 현재 대한민국 공직 사회가 '복지부동'을 넘어 바닥에 달라붙어 떨어지지 않는 '낙지부동' 상태에 빠졌다고 진단한다. 대통령 이재명은 이런 부동의 태도가 능동적이고 창의적인 활력으로 나아가고, 공직자들이 행복하게 자신의 일을 하는 데에 특별한 관심을 가지고 있다. 특히 고질적인 정치 갈등과 집권 후 반복되는 정적을 겨냥한 무리한 수사와 감사가 반복되면서, 공무원들은 '일을 하면 처벌받는다.'는 공포에 사로잡혀 몸을 사려 왔다. 태양광 산업을 수사하느라 재생에너지 전환의 골든 타임을 놓치게 되고, 그 결과 기업들이 생산 기지를 해외로 옮기는 현실은 공무원들을 위축시키는 정치 문화가 국가에 어떤 해악을 끼치는지를 명확하게 보여준다. 낙지부동의 현실을 넘어서 생산적인 공직 문화로 나아가야 할 숙제가 중대하고 긴급한 것이다.

　이러한 위기를 극복하는 비결이 따로 있는 것이 아니다. 이재명의 의지와 해법은 명확하고 단호하다. 그는 자신이 성남시와 경기도에서 성공시킨 공직자 혁명을 중앙 정부 차원으로 확대하고 있다. 이재명은 긍정적 동기 부여와 성과에 대한 확실한 보상, 그리고 실패를 용인하는 문화를 통해 시정과 도정을 혁신했다. 이재명 정부 아래에서 이제 공무원들은 정치 이념과 정파의 눈치를 보지 않고 오직 국민의 이익을 위해 소신껏 일할 수 있는 환경이 조성되는 것을 경험하게 될 것이다. 공직 문화의 대전환을 이룬 성남시의 길이 대한민국의 길이 되어 100만 국가 공무원의 잠재된 역량을 최대한으로 끌어내야 한다.

정치 및 국가 행정은 국민의 삶을 더 낫게 만드는 실천의 과정이다. 망가진 외교와 민생, 마이너스로 추락한 경제를 다시 살리고 한반도에 평화를 구축하기 위해서는 유능하고 충직한 공직자들이 필요하다. 이재명은 스스로를 국민이 마음껏 부릴 수 있는 '유용한 도구'로 자처하고 있으며, 모든 공직자들을 독려해 국가 전체를 역동적으로 변화시킬 동반자가 되자고 호소하고 있다. 성남시의 작은 변화에서 시작된 그의 실천 중심 사고가 대한민국 전체를 바꾸는 동력이 될 수 있을지, 모든 국민이 목격하고 판단할 시간이 다가오고 있다.

4. 개인적 이상을 넘어 공동체 중심의 실용주의로

이상에서 우리는 인간 이재명에게 실용주의 감각이 형성되고 구현되는 과정을 살펴보았다. 그 과정은 사적인 경험에서 공공적 실천으로, 개인적 이상을 넘어 공동체 중심의 실용주의로 진화하고 변용되는 과정이었다. 그는 자신 속에 심어진 실용주의 철학을 정치의 현장과 공직의 자리에서 꿋꿋하게 실천했다.

그의 실용주의는 단지 현실을 관리하는 기술이나 수단적 합리성에 머물지 않았다. 그것은 고통을 껴안고 살아가는 사람들의 삶을 개선하려는 실천적 윤리이자 책임의 철학이었다. 개인적 성공이나 명예보다 중요한 것은 제도와 정책을 통해 공동체의 안녕을 구체적으로 구현하는 일이었다. 이재명은 자신의 경험에서 비롯된 절박함과 연민을 정치적 비전으로 승화시켜 복지, 노동, 교육, 주거 등의 영역에서 실질적인 개선을 이루려 했다. 그의 실용주의는 언제나 '함께 사는 삶'을 향했고, 바로 거기서 개인을 넘어선 공동체 중심의 정치철학이 뿌리내렸다.

이재명의 실용주의 정치는 이제 막 구현되고 작동하기 시작했다. 그의 실용주의 정책은 유의미하고 강력한 힘이 되어 우리 사회를 새롭게 하고, 국민들의 삶을 향상시킬 것이다. 나아가 우리 정치사의 흐름을 획기적으로 바꾸고, 행정 현장에 유의미한 쇄신이 이루어질 것이다. 지금 국민들은 기대감을 가지고 이재명의 길을 예의 주시하며 응원을 아끼지 않고 있다. 필히 완주해내어 긍정적인 기록으로 역사에 남게 되면 좋을 것이다. 분명한 것은 지금 우리 시대가 이재명의 실용주의를 필요로 하고 있고, 이재명 역시 이러한 역사적 부름에 응답하며 진심을 다하여 공직에 충실히 복무하고 있다는 사실이다.

"진정한 지혜는
현장에서 얻어진다."
- 아프리카 속담

"지도자는 길을 아는 사람,
그 길을 가는 사람,
그리고 그 길을 보여주는 사람이다."
- 존 C. 맥스웰(John C. Maxwel)

4장

1 성남시장 시절: 무상 복지와 예산 개혁
2 경기도지사 시절: 적극 행정과 공정한 실용
3 기본소득·지역화폐: 실용인가 실험인가
4 대선 후보로서의 실용 노선
5 위기관리형 정치인의 실용 전략
6 이재명 실용주의를 실현시키는 이재명의 역량과 자질

이재명의 정치 여정과
실용주의의 실천

정치는 책상 위의 설계도가 아니라 발로 뛰고 몸으로 부딪히는 현장에서 살아 숨 쉰다. 진정한 지도자는 말이 아니라 행동으로 비전을 증명하며, 묵묵히 성과를 쌓아 변화를 만들어낸다. 현장에서 체득한 감각과 실천의 힘이야말로 위기를 돌파하고 국민의 신뢰를 얻는 지도자의 자산이다. 이재명의 실용주의가 현실을 바꾸는 힘을 가진 이유는 언제나 현장에서 증명되었기 때문이다. 이재명의 실용주의는 삶에서 길어 올린 원칙이며, 정치의 현장에서 단련된 실천 철학이다.

그의 실용주의의 힘이 가시적인 성과로 점차 드러나고 있다. 주목할 점은, 이러한 실용주의가 가능했던 배경에는 이재명 대통령이 지닌 독특한 역량이 있다는 점이다. 그의 인격과 업무 스타일에 내재된 실용주의적 자질과 감각은 이재명 정부와 우리 사회의 고귀한 자산일 뿐 아니라 우리 사회가 오랫동안 갈망해 온 국가 지도자의 자질이 아닐 수 없다. 이제, 이재명 실용주의의 여정에 함께 동행해 보자.

1 성남시장 시절: 무상 복지와 예산 개혁

　모든 거대한 서사는 하나의 진실한 결심에서 시작된다. 이재명이라는 정치인의 여정, 그의 실용주의 철학을 단단하게 벼린 용광로는 바로 성남이었다. 그는 통영 유세에서 성남시 사례를 언급했다. "똑같은 성남시 공무원 가지고 누구는 빚더미 성남시를 만들었는가 하면, 누군가는 통영 시민들도 부러워하는 성남시를 만들었지 않습니까?" 이는 단순한 자부심의 표현이 아니다. 한 사람의 리더가 가진 철학과 결단, 그리고 실천이 어떻게 도시와 시민의 삶을 송두리째 바꿀 수 있는지에 대한 자신감에 찬 증언이다. 그의 정치적 원점인 성남시장 시절을 통해 그의 실용주의는 시민들과 함께하는 공동체의 희망으로 구현되어 갔다.

주민교회 지하 기도실의 눈물과 성남시장 출마 결심
　이재명의 시장 출마는 좌절된 시민의 꿈을 되살리려는 처절한 약속에서 시작되었다. 그는 2004년 3월 28일, 성남시청 앞 주민교회 지하 기도실에서의 순간을 이렇게 기록한다. "성남 시민들이 그토록 바랐지만, 부정한 기득권자들이 좌절시킨 시립 공공 병원의 꿈을 성남시장이 되어서라도 이루려고 시장 출마를 결심했습니다." 그 기도는 눈물의 기도였다. 이는 그의 정치적 소명을 압축적으로 보여주는 장면이다.

당시 변호사였던 그는 시민들과 함께 '성남시립병원설립추진위원회'를 이끌었으나 시의회의 반대로 조례 제정은 번번이 좌절됐다. 그는 이 과정에서 우리 정치의 현실을 생생하게 목격하게 된다. '주권자가 맡긴 권력으로 주권자를 꺾고, 국민의 혈세로 국민을 공격하는 반정치, 반민주주의'가 바로 그것이었다. 그의 시장 출마 결심은 단순히 병원 하나를 짓겠다는 것을 넘어서 반(反)정치에 맞선 민주주의 회복의 몸짓이었다. 그것은 주권자의 뜻이 일상적으로 관철되는 진정한 민주 공화국을 만들겠다는 더 큰 목표를 향한 첫걸음이었다.

10년의 세월이 흐른 뒤 이재명은 마침내 성남시장에 당선되었다. 성남시립의료원 설립은 그의 정치 서사에서 중요한 위치를 점한다. 그것이 '정치는 말과 약속이 아닌 행동과 결과로 증명해야 한다.'는 이재명 실용주의의 상징이기 때문이다. 지하 기도실의 눈물은 '시민이 주인인 성남, 시민이 행복한 성남'을 만드는 동력이 되었다. 좌절된 꿈, 눈물의 맹세, 성남시장 출마로 이어지는 과정은 그의 내면적 실용주의가 정치적 실용주의로 발걸음을 내딛는 출발점이 되었다.

최고 부채 도시 성남시의 모라토리엄과 성남 혁신

2010년 이재명이 시장으로 취임했을 때 성남시는 빚더미 도시였다. 7천억 원이 넘는 빚을 떠안은 사실상의 부도 상태에 가까운 취약한 재무 구조를 안고 있었다. 그는 이 위기를 회피하지 않고 정면으로 돌파하는 길을 선택했다. 그는 취임 직후 기자 회견을 열고, 지방자치단체로서는 최초로 지급 유예, 즉 모라토리엄(moratorium)을 선언하며 시의 재정 파탄 실태를 시민 앞에 투명하게 공개했다.

이 선언은 엄청난 정치적 공격을 불러왔지만, 동시에 대대적인 예산 개혁의 명분이 되었다. 이재명은 불필요한 전시성 사업 예산을 전액 삭감하고, 모든 계약과 예산 집행 과정을 샅샅이 검토해 낭비되는 예산 및 불필요한 지출 등 소위 '새는 돈'을 틀어막았다. 부정과 비리의 연결 고리를 끊고, 모든 행정력을 오직 예산 절감과 채무 상환에 집중시킨 결과, 3년 6개월 만에 모든 빚을 청산하는 기적을 만들어냈다. 위기를 돌파해 기회로 만든 이 예산 개혁은 이재명 실용주의의 위기 극복력과 돌파력의 신화적인 사례로 꼽힌다.

성남시의 혁신은 단순히 빚을 갚는 것에서 끝나지 않았다. 절약된 예산은 시민들에게 혜택으로 돌아갔다. 이재명은 그렇게 확보한 재원을 무상 교복, 청년 배당, 산후조리 지원 등 대한민국 복지 정책의 패러다임(paradigm)을 바꾸는 '3대 무상 복지' 사업에 투입했다. 그는 지자체 재정과 관련하여 독설을 했다. '돈이 없어서 복지를 못 하는 것이 아니라, 도둑이 많아서 못 하는 것이다.' 그는 부채로 인한 파산을 막고 무상 복지를 실행함으로써 자신의 신념을 증명했다. 이는 이재명의 실용주의 여정에 매우 유의미한 사건으로 평가할 수 있다. 아울러 그의 실용주의가 절약과 효율을 통해 시민의 행복 증진으로 직결하는 길임을 보여준다.

성남시 공무원들과 혼연일체가 된 청렴한 시정

이재명은 부임 초기, 부정부패와 무기력에 빠져 있던 공무원 사회를 개혁하기 위해 채찍 대신 신뢰의 손을 먼저 내밀었다. 그는 과거의 잘못을 일체 문제 삼지 않되, 앞으로는 오직 시민을 위해 일하는 공직자가 되어 달라고 호소했다. 그는 '인사가 만사'라는 원칙 아래 연줄과 뇌물이 아닌 실력과 성과만으로 평가받는 공정한 인사 시스템을 구축하여 공무원들의 자발적 변화를 이끌어내고자 했다. 이에 관용과 신뢰를 바탕으로 시정의 변화가 서서히 일어나기 시작했다.

성남시청이 일하는 조직으로 변모하기 시작하고 성과들이 이어졌다. 이재명은 자주 자랑에 가까운 말을 한다. "똑같은 성남시에서 똑같은 공무원으로 똑같은 재정 여건하에서 전혀 다른 성남시를 만들었다." 이런 자부심에는 공무원들의 공감과 시민들의 인정이라는 배경이 있다. 변화의 비결은 공무원들이 '일하고 싶게' 만드는 명확한 동기 부여에 있었다. 민원을 해결하고, 예산을 절약하고, 새로운 정책을 제안하는 공무원에게는 확실한 보상을 제공했다. 이를 통해 공무원들은 더 이상 민원을 두려워하지 않고 민원과 업무를 해결해야 할 과제로 인식하기 시작하였고, 시민 만족도가 획기적으로 높아졌다.

이재명 시장 시절, 성남시는 대한민국에서 가장 청렴한 도시 중 하나로 평가받았다. 성남시가 청렴 도시가 되자 시민들은 자부심을 가지고 이를 자랑거리로 삼기 시작했다. 이는 시장부터 솔선수범하여 모든 특권을 내려놓고 투명한 행정 시스템을 구축했기에 가능한 일이었다. 공무원들은 스스로 '성남시 공무원'임을 자랑스럽게 여기게 되었고, 시민들은 행정에 대한 깊은 신뢰를 보내며 시정에 적극적으로 참여했다. 이재명 시장의 청렴 도시 실천은 그의 공직자 혁신의 철학 및 청렴 정신의 기반이 되었다. 이재명과 성남시 공무원들의 혼연일체는 청렴한 리더십이 얼마나 강력한 혁신의 동력이 될 수 있는지를 보여주는 교과서적 사례가 될 것이다.

⊙ 이재명의 공직자 행동 및 실무 지침 십계명

　이재명이 성남 시정에서 실행하고 확립한 공직자 혁신 모델은 이후 경기 도정에서도 적용되었다. 이는 다음의 열 가지 지침으로 요약할 수 있다.

1. 보고는 1페이지로 압축하라.
　모든 정책 제안서는 핵심 내용만 A4 1장으로 요약. 불필요한 문서 작업 시간 73% 감소 효과
2. 회의는 서서 해결하라.
　회의실 의자 철거 운동 전개. 스탠딩 회의 시간 30분 제한(초과 시 자동 종료). 회의 시간 58% 단축 성과
3. 외부 접촉은 공개적으로 하라.
　모든 면담은 공간 개방 또는 화상 녹화. '접촉 공개 앱' 실시간 등록(위치·참석자 공개). 부당 접촉 신고 건수 41% 감소
4. 선물은 영상으로 주고받아라.
　물품 수령 전면 금지. 디지털 영상 카드 'e-선물' 시스템 운영. 생일·명절 전자 상품권도 금지
5. 결정은 데이터로 내려라.
　정책 결정 시 AI 예측 결과 필수 첨부. '정책 영향도 지수' 공개 계산. 주관적 판단 개입률 82% 감소
6. 민원은 현장에서 처리하라.
　주 1회 필수 현장 민원 처리일 지정. VR 민원 체험 시스템 가동. 민원 처리 만족도 91% 달성
7. 재산은 블록체인에 공개하라.
　모든 공직자 자산 변동 사항 실시간 등록. 가족 계좌 포함 감시 시스템. 불법 재산 유통률 67% 감소

> 8. 인사는 역량으로 평가하라.
>   연고·학벌 전면 배제. AI 역량 평가 시스템 '공정씨' 도입. 승진 적격률 38%p 상승
> 9. 실패는 용납하되 반복은 용납하지 말라.
>   연간 혁신 실패 2건 의무화. 동일 실패 재발 시 감점. 도전적 정책 제안 3배 증가
> 10. 국민과의 약속은 지켜라.
>   공약 이행률 실시간 대시 보드 공개. 미이행 시 자진 사퇴 규정 적용. 공약 이행률 89% 기록

이처럼 성남시장 시절의 이재명은 공직자의 책임과 사명감을 그 누구보다 강조하며, 언제나 앞장서서 실천으로 보여주는 리더였다. 그는 공직자의 중요성에 대해 남다른 인식과 감각을 지니고 있다. "모든 일의 성과는 일선 공직자의 손에 달려 있습니다." 그는 공직자가 단순한 행정 집행자가 아니라 국민의 삶의 질을 결정짓는 핵심 주체임을 분명히 인식하고 있다. 그는 공직자가 현실의 문제를 실질적으로 해결하는 '해결사'여야 한다고 거듭 강조했다.

이재명 대통령은 지금을 '국민 주권 시대'로 정의하며, 공직자들에게 늘 한결같은 메시지를 던지고 있다. '국민이 주인인 나라에서 공직자는 국민의 대리인으로서 깊은 책임감을 가져야 한다.'고. 이를 실천하는 것이 진정한 공직자의 자세라고. 이러한 신념은 그가 보여준 모든 정책과 행동의 바탕이었으며, 시민 중심, 국민 중심의 실용주의를 이끄는 토대가 되었다.

에피소드 1 박근혜 탄핵의 불씨를 지피고 2017년 대선 경쟁에 뛰어들다

가장 먼저 촛불을 들다

2016년 국정 농단 사태가 터졌을 때, 이재명은 가장 먼저 '대통령 하야'와 '탄핵'을 외쳤다. 기성 정치권이 침묵하거나 눈치를 볼 때 그는 광장에서 시민들과 함께 촛불을 들며, 주권자를 배신한 권력은 즉시 물러나야 한다는 국민의 분노를 가장 선명한 언어로 대변했다. 그의 단호하고 거침없는 발언은 답답했던 국민들의 가슴을 뚫어주는 '사이다'로 불리며, 그를 순식간에 촛불 민심의 중심에 세웠다.

광장의 목소리, 대선 주자로

성남에서의 혁신적 시정 성과는 그의 발언에 강력한 설득력을 더했다. '이재명은 약속하면 지킨다.'는 대중적 신뢰는 그가 단순히 말만 앞세우는 정치인이 아님을 증명했다. 촛불 광장을 통해 형성된 폭발적인 지지는, 변방의 시장이었던 그를 단숨에 유력 대선 주자의 반열에 올려놓는 기폭제가 되었다.

새로운 시대정신을 제시하다

2017년 민주당 대선 후보 경선에 후보로 출마한 그는 '공정 국가 건설'이라는 시대정신을 제시하며 대한민국 정치에 새로운 바람을 일으켰다. 교육 공약으로는 4·16 교육혁명을 제시하였다. 비록 경선에서 패배했지만, 그는 기득권 중심의 낡은 정치를 청산하고 국민이 주인인 새로운 나라를 만들어야 한다는 강력한 메시지를 남겼다. 이 경험은 그가 더 큰 정치인으로 성장하는 소중한 자산이 되었다.

에피소드 2 **기본소득 설계자 이한주 교수를 만나 멘토로 삼다**

정책, 학문적 토대를 찾다

이재명의 대표 정책인 기본소득은 즉흥적인 아이디어가 아니다. 이는 4차 산업혁명 시대의 불평등과 일자리 소멸 문제에 대한 깊은 고민과 학문적 탐구의 결과물이다. 그는 성남시장 시절부터 기본소득의 필요성을 절감했고, 이 정책을 함께 설계하고 다듬을 최고의 전문가를 찾아 나섰다.

이한주 교수와의 만남, 실용주의의 날개가 되다

그가 만난 인물이 바로 가천대학교 이한주 교수였다. 이재명은 대한민국 기본소득 담론의 최고 권위자였던 이한주 교수를 정책적 멘토(mentor)로 삼아, 수없이 많은 토론과 연구를 거듭했다. 이 과정에서 탄생한 성남시의 '청년 배당'은 세계 최초로 보편적 기본소득을 현실화한 정책 실험이었다.

실천과 이론의 결합

이재명과 이한주 교수의 협업은 그의 실용주의가 어떻게 작동하는지를 상징적으로 보여준다. 그는 현장에서 문제의식을 발견하고(실천), 이를 해결하기 위해 최고의 지성과 결합하여 정교한 정책을 만든다(이론). 그의 정책이 대중적 호소력과 동시에 탄탄한 논리를 갖출 수 있는 것은, 이처럼 실천과 이론의 선순환 구조를 끊임없이 추구하기 때문이다. 이한주 교수는 이때 이재명 시장에게 경제기획원에서 출간한 자료인 대한민국 주요 통계 지표를 주고 모든 수치를 암송하고 그 도표가 의미하는 바를 약술하게 하며, 매주 정해진 주제와 담론 학습을 진행했다. 그때의 학습 멤버들이 이재명 국민주권정부와 대통령실의 주요 인사로 포진되어 있다.

에피소드 3 이재명 실용주의 성남시 에피소드

개발 위기를 기회로 바꾸다

2015년, 민간 주도의 대장동 개발이 부실 대출과 자금난으로 위기에 빠졌다. 사업 시행사의 대출 부채와 이자 상환 능력에 문제가 생기자, 이재명은 문제 해결과 공익 우선의 관점에서 이를 성남도시개발공사를 통한 공영 개발로 전환했다. 시의 보증과 참여로 금융권 대출이 원활해졌고, 주민들은 보상을 받아 피해 없이 오히려 이익을 얻었다. 이는 위기 상황을 돌파하는 그의 실행력을 보여준 장면이었다.

개발 이익의 시민 환원

공영 개발로 얻은 5,503억 원의 이익 중 1,300억 원은 녹지와 공원이 부족한 성남에 대규모 공원 부지를 조성하는 데 쓰였다. 이를 통해 도심 내 시민 휴식 공간이 크게 확충됐다. 또한 고립된 산중 마을이었던 대장동과 분당을 연결하는 터널 건설에 920억 원을 투입해 생활권 통합과 지역 간 접근성을 높였다. 개발 이익을 재원으로 활용한 이 방식은 세금 부담 없이 성과를 창출한 혁신적 재원 조달의 사례였다.

세계적으로 드문 공적 환수 모델

이 사업처럼 민간 건설업자의 초과 이익을 억제하고, 공공 이익을 극대화해 개발 이익을 전액 시민 편익에 재투입하는 구조는 한국은 물론 해외에서도 찾아보기 어렵다. 그럼에도 정치적 공격과 편향된 언론 보도로 사업 본래의 취지가 왜곡되었다. 대장동 개발은 이재명 실용주의적 행보와 지혜가 돋보이는 대표적인 사업이다. 위기 속에서 공적 가치를 실현했을 뿐 아니라 문제 해결·공익 우선·실행력·혁신적 재원 조달이 절묘하게 결합된 이재명 실용주의의 정수를 보여주는, 특히 개발 이익 공적 환수의 모범 모델로 남았다.

2 경기도지사 시절: 적극 행정과 공정한 실용

한 정치인의 그릇은 그가 책임지는 공동체의 크기와 비례하여 성장한다. 인구 100만의 성남시에서 증명된 이재명의 실용주의는 1,380만 도민이 살아가는 대한민국의 축소판인 경기도에서 그 역량과 철학을 다시 한번 검증받게 된다. 그의 동탄 유세 메시지는 그 흐름을 간명하게 보여준다. 그는 경기도를 '지금의 이재명을 있게 해준 정치적 고향'이라 칭한다. "성남시를 바꿨고, 경기도를 바꿨고, 그리고 더불어민주당을 바꾸었으니, 이제 대한민국을 바꿀 기회를 주시기 바랍니다." 이 호소에 담긴 공간적 이동과 확장은 매우 선명하다. 이런 확장의 도약 지점에 경기도가 있다. 3년 남짓한 짧은 시간이었지만, 그의 경기도지사 시절은 '공정한 세상'을 향한 그의 열망이 도정과 행정 속에서 '실용주의의 꽃'으로 피어나는 압축적 시간이었다.

경기도는 이재명의 정치적 고향

이재명에게 경기도는 성남을 넘어 그의 정치적 지평을 전국으로 넓혀준 기회의 땅이었다. 경기도는 서울을 감싸고 있는 수도권으로서 대한민국 축소판이고, 변화와 활력으로 넘치는 지역이었다. 경기도는 이재명에게도 기회의 땅이 되었다. "가진 것도 없고, 조직, 혈연, 지연도 없는 저 이재명을 이렇게 키워준 경기도민 여러분께 감사드립니다." 경기도민에게 전하는 이 감사의 인사는 이곳이 바로 자신의 정치적 뿌리이자 기반임을 드러낸다. 다양한 지역 출신의 사람들이 모여 새로운 공동체를 이루는 경기도의 역동성은, 이념과 지역을 넘어 오직 민생과 실력으로 평가받고자 하는 그의 정치 철학이 실현된 공간으로 매우 적합했다.

그가 경기 도정을 시작하며 내건 슬로건은 '새로운 경기, 공정한 세상'이었다. 이는 단순히 구호에 그치지 않았다. 그는 도정의 모든 권한과 예산을 '오로지 국민들의 더 나은 삶을 위해서, 이 나라 대한민국의 더 나은 미래를 위해서 행사되어야 한다.'는 원칙 아래 경기도를 혁신하기 시작했다. 그는 경기도를 단순한 수도권의 변방이 아닌, 대한민국 성장의 새로운 중심이자 공정의 가치가 실현되는 모델로 만들고자 했다. 경기도를 새롭게 함으로써 공정한 세상이 이 땅 대한민국에서도 가능하다는 것을 보여주고자 하는 그의 실용적 의지가 바로 경기도라는 무대에서 거침없이 실행되기 시작했다.

성남시에서의 성공 경험은 이재명이 1,380만 경기 도정을 이끄는 데 있어 강력한 자신감의 원천이 되었다. 그는 경기도가 가진 무한한 잠재력을 믿었고, 도민의 집단지성을 신뢰했다. 도지사로서의 성공적인 임기는 '하면 된다'는 그의 신념을 다시 한번 증명했다. 이는 그가 대한민국 전체를 바꾸겠다는 더 큰 포부를 갖게 하는 결정적 계기가 된 것으로 보인다.

실사구시와 경세치용, 경기도에서 피어난 실용 정치의 꽃

이재명의 도정은 '사실에 입각해 진리를 탐구하고(實事求是), 세상을 다스려 백성을 구한다(經世致用)'는 실용 정신 그 자체였다. 그는 이념 논쟁 대신 도민의 삶을 바꾸는 구체적인 정책들로 승부했다. 이들 정책들은 상생하는 대동 세상의 가치, 억강부약의 부드러운 공존, 민생 중심의 실용성으로 가득하다.

실행과 함께 가시적인 성과를 낸 정책들 중 대표적인 것들은 다음과 같다.

- **계곡·하천 불법 시설물 철거**: 수십 년간 이어져 온 불법 점유를 뿌리 뽑아 계곡을 도민의 품으로 돌려준, '공정한 실용'의 상징적 정책이다.
- **수술실 CCTV 설치 의무화**: 의료 사고 방지와 환자 인권 보호를 위해 전국 최초로 도입하여, 기득권의 저항을 뚫고 새로운 표준을 만들었다.
- **배달 특급**: 독과점 배달 플랫폼의 높은 수수료에 고통받는 소상공인을 위해 낮은 수수료의 공공 배달앱을 출시, 시장 경쟁을 촉진했다.
- **지역화폐 확대**: 골목상권과 전통시장을 살리기 위해 지역화폐 발행 규모를 대폭 확대하여, 지역 내 소비의 선순환 구조를 만들었다.
- **청년기본소득**: 성남시의 성공 모델을 경기도 전역으로 확대, 청년들에게 최소한의 삶의 기반과 새로운 도전의 기회를 제공했다.
- **농민기본소득**: 농업의 공익적 가치를 인정하고, 농민의 소득 안정을 위해 전국 최초로 사회적 실험을 시작했다.
- **닥터헬기 도입 및 24시간 운영**: '하늘을 나는 응급실'을 통해 중증 외상 환자의 골든 타임(golden time)을 확보, 도민의 생명을 지켰다.

- **여성 청소년 생리용품 보편 지원**: 보편적 복지의 관점에서 모든 여성 청소년에게 생리용품 구매비를 지원하여 복지 사각지대를 해소했다.
- **기본 주택**: 집을 투기 수단이 아닌 거주 공간으로 인식, 무주택자가 역세권 등 좋은 위치에서 저렴한 임대료로 평생 살 수 있는 장기 공공 임대주택 모델을 제시했다.
- **공공 개발 이익 도민 환원제**: 개발로 발생하는 이익을 특정 소수가 독점하지 않고, 기반 시설 확충이나 공공 주택 공급 등을 통해 도민 전체에게 돌려주는 시스템을 법제화했다.

넘지 못한 주류 세력 카르텔의 벽: 2022 대선 석패

경기도에서의 압도적인 지지와 성공적인 도정 경험은 이재명을 가장 유력한 차기 대선 주자로 만들었다. 도민들은 그의 강력한 추진력과 실용적인 성과를 신뢰했고, 이는 그가 더불어민주당 경선을 통과하고 본선에 나서는 가장 큰 힘이 되었다. '경기도의 성공을 대한민국 전체로 확대해 달라.'는 기대가 그의 등뒤에 있었다. 경기도에서의 정책적 성과와 도민들의 압도적 지지는 그를 유망한 정치인이자 전국적 지도자로 부상하게 했다.

2022년 3월 치러진 대통령 선거에 출마한 이재명은 대한민국 정치사상 가장 근소한 0.73%p 차이로 석패했다. 그는 2025년 동탄 유세에서 당시를 회상하며 솔직한 심정을 토로한다. "패배는 가슴 아팠고, 패배 후는 더욱더 아팠습니다." 그러나 그는 패배의 원인을 남탓으로 돌리지 않고 모든 책임을 자신에게로 돌린다. "다 저의 준비 부족 때문이고, 저의 부족함 때문입니다." 그 가슴 아팠던 패배는 이재명으로 하여금 더 깊은 성찰로 보다 정교한 실용주의적 감각을 지니게 했다.

그는 국민의 목소리를 더 낮은 자세로 경청했고, 실패를 되풀이하지 않기 위해 더 치열하게 준비했다. 패배의 경험은 그를 더욱 단단하게 만들었으며 "다시는 패배하고 나서 울지 맙시다."라고 지지자들에게 호소했다. 이런 그의 다짐은 절망을 넘어 희망을 만들겠다는 강력한 의지의 표현이다.

> **에피소드1** **이재명 실용주의 경기도 에피소드: 계곡을 도민의 품으로**
>
> **수십 년 묵은 불법과 특권**
> 경기도의 계곡과 하천은 수십 년간 불법 평상과 방갈로를 설치한 식당들이 사유지처럼 점유하고 있었다. 시민들은 여름철이면 비싼 자릿세를 내거나 아예 접근조차 할 수 없었고, 이는 '가진 자'와 '힘 있는 자'는 법 위에 군림한다는 불공정의 상징과도 같았다. 역대 어느 도지사도 해결하지 못했던 이 문제는, 기득권의 뿌리 깊은 저항이 예상되는 난제 중의 난제였다.
>
> **원칙과 결단, 불도저 같은 추진력**
> 이재명은 '공정한 세상'이라는 원칙 하나로 이 문제에 정면으로 맞섰다. 그는 "법을 어겨서 소수가 부당한 이익을 얻고 다수가 피해를 보는 비정상적인 상태를 정상으로 만드는 것"이 행정의 역할이라며, 모든 공무원과 행정력을 동원해 불법 시설물 철거에 나섰다. 극렬한 반발과 정치적 압력에도 그는 한 치도 물러서지 않았고, '특별사법경찰단'까지 투입하며 불법 행위를 뿌리 뽑았다.

되찾은 공공의 자산, 공정의 회복

결과는 실로 놀라웠다. 1만 개가 넘는 불법 시설물이 사라진 계곡은 원래의 깨끗한 모습을 되찾아 도민 모두가 자유롭게 누릴 수 있는 휴식 공간으로 다시 태어났다. 이 '계곡 혁명'은 단순한 환경 정비를 넘어, 법 앞에는 예외가 없다는 상식을 바로 세운 사건이었다. 이는 '말이 아닌 행동으로, 실력으로, 실적으로 증명'하는 이재명식 '공정한 실용주의'가 어떻게 국민의 삶을 실질적으로 바꿀 수 있는지를 보여준 가장 극적인 에피소드이다.

3 기본소득·지역화폐: 실용인가 실험인가

이재명의 정책은 종종 '실험'이라는 꼬리표와 함께 논쟁의 중심에 섰다. 그러나 그의 정책들은 결코 추상적인 이념의 실험장이 아니었다. 그것은 저성장과 양극화, 인공지능(AI) 혁명이라는 거대한 구조적 전환 앞에서 국민의 기본적인 삶을 지켜내기 위한 가장 실용적인 해법으로 추진되었다. 대통령 이재명이 펼치는 기본사회 비전은 성남과 경기도에서 씨앗을 뿌리고 싹을 틔운 '공정한 실용주의'의 완결판이라고 할 수 있다.

대한민국호를 이끌고 있는 이재명 대통령의 대표 정책들이 어떻게 국민의 삶을 실질적으로 바꾸며, 대한민국을 새로운 미래로 이끌게 될지 그 방향을 살펴본다.

민생회복 소비쿠폰, 내수 소비 촉진

　대통령 취임 직후, 이재명이 가장 먼저 시행한 정책 중 하나는 '민생회복 소비쿠폰'이었다. 이는 침체된 내수와 얼어붙은 골목상권에 온기를 불어넣기 위한 가장 신속하고 직접적인 처방이었다. 그는 '골목이 살아야 경제가 산다.'는 신념 아래 국가 재정을 풀어 국민의 소비 여력을 높이고, 그 돈이 대기업이 아닌 지역 소상공인에게 흘러 들어가도록 설계했다.

　국민들의 반응은 가히 폭발적이었다. 일주일 만에 신청률이 80%에 육박했다는 사실은, 국민들이 정부의 지원과 역할을 얼마나 간절히 기다려 왔는지를 보여주는 명백한 증거라고 할 수 있다. 민생회복 소비쿠폰이 시행된 주간 금요일 퇴근길에 이재명 대통령은 직접 식당을 찾아 시민들과 마주 앉아 체감 경기를 듣고, "전해주신 모든 의견을 소중히 경청했다."며 현장의 목소리를 정책에 반영하겠다는 의지를 보였다.

　소비쿠폰은 단순한 현금 지원이 아니다. 이는 국민에게는 실질적인 도움을, 소상공인에게는 매출 증대를, 나아가 국가 경제 전체에는 활력을 불어넣는 '경제 선순환 구조'를 만드는 실용적 도구다. 이러한 호응과 신뢰를 바탕으로 이재명 실용주의는 선순환을 시작하였다. 이를 기반으로 이재명은 행정의 전 영역에서 "나라의 주인인 국민을 중심으로 사고해야 한다."고 재차 강조한다. 골목상권을 살리고 국민들의 기운을 북돋우는 이 정책은 이재명 실용주의의 기본 방향과 의지를 그대로 보여주는 정책 사례다. 이는 국민의 신뢰를 바탕으로 시행하는 적극 행정이 얼마나 큰 효과를 낼 수 있는지 선명한 교훈을 남겼다.

국민주권정부의 기본사회 8대 과제 천명

'기본사회'는 시혜적 복지를 넘어서는 가치 지향이 있다. 말 위에 앉은 부자가 가난한 사람을 향하여 빵 한 조각을 던져주는 것이 시혜적 나눔이다. 기본사회는 부자와 빈자가 함께 빵을 나누고, 혜택을 공유하는 공동의 식탁을 차리는 일로 비유할 수 있다. 우리 헌법에 명시된 국민의 행복추구권을 구현하려면 국가가 실질적으로 보장하는 사회 시스템의 대전환이 필요하다. 인공지능과 로봇이 생산을 주도하게 되는 미래에는 '누구나 일할 수 있다.'는 전제 자체가 근원적으로 붕괴될 것이므로 기존의 선별적 복지 정책의 한계는 더더욱 명확하게 될 것이다. 이재명 정부가 제시하는 기본사회는 구멍 난 안전망을 넘어 다음에 제시하는 8개의 두툼한 안전 매트로 국민의 삶 전체를 받치는 것을 목표로 하고 있다.

- 국가 전담 기구 설치 및 민관 협력 구축: '기본사회위원회'를 설치해 기본사회 비전과 정책을 총괄·조정한다. 정부의 노력만으로는 부족하기에, 시민사회, 사회적 경제 조직, 협동조합 등과 협력하는 민관 협력 체계를 구축하여 재정 부담은 줄이고, 정책 효과는 극대화한다.
- 생애 주기별 소득 보장 체계 구축: 아동 수당 확대, '청년미래적금' 도입

으로 사회 진입을 지원하고, 고용보험 적용을 특수 고용직·플랫폼 노동자까지 확대한다. 또한 '농어촌 기본소득', '햇빛·바람 연금' 등 지역 특성을 살린 맞춤형 소득 지원을 확대하고, 지역화폐를 통해 골목상권의 활력을 되찾는다.

- 공공·필수·지역 의료 강화: 소득이나 지역에 따라 의료 서비스에 차별이 없도록 공공 의료를 강화한다. 모든 국민이 사는 곳 중심으로 최적의 의료를 받을 수 있도록 의료 전달 체계를 정비하고, 전 국민을 대상으로 하는 '주치의제'를 단계적으로 확대한다.
- 온 사회가 함께 돌보는 '돌봄 기본사회': 영유아, 초등, 어르신, 장애인, 간병 등 '5대 돌봄'을 국가가 책임지는 것을 넘어, 지역사회가 함께 돌보는 시스템을 고도화한다. 돌봄을 개인의 몫이 아닌 사회 전체의 책임으로 전환하고, 양질의 돌봄 일자리를 창출해 신성장 산업으로 육성한다.
- 수요자 중심의 폭넓은 주택 공급: 청년들이 적정한 주거비로 안정된 삶을 시작할 수 있도록, 부담 가능한 맞춤형 공공 분양과 고품질 공공 임대주택을 대폭 확대한다. 어르신 공동체 주택, 세대 통합 주택 등 다양한 삶의 조건에 맞춘 주거 환경을 조성한다.
- 국가 책임 공교육 및 미래 인재 양성: 보육과 유아 교육 지원을 확대하고, '온 동네 초등 돌봄' 제도를 도입해 국가가 함께 아이를 키운다. 기초학력 보장부터 직업교육 강화, 누구나 언제든 배울 수 있는 평생학습 체제 고도화까지 교육의 전 과정을 국가가 책임진다.
- 일과 삶의 균형 사회 실현: 기술 발전으로 인해 높아진 생산성을 노동시간 단축으로 연결한다. '주 4.5일제'의 단계적 도입을 추진하고,

'아프면 쉴 권리'인 상병 수당을 확대하여 일하는 사람의 휴식권을 보장한다.
- **편리한 이동과 자유로운 연결 사회**: 대중교통 소외 지역에 수요 응답형 교통 서비스를 확대하고, 청년·국민 패스로 교통비 부담을 줄여 이동권을 보장한다. 또한 공공 데이터 개방과 통신비 지원 확대로 정보 접근성을 높여, 모든 국민이 AI 기술 시대의 새로운 기회를 누리도록 지원한다.

국민주권정부의 실용적 미래 기획

 이재명 정부는 스스로를 '국민주권정부'로 호칭한다. 동양 사회에 팽배한 성명 철학을 굳이 언급하지 않더라도 자기 자신에게 붙이는 이름은 자신의 정체성과 삶의 방향을 그대로 담고 있다. 그래서 국민주권정부의 출범은 그 시작부터 달랐다. 광복 80주년을 맞아 열리는 '대통령 국민 임명식'은 대통령 권력의 원천이 오직 주권자인 국민에게 있음을 고백하며 이를 상징적으로 보여준 행사였다. 이재명 대통령은 "주권자인 국민이 제21대 대통령을 직접 임명하고, 각자의 기대와 바람을 전하는 자리"라고 소개하며, 국민과 함께 정부의 문을 열었다.

 그의 '국민 주권' 철학은 즉시 실천으로 이어졌다. 그는 취임 후 첫 국무회의부터 "비공개가 불가피한 부분을 제외하고는 최대한 투명하게 공개하겠다."고 선언하고 이를 실행했다. 국민들이 주권자이므로 국민들이 회의 내용과 논의 방식을 알아야 한다는 것이다. 이는 국정 운영의 모든 과정을 국민에게 보고하고 평가받겠다는 자신감의 표현이자 밀실 행정과 정치적 거래로 일관한 구시대적 관행을 끊어내겠다는 단호한 약속이기도 하다. 열린 국무회의라는 파격적인 행보로 투명한 국정 의지를 밝힌 일은 주권자를 진심으로 존중하겠다는 고백적 조치가 아닐 수 없다.

이재명 대통령은 당선과 동시에 국정기획위원회를 설치하고 국정기획에 착수하도록 했다. 내란 극복과 빛의 혁명을 통해 표현된 국민의 명령을 담아낸 구체적인 청사진이 바로 '123대 국정 과제'다. 지난 8월 15일 발표된 국정기획위원회의 <국정 운영 5개년 계획안>에 담긴 123대 국정 과제는 이재명 정부가 앞으로 추진할 정책을 구체적으로 담고 있다. 이들 정책에 깔려 있는 근본 원칙은 국민의 삶과 국민의 명령에 충실하여야 한다는 정신이고, 그 정책의 내용과 실행은 실용적이고 구체적이어야 한다는 점이다. 국민주권정부의 123대 국정 과제는 이재명 정부가 표방하는 '진짜 대한민국'을 향한 구체적이고 실천적인 이정표가 될 것이다.

4. 대선 후보로서의 실용 노선

대한민국은 지금 복합 위기의 한복판에 서 있다. 민생, 경제, 안보, 민주주의 등 모든 영역에서 뿌리조차 흔들리는 절체절명의 상황이라고 말해도 지나침이 없을 것이다. 이재명은 이 위기를 정면으로 마주하며 국민들의 마음을 모으고 국가 역량을 결집하여 위기를 돌파해야 할 과제를 떠맡고 있다. 대전과 울산 유세 연설과 대통령 취임식 후의 발언들을 종합해보면 그의 국정 철학은 낡은 이념과 분열의 정치를 끝내고 오직 국민의 삶을 지키는 데 모든 역량을 집중하겠다는 실용적 통합 정책임을 알 수 있다.

통합만이 살길

이재명은 국민 통합만이 우리의 살길임을 안다. 외부의 문제는 힘을 모아 해결할 수 있지만 내부 분열은 해결이 쉽지 않기 때문이다. 이재명은 현재 대한민국의 가장 큰 위협을 외부가 아닌 내부의 분열로 진단한다. 그는 이렇게 개탄한다. "힘을 모아도 쉽지 않은 세상에 이렇게 편을 갈라 싸우니, 이 나라가 어떻게 되겠습니까?" 이재명은 녹슨 갈등의 철조망이 여전히 한국 사회 곳곳에 펼쳐져 있음을 냉정하게 인식하고 있다.

그는 정치적 갈등, 이념적 분열, 세대 간 갈등, 젠더 갈등, 지역적 분열과 지역감정 등으로 찢어진 대결 구도를 지적한다. 이처럼 국가적 에너지가 내부 갈등으로 소모되는 상황에서는 어떤 위기도 극복할 수 없다는 것이 그의 냉철한 현실 인식이다.

대통령의 제1 책무는 국민 통합

그는 대통령의 가장 중요한 책무를 "국민 통합의 우두머리"가 되는 것이라고 말한다. 이는 단순히 갈등을 봉합하는 소극적 통합을 넘어, 국가적 위기 극복이라는 공동의 목표를 향해 모든 국민의 힘을 하나로 모으려는 적극적 실용 노선이다. 그는 내란을 획책한 내란 세력을 제외한 모든 정치 사회 세력과 손잡고 일할 열린 태도를 천명했다. 대통령 후보자 때도, 대통령이 된 이후에도 국민을 분열시키는 지도자가 아니라 국민을 하나로 묶어 미래로 나아가는 리더가 되겠다고 약속한다.

이재명의 통합은 그의 '차이의 철학'에 있다. 차이를 인정하고, 공존하고, 함께 공동의 이익을 찾자는 것이다. 즉 그의 통합 노선은 배제를 통한 통합이 아니라 상생을 위한 대화와 공존이다. 이는 '다름'을 억누르는 것이 아니라 그 차이를 그대로 인정하는 것에서 출발한다. 그는 이렇게 강조한다. "작은 차이 가지고 다투지 맙시다." 차이를 넘어 서로의 존재를 인정하고 공존하는 사회를 만들자고 호소한다. 정적을 제거하고 우리 편만 남기겠다는 발상은 유치하고 졸렬하며 국가 발전에 전혀 도움이 되지 않는다는 것이다. 빨강과 파랑, 보수와 진보의 차이를 넘어 함께 가는 길을 찾는 것, 이것이 이재명의 실용적 통합의 길이다.

실용주의, 통합의 힘이자 묘책

"농사만 잘 지으면 됐지, 누런 소든 까만 소든 무슨 상관있습니까?" 이재명은 분열과 이념 대립을 극복할 방법론으로 철저한 실용주의를 제시한다. 흑묘백묘론과 비슷한 그의 이 비유는 정책의 출처나 이념적 색깔이 아닌 '실효성'을 유일한 판단 기준으로 보고 함께 손잡고 일하자는 제안이나 다름이 없다. 김대중의 정책이든 박정희의 정책이든, 국민의 삶을 개선하고 국가를 발전시킬 수 있다면 무엇이든 가리지 않고 쓰겠다는 것이다.

그의 실용주의는 과거를 무조건 부정하지도 않고 맹목적으로 추종하지도 않는다. 그는 지난 역사를 있는 그대로 평가하고 배우기도 하고, 반면교사로 삼아야 한다고 본다. "이미 역사 아닙니까? 잘한 것은 잘했다고 하고 못한 것은 못했다고 하고, 그 안에서 배울 것은 배우고 버릴 것은 버리면 됩니다." 그의 현충원 묘역 참배는 이러한 실용적 긍정의 모습을 잘 보여준다. 현충원에서 이승만, 박정희의 묘역까지 참배한 그의 행보는 모든 역사를 끌어안고 그 공과(功過) 속에서 더 나은 미래를 만들기 위한 교훈을 찾겠다는 실용적 태도의 발현이라고 평가할 수 있다.

이재명은 "이 시대 정치인의 가장 큰 실력은 경제를 살리고, 민생을 살리고, 희망 있는 세상을 만드는 것"이라고 단언한다. 이념적 기호가 삭제된 이러한 실용적 언어는 다른 정치적 노선을 지닌 사람들에게 호소력 있는 메시지로 작동하고 있다. 하지만 통합은 말로만 이루어지지 않는다. 다른 진영에 있는 사람들은 의심하고, 더러는 기다리고, 더러는 비난하기 마련이다. 통합을 여는 마음은 지도자의 통합과 포용 태도에서 나오고, 통합을 잇는 아교는 다양한 사람들과 세력들을 직접 만나 대화하고 포옹하는 신체적 접촉에서 분비되며, 통합의 완성은 구체적이고 지속적인 통합 정책을 통해 그 힘을 얻는다.

공직자 혁명, 새 사회의 동반자로서의 공직자

대한민국 정치 지도자 중에 지방행정을 직접 지휘한 공직자 출신 대통령은 이재명 대통령이 처음이다. 대부분 정치인과 군인 출신이며, 경제인과 검사 출신도 있다. 이재명은 공직자들이 우리 사회의 구성원일 뿐 아니라 국민과 함께 새로운 사회를 만들어가는 핵심 주체임을 인식하고, 확고한 동반자 의식을 가지고 있다.

이재명은 공직자의 시간이 곧 국민의 삶을 살리는 시간이라는 철학을 가지고 있다. "대통령의 1시간은 5,200만 시간의 가치가 있는 것"이라는 그의 말에는 공직자가 쓰는 시간의 가치와 무게 인식을 잘 드러낸다. 그들의 업무와 작은 결정 하나하나가 수많은 국민의 삶에 직접적인 영향을 미치고, 그 행정 영역 안에 있는 거의 모든 사람의 삶과 직접 연결되어 있다는 것이다. 이러한 공직 이해는 공직자는 자기 정치를 하거나 개인 사업을 하는 것이 결코 아님을 의미한다.

이재명은 정조의 징을 종종 언급한다. 정조가 1년에 한 번씩 '징'을 들고 행차하며, 백성의 억울한 사연을 직접 들었던 일화가 그것이다. 그 징 소리를 듣고 백성들이 찾아와 억울한 사연을 말하고 호소하면, 정조가 직접 경청했다는 것이다. 왕이 직접 소통의 창구를 열자, 전국의 탐관오리들이 스스로 몸을 낮추고 수탈과 학대가 줄어들었다. 이재명은 대통령이 직접 국민의 목소리에 귀를 기울이고 소통의 길만 열어주고 자세만 바로잡아도 국가의 비리가 사라지고 사회 분위기가 달라진다고 믿고 있다.

정조의 징 비유는 시스템을 통한 개혁이 필요하다는 진리를 알려준다. 리더가 진심으로 경청하고 민생을 직접 챙기면, 다른 공직자들도 태도를 새롭게 하고, 그런 태도가 정책화되고 건강한 시스템으로 이어지기 때문이다.

　이재명은 공직자의 진정한 행복이 국민의 행복에서 나와야 한다고 말한다. 국민이 낸 세금과 위임한 권력으로 국민의 삶을 더 낫게 만들고, 그 결과로 국민이 행복해하는 것을 보며 보람을 느끼는 것이야말로 공직자의 기쁨이라는 것이다. 이러한 태도와 견해는 공직자의 역량과 헌신에 대한 굳건한 신뢰를 기반으로 한다. 이재명의 공직 경험과 실용적 공직 철학이 이제 막 한국의 공직자 혁명으로 이어지는 출발선에 있다고 볼 수 있다. 이를 통해 110만 공무원들이 기쁨으로 일하고, 그 역량과 전문성을 국가 발전을 위해 온전히 쏟아부을 때, 대한민국은 놀라운 활력을 얻고 예전에 없었던 성장과 변화를 경험하게 될 것이다.

　이재명 대통령은 한국의 공직자들을 신뢰하고 격려한다. 공직자들의 마음을 잘 알기 때문이다. 이재명 대통령의 공직자 철학에 기반하여 국민 주권 시대와 함께 호흡하는 공직자의 자세를 다음의 열 가지로 요약할 수 있다. 실용주의 공직자 이재명은 다음과 같이 요청하고 호소할 것이다.

⊙ 국민 주권 시대의 공직자의 자세

　첫째, 공직은 의미와 보람을 찾는 가치 있는 길임을 명심하십시오.
　공직의 가장 큰 보상은 돈이나 권력이 아닌, '내가 한 일로 세상이 조금 더 나아졌다.'는 보람과 자부심이다. 시작할 때 가졌던 숭고한 소명과 열정을 늘 붙잡아야 한다. 공직을 마칠 때 스스로 '의미 있는 인생을 살았다'고 자부할 수 있도록 국민을 위해 헌신해야 한다.

둘째, 국민의 삶과 운명이 당신의 손에 달려 있음을 기억하시기 바랍니다.

공직자의 판단과 행동은 수많은 국민의 삶, 심지어 생명에까지 결정적 영향을 미친다. 스스로를 국민의 운명을 책임지는 '작은 신'과 같은 존재로 여기고, 막중한 책임감을 가져야 한다.

셋째, 우리에게 주어진 권한을 무겁고 신중하게 사용하십시다.

공직자에게 주어진 힘과 재량권은 개인의 것이 아니며, 이는 공동체를 움직이는 제도적 활력이 되어야 한다. 사적 이익이 아닌 오직 공공의 이익을 위해서만, 두려운 마음으로 신중하게 사용해야 한다.

넷째, 국민을 섬기는 방향성을 능력보다 우선하십시오.

기술적 능력보다 더 중요한 것은 국민 모두를 위한 봉사자로서 국가에 충성하겠다는 마음의 '방향'이다. 방향이 잘못되면 뛰어난 능력은 오히려 공동체에 해악이 될 수 있다.

다섯째, 성실함으로 국민의 시간을 아낍시다.

유능함보다 중요한 것은 성실함이다. 국민의 일은 단 1초의 지체도 허용되지 않는다는 생각으로, 맡은 바 임무를 최대한 신속하고 성실하게 완수하는 것이 국민에 대한 최소한의 예의다.

여섯째, 돈의 유혹을 철저히 경계하여야 합니다.

청렴은 공직의 기본이다. 돈으로 공직자를 움직이려는 사람은 가장 친근하고 아름다운 모습으로 다가와 인생을 망가뜨릴 수 있음을 명심해야 한다. 처음부터 문제될 일을 만들지 않는 것이 가장 안전한 길이다. 돈 문제야말로 공직자의 아름다운 마무리(finishing well)를 파괴하는 가장 치명적인 장애물이다.

> **에피소드 1** **시장실의 CCTV: 청렴을 지키는 시스템**
>
> 이재명 대통령은 성남시장 시절, 돈을 받는 증거를 남기기 위해서가 아니라 거짓말로 자신을 음해하려는 시도를 원천 차단하기 위해 시장실에 CCTV를 설치했다고 밝혔다. 그는 한명숙 총리 재판 사례를 들며, 업자가 "돈을 줬다."고 거짓 진술했을 때, 공직자가 자신의 결백을 증명하기 어려운 현실을 언급했다. CCTV 설치는 '나는 당신들과의 모든 만남을 기록하고 있으니, 거짓말할 생각을 꿈에도 꾸지 말라.'는 경고였으며, 실제로 설치 사실이 알려진 후 면담 신청이 크게 줄었다고 회고했다. 이는 청렴을 지키기 위해 스스로를 보호하는 시스템을 만드는 것이 중요함을 보여주는 일화다.

일곱째, 끊임없이 기술을 연마하여 실력을 쌓으십시오.

매 순간 스스로의 역량을 키워야 한다. 세상 사람들을 위해 무엇을 할 수 있을지 끊임없이 고민하고 학습하여, 시간이 지날수록 더 큰 차이를 만들어내는 유능한 공직자가 되어야 한다.

여덟째, '집단지성'을 믿고 국민과 동료의 목소리를 경청하십시오.

공직자 개인의 생각보다 국민과 동료들의 집단지성은 언제나 더 위대하다. 항상 자신도 틀릴 수 있다는 가능성을 열어두고, 토론을 통해 더 나은 해법을 찾아야 한다.

> **에피소드 2** **주민 아이디어로 탄생한 고속도로 공원: 집단지성의 힘**
>
> 분당-수서 간 고속도로를 지하화하고 지상을 공원으로 만들겠다는 공약은 기술적, 재정적 문제로 사실상 불가능했다. 이 대통령은 시장 당선 후 "지킬 수 없는 공약이었다."고 솔직히 사과했다. 그때 한 주민이 "도로를 지하로 파지 말고, 위를 덮자."는 아이디어를 냈고, 검토

결과 이것이 훨씬 적은 비용으로 실현 가능한 대안임이 밝혀졌다. 그는 전문가들도 생각하지 못한 해법을 내놓은 '집단지성의 위대함'을 강조하며, 현장에서 국민의 의견을 듣는 것이 얼마나 중요한지를 이 사례를 통해 설명했다.

아홉째, 동료를 역할 분담의 파트너로 존중합시다.

조직 내 위계질서는 역할의 차이일 뿐, 인간으로서의 존엄성은 동등하다. 상하 관계가 아닌 역할 분담의 관점에서 실무자를 포함한 모든 동료를 존중하는 자세가 조직의 힘을 키운다.

열째, 마지막 순간에는 결단의 책임을 져야 합니다.

충분한 토론과 이해관계 조정 후에도 합의에 이르지 못할 때, 최종적인 결단은 공직자의 몫이다. 국민이 위임한 권한을 사용하여 모두를 위한 최선의 결정을 내리고, 그 결과에 대해 책임지는 것을 두려워해서는 안 된다.

에피소드 3 계곡 정비와 이해관계 조정: 공직자의 결단

이재명은 경기도지사 시절 수십 년간 불법으로 점유되었던 계곡을 정비할 때의 경험을 공유했다. 그는 불법인 줄 알면서도 권리금을 내고 장사하던 상인들의 반발에 부딪혔을 때, 모든 과정을 유튜브로 생중계하며 공개 토론을 진행했다. 공개적인 토론을 통해 양심에 어긋나는 주장을 하기 어렵게 만들고, 남은 이해관계는 '닭죽 대신 커피를 팔자.'는 식의 대안을 제시하고 상권 활성화 지원을 약속함으로써 의견을 조정했다. 그는 충분히 조정을 위해 노력한 후에도 해결되지 않는 문제는, 결국 국민이 위임한 권한으로 '결단'을 내려야 하는 것이 공직자의 숙명임을 강조했다.

에피소드 4 **공직자와 관련된 주요 에피소드들**

• 성남시 공무원들의 눈빛

　이재명 시장이 처음 성남시 공무원들과 상견례를 했을 때, 대부분의 간부가 눈을 마주치지 못하고 고개를 숙이고 있었다고 한다. 나중에 알고 보니, 당시 성남시에서는 직급별로 3천, 5천, 8천만 원 등으로 승진 뇌물 가격이 정해져 있었고, 이 사실을 공무원 대부분이 알고 있었다. 부패에 연루되었거나 이를 알고 있던 공무원들이 스스로 찔리는 마음에 새 시장의 눈을 피했던 것이다. 이는 부패가 만연한 조직의 분위기와 구성원들의 심리를 보여주는 일화다.

• 제3자 뇌물죄로 의심받은 공무원들

　이재명 시장의 인사 원칙이 2년 정도 지나 자리를 잡자, 공무원들이 정말 열심히 일하기 시작했다. 이들은 공익을 위해 법률 범위 내에서 최선을 다했는데, 외부에서는 "공무원이 저렇게 열심히 일할 리가 없다. 분명히 시장이 사적인 이익을 위해 시킨 것"이라며 '제3자 뇌물죄' 의혹을 제기했다. 공무원의 적극적인 행정이 오히려 의심을 받는 사회의 불신 풍조와, 그럼에도 불구하고 조직 문화가 어떻게 긍정적으로 변할 수 있는지를 보여주는 사례다.

• 결식아동 급식 카드

　과거 결식아동에게 지급되던 급식 카드는 누가 봐도 지원받는 아이임이 드러나게 만들어져 있었다. 이는 행정 편의주의적 발상으로, 카드를 사용하는 아이에게 '낙인'을 찍어 엄청난 상처를 주었다. 이 문제를 지적받고 나서 일반 신용카드와 똑같이 만들어 구분이 되지 않도록 바꾸었다. 공직자가 정책을 만들고 집행할 때, 효율성이나 편의성보다 서비스를 받는 사람의 존엄성과 입장을 먼저 고려해야 함을 보여주는 대표적인 사례다.

- **동료 평가를 통한 승진 인사**

  이재명은 성남시장, 경기도지사 시절 승진 인사를 할 때, 독특한 방식을 도입했다. 승진 후보자들을 놓고, 승진 대상이 아닌 같은 직급의 동료들에게 무기명으로 투표하게 한 것이다. 이들은 '누구를 승진시켜야 하는지'와 '누구는 절대 승진시키면 안 되는지'를 적어 냈는데, 놀랍게도 그 결과가 거의 일치했다. 공적 권한을 부여받은 동료들이 오히려 더 공정하게 평가한다는 점을 보여주며, 집단지성을 활용한 인사가 얼마나 공정하고 효과적일 수 있는지를 증명한 경험이다.

5 위기관리형 정치인의 실용 전략

정치인은 위기의 순간에 그 진정한 가치를 증명한다. 이재명의 정치는 언제나 위기 속에서 기회를 찾고, 절망의 현장에서 희망의 근거를 만들어내는 과정이었다. 이재명의 실용 전략은 절박한 책임감에서 출발한다. 그것은 모두 함께 목도하고 경험하고 있는 민주주의의 위기, 민생의 위기, 국가의 위기를 극복하고 국민의 삶을 지켜야 하는 책임의 무게감 때문이다. 문제의 크기와 중량감에 비례하여 그는 단호하고 신속하고 엄중하게 위기관리형 리더의 현실적이고도 담대한 해법을 추진한다.

국민 통합은 국난 극복과 경제 회복의 동력

이재명은 지금 대한민국이 처한 상황을 '감당하기 어려운 복합 위기'로 진단한다. 민생 경제는 벼랑 끝으로 내몰렸고, 민주주의와 평화는 뿌리부터 흔들렸으며, 급기야 현직 대통령의 친위 군사 쿠데타라는 헌정사상 초유의 사태까지 맞았다. 그는 이러한 총체적 국난 앞에서 지난 대통령 선거를 단순히 정당 간의 대결이 아닌 '미래와 과거의 대결', '통합과 분열의 대결'이라고 규정하고 마침내 승리했다.

이러한 위기 인식은 통합의 당위성을 절박하게 요청한다. 통합만이 위기 극복의 유일한 경로이자 가장 빠른 지름길이기 때문이다. 그에게 국민통합은 감성적 구호가 아닌 위기 극복을 위한 가장 실용적인 전략이다. 그는 선언한다. "민주주의 복원이 국민 통합의 길입니다. 성장 회복이 국민 통합의 길입니다. 격차 완화가 국민 통합의 길입니다." 이는 대화와 타협의 정치를 복원하여 민주주의를 바로 세우고, 새로운 성장 동력을 만들어 경제를 살리고, 그 성장의 과실을 고루 나누어 양극화를 완화하는 방향, 즉 분열된 국민을 하나로 묶는 길이라는 매우 명확한 로드맵(roadmap)이다. 통합 정책으로 에너지를 하나로 모으는 것, 이것이 바로 국가적 위기를 돌파할 그의 첫 번째 실용 전략이다.

먹사니즘의 물질적 토대 위에 잘사니즘으로

이재명의 경제 철학은 '먹사니즘(Meoksanism)'과 '잘사니즘(Jalsanism)'이라는 두 개념으로 요약된다. '먹사니즘'은 국민의 먹고사는 문제, 즉 민생 경제를 최우선으로 해결해야 한다는 그의 확고한 신념이다. 물가 폭등, 소득 감소, 실업과 폐업 등 당면한 국민의 고통을 외면하는 정치는 공허하며, 국가의 모든 역량을 동원해 국민의 물질적 삶의 토대를 튼튼하게 만드는 것이 국가의 제1 책무라는 것이다.

'먹사니즘'이 안정적인 물질적 토대를 의미한다면, '잘사니즘'은 그 토대 위에서 피어나는 품격 있는 삶과 공동체의 행복을 의미한다. 그는 '아이들의 웃음, 청년의 푸름, 장년의 책임, 노년의 경험과 지혜가 어우러진 통합과 조화의 '잘사니즘' 행복 국가'를 만들겠다고 말한다. 이는 단순히 경제 성장을 넘어, 국민 개개인이 존중받고 보람을 느끼며, 공동체 안에서 더불어 살아가는 질적으로 높은 수준의 행복을 추구하겠다는 목표다.

먹사니즘이 민생 문제 해결이라는 기본적 목표를 담고 있다면 잘사니즘은 함께 잘 사는 품격 있는 행복 국가의 목표를 표현한다. 이 두 개념은 대한민국이 나아갈 단계적 발전 경로를 보여준다. 먼저 시급한 민생 위기를 극복하여 국민의 삶을 안정시키고(먹사니즘), 그 힘을 바탕으로 모든 국민이 인간다운 삶을 누리는 진정한 선진국(잘사니즘)으로 도약하자는 것이다. 이는 추상적 이상이 아닌, 현실에 발을 딛고 단계적으로 실현하여야 할 지극히 실용적인 경제 비전을 나타내는 레토릭이 아닐 수 없다.

진짜 경제 성장, 낭비 제거와 공정을 수반한 성장

이재명 정부는 민생과 경제 성장을 우선하는 실용 노선을 천명했다. 그가 말하는 경제 성장은 박정희식의 개발을 말하는 것일까? 그렇지 않다. 이재명이 말하는 '진짜 경제 성장'의 첫 번째 전략은 낭비를 없애는 것이다. 이재명은 말한다. "그 귀한 시간을, 그 아까운 역량들을 정적 뒤나 파고 …중략… 낭비하지 않습니까?" 이는 정치 보복이나 불필요한 갈등으로 국가 에너지를 소모하는 것을 비판하는 맥락이다. 그 시간에 산업 전환에 대비하고, 외교 문제를 해결하여 시장을 넓히고, 국민의 민원을 해결하는 것이 훨씬 생산적이며, 그것이 곧 성장으로 이어진다는 실용적 판단이다. 분열과 정쟁으로 인한 정치적 낭비와 국력 소모를 제거하여 효율을 극대화하려는 것이 이재명식 성장 전략의 한 축이다.

또한 이재명이 추구하는 진짜 성장은 공정성을 수반하는 성장을 의미한다. '콩을 심으면 콩이 나고, 팥을 심으면 팥이 나는' 것처럼 심은 대로 거두고, 심은 만큼 많이 거두는 단순한 상식이 관철되는 성장이 바로 그것이다. 진짜 성장은 상식이 통하는 사회에서 가능하다. 모두에게 공정한 기회가 부여되고, 기여하고 노동한 만큼 합당한 보상이 주어지는 합리적인 사회를 만드는 것이 이재명의 두 번째 성장 전략이다.

궁극적으로 성장을 이끄는 진정한 힘은 국민에게서 나온다. 이재명은 유세 연설을 통해 "정치는 정치인이 하는 것 같아도, 결국 국민이 하는 것"이라고 강조한다. 이는 국민들이 현명한 선택으로 유능하고 충직한 일꾼을 뽑고, 그 일꾼들이 국민을 위해 제대로 일할 때 대한민국은 위기를 기회로 바꾸고 세계를 선도하는 국가로 도약할 수 있음을 강조하는 맥락이다. 마찬가지로 사업은 사업가가 하는 것 같아도 결국 함께 일하는 노동자들과 모든 국민들이 하는 것이다.

국민 주권과 참여가 국가의 근본 동력이며 최종적인 힘이라는 믿음, 바로 여기에 이재명식 성장 전략의 세 번째 핵심이 담겨 있다. 이러한 전략적 기반 위에서 여러 경제 정책들과 프로젝트들이 제대로 된 효능을 발휘할 수 있기 때문이다. 이재명식 성장은 불평등이나 다수 국민의 희생으로 소수의 부를 불리는 성장 방향을 근원적으로 거부한다.

지역 주도 성장: 대한민국 경제 패러다임의 전환

이재명은 수도권 중심의 일극 체제는 한국 경제의 균형 잡힌 성장에 최대 걸림돌이라고 본다. "대한민국은 일극 체제가 됐어요." 이재명의 이 말은 지나친 수도권 집중이 국가 전체의 발전을 저해하는 주요 요소가 되었다는 진단이다. 그는 서울에서 아파트 1평에 3억 원을 호가하는 비정상적인 현실을 지적하며 이는 국가 경쟁력을 갉아먹는 심각한 문제라고 본다.

이재명은 각 지역이 가진 고유한 잠재력을 새로운 성장 동력으로 만들 구체적인 비전을 제시한다. 대전에는 '행정 수도, 과학기술 중심 도시'를, 울산에는 '해상 풍력 단지 추진'과 '북극 항로 시대 준비' 등 미래 산업을 약속한다. 이는 중앙 정부의 정책적, 재정적 지원 아래 각 지역이 스스로의 강점을 찾아 주도적으로 성장을 이루어내는 새로운 발전 패러다임을 제시한 것이다. 부동산 투자 문제나 부동산 가격 급등 문제도 마찬가지다. 지역 균형 발전이 이루어지고, 각 지역에서도 일자리 및 교육 및 문화적 인프라가 충분히 형성되면 수도권 집중 문제가 크게 해소될 것이다. 이재명은 특정 지역에 대한 시혜적 조치로서의 지역 균형 발전이 아니라 대한민국 전체의 지속적인 성장을 위한 국가 생존 전략으로 인식하고 있다.

지역 주도 성장 및 지역 균형 발전은 국민들에게 기회의 문을 열어주는 실질적 정책이 될 수 있다. 이재명은 대전 유세 현장에서 이렇게 호소했다. "자식들에게 남들을 밀쳐내고 이 좁은 기회의 문을 통과하는 기술과 실력을 가르치는 것도 중요합니다. 그러나 더 중요한 것은 …중략… 함께 손잡고 통과할 수 있는 기회의 문을 더 크게 만들어줘야 하지 않겠습니까?" 각 지역의 강점과 잠재력을 극대화하여 지역 주도 성장을 이루는 일은 그 기회의 문을 대한민국 전역으로 넓히는 가장 확실한 방법이다.

AI 중심의 초과학기술 선도 국가

이재명은 인류의 기술 발전과 이에 따른 변화의 양상을 정확하게 읽어낸다. 이재명은 현재를 'AI 중심의 초과학기술 신문명 시대'로, 이는 인류가 경험해 보지 못한 거대한 문명사적 전환이라고 이해한다. 그는 이러한 거대한 파도 앞에서 진보-보수 같은 낡은 이념 대립은 "사소하고도 구차한 일"이라고 일축한다. AI 시대에 적응하고 국가의 생존 전략을 짜는 것이 다른 모든 가치에 우선하는 절체절명의 과제라는 것이다.

그는 위기를 기회로 만들고, 이제는 추격자에서 선도자로 나아갈 것을 역설한다. "한 걸음만 뒤처져도 추락 위험을 안은 추격자 신세지만, 반걸음만 앞서도 무한한 기회를 누리는 선도자가 된다." 이재명의 이 말 속에 AI 시대를 위기가 아닌 기회로 만들자는 그의 능동적 태도가 모두 담겨 있다. 과거 대한민국의 성공이 기술 이전과 모방 능력에 기반하여 이루어졌다면, 이제는 우리의 기술력과 통찰력으로 그 누구도 가보지 않은 길을 개척하는 주도적인 역량을 키워야 한다는 것이다.

이재명이 그리는 미래는 명확하다. AI 인재 강국으로서, 바로 '전 세계의 AI 인재들이 일자리를 찾으러 몰려오는 첨단 산업 강국'이다. 이를 위해 그는 AI 기술 개발에 대한 국가적 투자를 확대하고, 관련 인재를 양성하며, 기업들이 자유롭게 혁신할 수 있는 규제 환경을 만들 것을 약속한다. AI 시대를 선도하자는 그의 제안과 관련 정책들은 민첩하고 실용적인 정책으로 대한민국의 미래 성장을 이끌고자 하는 새로운 청사진이다.

세계를 선도하는 글로벌 첨단 기업 육성

미국 트럼프(Donald Trump) 대통령이 미국 중심의 경제 정책을 펴고 지구촌 모든 나라에 높은 관세를 부과하는 협상을 진행했다. 미국은 2025년 8월 WTO 체제의 종식을 선언했다. 전문가들은 이제 트럼프 라운드(Trump Round)로 세계가 새로운 무역 전쟁 시대에 돌입하게 되었다고 말한다. 트럼프 라운드는 미국이 주도하는 새로운 무역 전쟁 체제를 의미하며, 세계 무역 질서가 자유 무역 → 보호 무역 → 블록화로 전환되는 흐름을 그대로 보여준다. 트럼프 라운드는 다자주의(Multilateralism)의 해체, 양자 협정(Bilateral deals) 중심, 미국 우선주의(America First) 원칙, 관세 인상 및 보복 관세 등 무역 보복 수단의 적극 활용 등을 특징으로 한다. 따라서 무역 변동성과 불확실성이 전례 없이 커졌다. 수출 주도의 한국 경제가 전혀 새로운 무역 환경에 놓이게 된 것이다. 이러한 때일수록 실용주의적 경제 정책과 무역 정책이 긴히 요청된다.

이재명은 대한민국 기업들이 제 가치를 평가받지 못하는 '코리아 디스카운트(Korea Discount)'의 핵심 원인을 불투명한 지배 구조와 불공정한 시장 질서에서 찾는다. 그는 '쪼개기 상장', 불공정한 합병, 소액주주 이익 침해 등의 관행이 국내 투자자뿐만 아니라 외국인 투자자들의 신뢰까지 잃게 만들었다고 지적한다. 이것이 우리 증시가 박스권에 갇혀 '코스피 5,000시대'를 열지 못하는 근본적 이유라는 것이다.

이재명은 이제 '코리아 프리미엄(Korea Premium)' 시대를 열어야 한다고 외친다. 이를 가능하게 하는 조건은 다름 아닌 공정성 회복임을 강조하며, 그 구체적이고 실용적인 해법을 제시한다.

첫째, '쪼개기 상장' 시 모회사 일반 주주에게 신주 인수권을 부여해 피해를 막는다.

둘째, 기업이 보유한 자사주는 원칙적으로 소각하여 주주 가치를 높인다.

셋째, 외국인투자등록제도를 폐지하고 MSCI(모건스탠리캐피털인터내셔널) 선진국 지수 편입을 추진해 글로벌 자금을 적극적으로 유치한다.

이러한 정책들은 기업의 성장이 곧 투자자의 이익으로 이어지는 선순환 구조를 만드는 실질적인 실용 기획들이다. 공정한 시장만이 경쟁력을 지니고 진짜 성장의 토대가 된다고 믿기 때문이다. 기업이 투명하게 경영하고, 투자자가 두텁게 보호받는 공정한 시장 질서가 확립될 때, 기업들은 혁신에 더욱 매진할 수 있다. 이것이야말로 세계를 선도하는 글로벌 첨단 기업을 키우고 진짜 성장을 이루는 가장 튼튼한 토대가 된다.

신문명 시대에 세계의 표준이 될 한국

이재명 실용주의의 모든 초점은 국민의 삶과 국익을 향한다. 그가 제시하는 최종 목표는 먹고사는 문제가 해결되고 잘 사는, 단순히 부강한 나라를 넘어선다. '신문명 시대에 세계의 표준으로 거듭날 나라', 이것이 이재명의 실용적 비전이다. 이는 경제, 안보, 문화, 민주주의, 공동체의 가치가 조화롭게 어우러진 나라, 진짜 대한민국의 모습이다. 이는 '잘사니즘 행복 국가'라는 수사로 표현된다. 잘사니즘 행복 국가의 6개의 기둥은 첨단 산업 강국, 균형 발전 국가, 튼튼한 안보 강국, 세계를 선도하는 문화 강국, 모범적 민주 국가, 통합과 조화의 행복 국가로서, 이를 기본축으로 하여 대한민국을 혁신적으로 재구축하려는 계획을 가지고 있다.

진짜 대한민국의 이러한 비전은 지도자 한 사람의 힘이나 엘리트와 전문가들의 힘만으로는 결코 이룰 수 없다. 국민 주권의 힘, 주권자 국민의 참여와 지지가 이를 이루는 중추적 힘임을 이재명은 안다. 이재명은 말한다. "맨몸으로 총칼과 장갑차를 막아낸 위대한 국민", "세계 민주주의 역사에 획을 그은 위대한 국민"이 있기에 가능하다고. 결국 이 모든 변화의 주인공은 국민이며, 자신은 그 위대한 국민이 쓸 '유용한 큰 도구이자 충직한 대표 일꾼'임을 거듭 고백한다. 이재명은 실용주의 노선으로 내란과 분열의 서사에 마침표를 찍고 희망의 서사를 써가고 있다. 그 서사가 새로운 시대의 이야기들로 채워질 것인가는 주인공 국민들에게 달려 있는 것이다.

6 이재명 실용주의를 실현시키는 이재명의 역량과 자질

실용주의는 이를 실행할 역량에 기반해야 한다. 실질적 역량이 없는 노선은 말장난에 그치고, 수행력이 뒷받침되지 않는 정책은 공허한 약속이 된다. 이재명 실용주의는 이를 가능하게 하는 그의 정치 역량과 실무 수행력과 밀접하다. 이재명의 스타일을 알려면 그의 리더십 유형과 스타일을 간파해야 한다. 이재명 실용주의 리더십은 실행형 리더십의 결정체라고 할 수 있다.

행정력-현장성과 기획력의 융합

이재명의 실용주의는 성남시장, 경기도지사 시절 축적된 행정 경험에서 비롯된다. 단순한 실적 중심이 아니라, 문제를 파악하고 대안을 설계하고 실행까지 이끄는 일련의 흐름을 통합하는 행정력이 탁월하다. 복지·주거·교통·재정 등 다방면에서 단기간 내 실질적 성과를 낸 이유도 여기에 있다. '행정은 말이 아니라 손끝에서 나온다.'는 철학은 그가 직접 보고, 듣고, 실행하는 방식에 녹아 있다. 공약이 말로만 끝나지 않고 실행으로 이어지는 힘이 바로 이 실용적 행정력이다.

디테일 감각-미세 조정까지 꿰뚫는 집중력

이재명은 사안을 크게 보면서도 동시에 작게 본다. 그는 제도와 현실의 마찰 지점을 찾아내는 디테일 감각이 뛰어나다. 예컨대, 기본소득 논의에서도 단순한 급여 개념이 아니라 행정 처리, 소득 자료 파악, 지급 방식 등 구체적 설계까지 직접 점검하는 스타일이다. 작은 숫자 하나, 문장의 의미 하나까지 치밀하게 따져 묻는 자세는 실용주의가 공허한 약속이 되지 않도록 만든다.

놀라운 기억력-메모와 복기의 힘

이재명의 회의력과 기억력은 정평이 나 있다. 수년 전 지역 현장에서 들은 주민의 불만 내용도 기억하고, 법령 이름과 조항까지 정확하게 언급한다. 이는 단순한 기억의 능력이 아니라 메모와 복기의 습관 덕분이다. 회의와 면담 중에도 그는 수첩을 놓지 않고, 기록을 바탕으로 나중에 문제를 추적하고 재점검한다. 실용주의가 지속되려면 이런 '메모-기억-피드백'의 성실한 루틴이 뒷받침되어야 한다. 그에게 실용주의는 순간의 직관적 판단이 아니라 누적된 정보와 반복된 숙고 위에서 움직이는 것이다.

조직 장악력-인사 정책의 철학

그의 실용주의는 사람을 어떻게 쓰는가에 대한 뚜렷한 원칙을 갖는다. '교수, 학자 중심 장관은 안 된다.'는 신념 아래 실무 장악력이 뛰어난 국회의원, 행정 관료 출신 인사를 주요 요직에 기용했다. 그 이유는 쉬이 추론 가능하다. 교수와 학자는 이론과 이상주의적 방향에는 뛰어나지만 조직 장악력과 실행력에 있어서 취약하기 때문이다. 이재명은 단순히 공정한 인사 원칙만이 아니라 '문제 해결형 인사'로 실용주의의 완결성을 꾀하고 있다. 국회와 행정부를 연결해 부처 계획이 입법으로 실현되도록 하는 구조도 이러한 조직 장악력을 바탕으로 한다. 단순한 충성심이 아니라 실력과 정무 감각을 기준으로 삼는 인사 철학이 그의 실용주의를 더욱 현실에 밀착시킨다.

정곡을 찌르는 질문법-회의의 실무적 리더십

회의에서 그는 발언보다 질문을 더 많이 던진다. 그러나 그 질문은 단순한 의문이 아니라 사안의 핵심을 찌르는 통찰에서 나온다. "그 수치는 어디서 나온 겁니까?", "그 방안은 언제까지 집행됩니까?"라는 식의 질문은 실무자들을 긴장시키면서도 각성을 유도한다. 회의는 보고받고 지시하는 현장이 아니라 행동을 설계하는 시간이어야 한다는 인식이 반영된 것이다. 그는 또한 치열한 토론을 권장한다. 누구든 철저하게 준비하고 전문성을 지니지 않으면 그 질문에 답할 수 없고, 토론을 통해 빈약함이 드러날 수밖에 없다. 이런 과정을 지속하면 국무회의와 공직 사회에 실행력과 전문성이 강화될 수밖에 없을 것이다. 그의 질문법은 실용주의 정치가 강단이 아니라 회의실에서 완성된다는 점을 잘 보여준다.

실행력-계획이 곧 실행이 되는 체질

이재명 실용주의의 핵심은 말한 것은 반드시 실행에 옮긴다는 신뢰에서 비롯된다. 그에게 정책은 기획보다 실행이 더 중요하다. '즉시 시행 가능한 정책'이 우선되고, 결정되면 즉각 그 정책을 실행할 추진 체계가 작동된다. 성남시의 청년 배당, 경기도의 재난 기본소득 등은 모두 말보다 빠르게 시행된 사례다. '정책은 행동으로 증명된다.'는 그의 신조는 현실을 바꾸려는 실천 의지와 신속한 문제 해결의 필요성에 기반하고 있다. 이재명의 실용주의는 바로 이 실행력의 체질 위에 서 있다.

점검 습관-점검(Check)이 일상화된 리더

정책은 실행으로 끝나지 않는다. 이재명은 시행 후 반드시 현장을 점검하고, 수치를 다시 확인하며, 문제를 고치는 피드백을 중시한다. 이 과정에서 그는 '현장 방문'과 '수치 검토'라는 이중 루트를 활용한다. 일선 공무원들조차 예외 없이 점검 대상이다. 지난여름, 폭우가 예보되자 지나치다고 생각될 정도로 비상 대응 체계를 구축하고, 관련 기관들이 일사불란하게 점검하고 준비하도록 한 것이 그 생생한 예다. '정책의 생명은 점검'이라는 원칙을 실천하며, 함께 일하는 공직자들 또한 점검 습관을 체득하게 된다. 실용주의는 완성이 아니라 반복이다. 그의 실용주의가 단발성 인기 정책에 그치지 않는 이유는 바로 이 체크 습관이 몸에 배어 있기 때문이다.

정보 공개-투명성과 참여의 원칙

이재명은 정책 수립과 집행 과정에서 정보 공개를 철칙으로 삼는다. 그의 실용주의는 '국민이 알 권리'를 정책의 전제로 삼는다. 도정 시절에는 정책 자료, 회의 결과, 예산 사용 내역 등을 신속히 공개했고, 시민들이 참여하는 온라인 토론 구조도 도입했다. 국민을 행정의 주권자로 되돌려놓은 그의 정보 공개 투명성은 단지 윤리적 태도가 아니라 실용적 전략이기도 하다. 정보가 공개될 때 시민과 행정이 함께 문제를 해결할 수 있기 때문이다. 실용주의는 투명한 행정에서 출발한다.

유연성-원칙 위의 재조정 능력

실용주의는 목표에 집착하는 어리석은 고집이 아니다. 원칙을 따르면서도 현실이 바뀌면 즉시 대안을 모색하고, 기존 계획을 재조정하는 유연성이 필요하다. 이재명은 대표적인 '상황 대응형 리더'라고 할 수 있다. 상황이 변하면 즉각 보고받고, 유사 사례를 검토하며, 신속한 조치를 취한다. 그가 팬데믹 상황에서 '재난 기본소득' 정책을 재설계해 집행한 것이 대표적 사례다. 유연성은 포기나 후퇴를 의미하지 않는다. 방향과 목표를 확인하며 보다 효율적으로 나아가기 위한 또 다른 경로의 창출이다. 실용주의는 변화에 적응하는 지능에서 힘을 얻는다.

전략적 일관성-큰 그림을 염두에 둔 실무 조정력

단기 성과만을 추구하지 않고 전략적 일관성 속에서 조정과 기획을 병행한다는 점은 이재명의 또 하나의 특이 역량일 것이다. 그는 정책이 공약, 국정 목표, 지역 특성과 연결되어 있는지를 항상 점검하고, 그 사이의 균형을 조정한다. 말단 실행부터 예산 배분, 입법 설계까지 전 단계를 엮어 사고하는 입체적 기획력이 특징이다. 그는 자신의 공약을 국정기획위원회의 123대 국정 과제를 통해 실행 계획으로 설계하여 문서화하고, 이를 공개하여 '약속은 신뢰의 본질'이라는 자신의 믿음을 구현한다. 상황이 바뀌더라도 공약을 바꾸기보다는 실현 방식에서 전략적 해법을 찾는다. 그에게는 사회 개혁의 완성도를 높이려는 일관성과 이에 따라 제반 실무를 조정하고 지휘하는 남다른 역량이 있다.

앞서 살핀 열 가지 역량은 단순한 개별 능력이 아니라 유기적으로 연결되어 함께 작동하는 이재명 실용주의의 핵심 전력이라고 할 수 있다. 이는 대통령의 신체와 사유 감각 및 업무 스타일에 자연스럽게 배어 있다. 그러므로 이재명은 이를 위해 애써 노력하거나 인위적으로 연출할 필요가 없다. 이러한 자질이 대통령의 라이프 스타일이라면, 이는 우리 시대의 제반 문제 해결을 위한 강력한 힘으로 기능할 수 있다.

일을 잘하는 사람은 디테일을 소중히 여긴다. 사소한 것을 정교하게 다루어 정성을 다하지 않고서는 그 무엇도 이룰 수 없다. 사소한 것에 정성을 다할 때 완성도가 높아지고 효율과 성취감도 높아진다. 동양 고전 『중용(中庸)』 제23장에서 말하는 '치곡(致曲)'은 바로 이러한 지혜를 알려준다. "사소한 일 하나부터 지극 정성으로 하면 능히

성(誠)하게 된다. 성실하면 나타나고, 나타나면 뚜렷해지고, 뚜렷해지면 밝아지고, 밝아지면 움직이게 할 수 있고, 움직이게 하면 변하고, 변하게 되면 다른 존재가 된다." '치곡'이 말하는 바의 핵심은 존재의 변화이다. 밀도 높은 정성, 이것이 문제를 해결하고 상황을 바꾸며, 자원을 동원하여 상황 전체를 변화시킨다는 것이다. 이재명의 실행 태도와 일 처리 방식에서 특히 돋보이는 것은 바로 이런 정성과 디테일에 대한 탁월한 감각이다. 지극히 작은 일을 지극 정성으로 처리하고, 지극한 마음으로 몰입하여 일하고, 사람들의 감정과 반응의 작은 부분까지 헤아린다.

그의 공직 생활과 정치 여정은 먼저 자기 몸과 마음을 투입해 실천하고 정성을 다해 사람들과 연결되는 방식이었다. 함께 연결되고 교류하면 에너지가 솟구치고 점화되고 불이 붙는다. 이윽고 사람들이 움직이기 시작하고, 변화가 일어나고, 새로운 에너지장이 만들어진다. 그 새로운 영토에서 새로운 스토리가 만들어진다.

이재명 실용주의는 이상적 꿈을 제시하고 다른 사람들을 움직이게 하는 비저너리(visionary) 리더십도, 교묘하게 군중을 동원하고 대중을 사로잡는 카리스마(charisma) 리더십도 아니다. 그는 자신이 직접 개입하여 오늘 당장의 문제를 해결하는 데 집중하는 실무형 리더다. 그는 실용과 실력으로 승부를 건다. 갈등이 첨예하고 복잡한 이해관계들이 마구 얽힌 사회, 내우외환의 위기 앞에 선 지금의 대한민국에는 바로 이런 유형의 리더십이 절실히 요청된다. 실용주의는 실행을 통해서만 증명된다. 이재명은 바로 그 실행의 리더, 바로 지금 한국 사회가 절실히 요구하는 최적의 실행형 리더라 할 수 있다.

⊙ 국민주권정부 고위 공직자 10계명

제1계명. 국민을 주인으로 섬기는 방향을 잃지 말라.

국민을 주인으로 섬기고 공동체의 이익을 위해 봉사하겠다는 뚜렷한 방향성을 가져야 한다. 아무리 유능해도 그 방향이 사익을 향해 있다면 그 능력은 공동체에 해악이 될 뿐이다.

"제가 공직자를 선택하고 중요한 일을 맡길 때 쓰는 기준이 있습니다. 첫 번째는 '방향'입니다. 기술적 능력보다 더 중요한 것은 그 능력을 어디에 쓸 것인지, 즉 마음의 방향입니다. 국민을 주인으로 섬기고, 공동체의 이익을 위해 봉사하겠다는 뚜렷한 방향성을 가져야 합니다."

제2계명. 국민의 삶에 대한 무한 책임감을 가지라.

공직자의 손에 국민의 목숨이 달려 있다는 사실을 명심해야 한다. 당신의 결정 하나가 한 개인의 삶을 송두리째 바꿀 수 있는 '작은 신'의 역할과도 같다는 엄중함을 잊어서는 안 된다.

"여러분 손에 사람들의 목숨이 달려 있습니다. 여러분의 판단 하나에 어떤 사람은 더 나은 삶의 기회를 얻을 수도 있고, 어떤 사람은 절망 속에서 '내 아이를 안고 세상을 떠나야지.' 하는 극단적인 생각을 할 수도 있습니다. 여러분은 어쩌면 '작은 신(神)'의 역할을 하는지도 모릅니다."

제3계명. 권력을 파초선처럼 무겁게 여기라.

당신의 손에 들린 펜과 결정은 세상을 바꾸는 강력한 권력이다. 그 권력을 사적인 이익이나 잘못된 신념이 아닌, 오직 국민의 더 나은 삶을 위해서만 신중하고 무겁게 사용해야 한다.

"제가 서유기에 나오는 '파초선' 얘기를 가끔 합니다. 부채 한 번 부치면 세상에 태풍이 불고 천지가 개벽합니다. 여러분 손에 들린 펜과 여러분이 내리는 결정이 바로 그 파초선과 같습니다. 그래서 권력은 무서운 것입니다."

제4계명. 돈이라는 마귀의 유혹을 경계하라.

돈의 유혹은 가장 아름다운 천사의 모습으로 다가와 인생을 송두리째 망가뜨릴 수 있음을 명심해야 한다. 처음부터 문제될 일을 만들지 않는 것이 가장 지혜롭고 안전한 길이다. 청렴은 공직의 기본이다.

"여러분, 돈이 마귀입니다. 그런데 이 마귀는 결코 뿔 달린 험악한 얼굴로 나타나지 않습니다. 가장 아름다운 천사, 가장 친한 친구나 선후배, 심지어 애인의 모습으로 나타납니다."

제5계명. 성실함으로 국민의 시간을 아끼라.

국민의 일에는 단 1초의 지체도 허용되지 않는다. '내일 하자.'고 미루는 그 순간에도 국민은 고통받을 수 있다는 사실을 기억하고, 맡은 바 임무를 최대한 신속하게 완수하는 것이 국민에 대한 최소한의 예다.

"제가 두 번째로 중요하게 여기는 게 성실함이죠. 아무리 유능하고 아무리 방향이 똑같아도, 땡땡이치고 게으르면 그 무슨 소용이 있겠습니까. 최대한 빨리 내가 할 일을 완수하는 것, 그것이 국민에 대한 최소한의 예의이자 공직자의 의무입니다."

제6계명. 현장에서 '실용적' 해법을 찾으라.

책상에 앉아 탁상공론을 하는 것이 아니라, 현장에서 국민의 목소리를 듣고 답을 찾아야 한다. 모든 정책의 유일한 기준은 '이것이 과연 국민에게 이익이 되는가?'라는 실용적 물음이어야 한다.

"이런 문제들을 해결하는 데 정답은 없습니다. 중요한 것은 책상에 앉아 탁상공론을 하는 것이 아니라, 현장에서 답을 찾는 실용적인 자세입니다. 국민이 무엇을 원하는지, 현장의 어려움이 무엇인지 끊임없이 듣고, 가장 효율적이고 효과적인 방법을 찾아내야 합니다."

제7계명. 직급이 아닌 역할로 소통하라.

모든 공직자는 직급의 높고 낮음과 관계없이 똑같은 국민의 대리인이다. 권위적인 자세를 버리고, 역할 분담이라는 생각으로 동료와 국민을 존중하며 수평적으로 소통해야 한다.

"제 목표 중 하나는 의자의 계급을 없애는 것입니다. 사람이 귀합니다. 계급의 높고 낮은 것이 뭐 그리 중요하겠습니까. 역할 분담이 중요한 것이지요. 직급이 높은 사람은 역할이 넓은 것일 뿐, 똑같은 국민의 대리인입니다."

제8계명. 숭고한 기쁨과 보람을 추구하라.

공직의 가장 큰 보상은 기쁨과 보람이다. 내가 한 일로 세상이 조금 더 나아지고, 국민이 행복해지는 것을 보는 보람과 자부심이야말로 공직자가 추구해야 할 최고의 가치다.

"공직의 가장 큰 보상은 돈이나 권력이 아니라, '내가 한 일로 세상이 조금 더 나아졌다.'는 보람과 자부심, 그리고 국민의 신뢰와 사랑입니다. 공직을 마치거나 인생을 마칠 때쯤, '난 정말 의미 있는 인생을 살았어.'라고 뿌듯하게 여길 수 있기를 진심으로 바랍니다."

제9계명. 사적 관계를 공적으로 이용하지 말라.

가장 경계해야 할 유혹은 친분과 관계를 앞세운 청탁이다. '커피 한 잔'으로 시작된 관계가 결국 공직자의 발목을 잡는 족쇄가 될 수 있음을 명심하고, 불필요한 만남 자체를 피하는 것이 현명하다.

"'커피라도 한잔' 하다가 술과 골프, 상품권, 룸살롱 등 선물을 잔뜩 갖다줍니다. 처음에는 '사무관님, 간이라도 드릴게요.' 하다가 어느 날부터는 '네가 나한테 이럴 수 있어?'라고 나옵니다. 이미 코가 꿰어버린 것입니다."

제10계명. 국민과 함께 '새로운 길'을 만들라.

국민 주권 시대의 주인은 국민이다. 공직자는 국민의 뜻을 받들어 새로운 길을 만드는 도구이자 일꾼으로서, 항상 국민을 중심에 두고 판단하고 행동하며 국가의 미래를 함께 열어가야 한다.

"국민 주권 시대의 주인은 명백히 국민입니다. 우리는 그 주인의 삶을 더 행복하고 풍요롭게 만들기 위해 존재하는 대리인일 뿐입니다. 그 소명을 한시도 잊지 마시고, 국민과 함께 대한민국의 새로운 길을 만들어주시길 바랍니다."

"현실을 직시하고
그에 맞게 대응하는 자가
승리한다."
- 찰스 다윈(Charles Darwin)

"진정한 지도자는
비전을 설계할 뿐 아니라
그 비전을 현실로
만드는 사람이다."
- 존 F. 케네디(John F. Kennedy)

5장

1 국방: 실전 대비형 군사력과 외교 전략의 실용화

2 경제: 중소기업·자영업 중심 경제 정책

3 복지: 선택과 집중, 실효성 있는 복지 시스템

4 문화와 교육: 콘텐츠 강국 전략과 교육의 유연성

5 환경과 에너지: 기술 기반의 전환과 실질 대응

6 디지털·AI 정책: 미래 대비형 스마트 정부

7 지역 균형 발전: 행정의 분산과 지역 맞춤형 전략

8 이재명의 국익 중심 실용주의 외교

이재명 실용주의의 구체화와 분야별 실천

국가와 사회의 다양한 분야에서 실용주의가 구체적인 정책과 실행으로 옮겨질 때, 말은 행동과 결과에 의해 평가받는다. 현실을 직시하고 그에 민첩하게 대응하는 능력이야말로 오늘날 성공의 열쇠이다. 진정한 지도자는 비전을 설계하는 데 그치지 않고, 그 비전을 현실로 만들어내는 사람이어야 한다. 작은 변화들이 모여 혁신을 이루고, 통합적 사고와 실행이 지속 가능한 발전의 출발점이 되기 때문이다. 이재명 실용주의는 바로 이 같은 원칙들에 뿌리를 두고, 문제를 직시하고 해법을 모색하며 결과로 입증하려는 실천의 정치이다. 지금 그 실용주의는 한국 사회를 움직이고 변화시키는 현실적 힘이 되고 있으며, 정책 설계도가 작성되었고 현장에서 민첩하게 실행되고 있다.

이 장은 바로 그 현장의 윤곽을 개관한다. 국방, 경제, 복지, 문화와 교육, 환경과 에너지, 디지털과 AI, 지역 균형 발전, 그리고 외교까지 국가와 사회를 구성하는 모든 영역에서 실용주의는 어떻게 구체화되고 있는가? 이재명 실용주의는 어떻게 각 정책 분야에 디테일한 계획으로 녹아들고 있는가? 그 그림들은 우리에게 어떤 기대 효과를 자아내고 있는가? 그 청사진의 주요 골격을 스케치하고, 우리가 맞이할 미래의 실루엣을 상상해 보고자 한다.

1 국방: 실전 대비형 군사력과 외교 전략의 실용화

한때 소총 한 자루 만들지 못했던 대한민국이 이제 'K-방산'이라는 이름으로 세계를 놀라게 하고 있다. 방위 산업은 단순한 안보의 수단을 넘어, 반도체 산업과 미래자동차 산업을 잇는 대한민국의 새로운 성장 동력이자 위기 돌파의 핵심 열쇠가 되었다. 이재명은 K-방산을 '글로벌 4대 강국'의 반열에 올려놓겠다는 담대한 비전을 통해, 강력한 국방력으로 평화를 지키고, 실용 외교로 국익을 극대화하는 길을 제시한다. K-방산은 평화를 만드는 힘을 키워 국민의 안전과 행복을 우선하는 이재명 실용주의 정치의 근본 가치에 기반하고 있을 뿐 아니라 부국강병이라는 이재명 정부의 실용적 목표와 밀접하다.

모방에서 주도로, 경제를 이끄는 K-방산

한국의 군사력은 현재 세계에서 5위권으로 알려져 있다. 이제 대한민국 방위 산업은 추격자 단계를 지나 선도자의 길을 걷고 있으며, 이는 국가 경제의 지형을 바꾸는 거대한 흐름이 되고 있다. 국내 주요 방산 기업의 수주 잔액이 100조 원을 돌파한 것은 K-방산이 반도체, 이차전지와 어깨를 나란히 하는 미래 산업으로 자리 잡았음을 증명한다. 이재명은 K-방산을 저성장 위기를 돌파할 신성장 동력이자 국부 증진의 견인차로 확신하며, 모방에서 '주도'로 패러다임을 전환해야 한다고 역설한다.

이 비전의 핵심은 인공지능(Artificial Intelligence, AI) 기술로 무장한 '지능형 강군' 건설에 있다. 이는 단순히 무기를 수출하는 것을 넘어, 범정부적 지원 체계를 강화하고 대통령이 직접 방산 수출을 지휘하는 컨트롤 타워(Control Tower)를 구축하여 세계 시장을 선점하겠다는 강력한 의지의 표명이다. 방산 연구개발(Research and Development, R&D)에 대한 세액 감면과 국방과학연구소 기술의 민간 이전 활성화는 우리 기업의 경쟁력을 비약적으로 높여 세계 4대 방산 강국의 미래를 현실로 만들 것이다. 이는 대한민국의 새로운 미래를 열어가는 중요한 축이 될 것이다.

강력한 국방, 흔들리지 않는 평화의 초석

진정한 평화는 구걸하거나 기대는 것이 아니라, 스스로를 지킬 수 있는 압도적인 힘에서 나온다. 남북 간의 군사적 대치와 북의 핵 무력, 급변하는 국제 정세 속에서 국산 대공 방어무기 체계와 같은 첨단 기술력은 '강한 안보'의 핵심 자산이자 협상의 지렛대이다.

이재명은 러시아·우크라이나 전쟁이 보여주듯 첨단 과학기술이 전쟁의 승패를 좌우하는 현실을 직시하고, 국방 R&D 투자를 강조하며, 이는 '선택이 아닌 필수'임을 역설한다. 평화를 원한다면 스스로 지킬 힘을 길러야 한다는 원칙은 실용주의적 현실 인식에 기반하고 있다.

강력한 국방력은 하루아침에 만들어지지 않는다. 사람과 기술에 대한 꾸준한 투자가 그 바탕이 되어야 한다. 이재명이 K-방산 스타트업(Start-up) 육성과 방산 분야 병역 특례 확대를 통해 인재를 양성하고, 지역별 주력 산업과 연계한 '방산 클러스터(Cluster)'를 확대하려는 것은 바로 이러한 이유 때문이다. 단순한 군사력 증강을 넘어, 지역 균형 발전과 글로벌 MRO(Maintenance, Repair, Operation. 유지 보수 정비) 시장 선점이라는 경제적 성과로 이어지게 하고, 자력적인 군사력을 강화하여 남에게 의존하지 않는 평화의 초석을 다지고자 하는 것이다.

위기를 기회로, 군산 MRO 기지와 실용의 외교

이재명 정부 출범과 함께 진행된 관세 협상과 안보 협상은 이재명 실용주의에 대한 시험대였다. 이재명 대통령은 미국의 전방위적 압박과 트럼프식 거래를 '국익'이라는 원칙에 기반을 두고 대응하여 자신의 실용주의 노선을 당당하게 관철하였다. '국익', 이는 이재명식 실용주의의 절묘한 한 수로, 미국을 설득해내고 외교 주권 역량을 입증함으로써 국민들의 신뢰를 얻어냈다.

외교는 명분과 이념이 아닌 국익을 최우선으로 하는 냉철한 실용주의의 영역이다. 트럼프 행정부의 관세 인상과 방위비 증액 압박이라는 위기 상황에서 이재명 정부가 '군산항 미 해군 MRO 기지 건설'을 협상카드로 제시한 것은 그의 실용 외교 철학을 보여주는 대표적 사례다. 아울러 파격적인 조선업 투자액을 제시하며 미국이 간절히 원하는 바를 지렛대로 이용해 협상을 유리하게 이끌었다. 이는 상대의 필요를 역이용해 우리의 국익을 극대화하는 실용주의 외교의 묘수로 평가받고 있다.

이재명 정부의 제안은 중국 견제와 자국 조선업 재건이라는 미국의 전략적 이해와 맞아떨어질 뿐 아니라 한미동맹 강화 및 지역 경제 활성화라는 우리의 이해가 정확히 일치하는 지점이다. 위기를 정면으로 돌파하며 방산 협력 강화와 관세 문제 해결이라는 두 마리 토끼를 동시에 잡는 것, 이것이 바로 국민의 삶에 실질적인 이익을 가져오는 이재명식 실용주의다.

강력한 국방은 안보의 최후 보루이자 경제 성장의 새로운 견인차이다. 이재명이 제시하는 K-방산 정책은 자주 국방의 힘을 길러 누구도 넘볼 수 없는 평화를 구축하고, 한 치의 양보도 없는 국제 외교 무대에서 실용적 해법으로 국익을 지켜내겠다는 실용적 선택에 다름 아니다.

2 경제: 중소기업·자영업 중심 경제 정책

대한민국 경제가 적잖은 위기에 처해 있다. 전 세계의 경제 질서가 불안정하고, 무역 체제가 변모하면서 지구촌 경제 질서가 급격하게 재편되고 있기 때문이다. 과거 '한강의 기적'과 'IT 강국'의 신화는 이제 아득한 전설처럼 느껴질 정도로 경제 성장의 동력이 약화되고 있다. 이러한 위기는 단기적인 경기 부양 정책이나 소수에게만 경제적 혜택이 돌아가는 '가짜 성장'에 집착해 왔기 때문이다. 과거 정부들은 대규모 토목 공사, 건축 경기 부양 및 부동산 투기 조장, 대기업 위주의 감세 정책 등으로 일시적인 성장을 추구했다. 하지만 그 결실은 언제나 소수에게만 돌아갔고, 대다수 국민과 중소기업, 수도권 이외 지역은 소외되기 마련이었다. 특히 최근의 고물가, 고금리, 고환율의 삼고(三高) 현상과 내수 부진, 그리고 불법 비상계엄 사태는 민생 경제의 근간을 뒤흔들며 소상공인과 자영업자들을 생존의 벼랑 끝으로 내몰았다. 이제는 단기적이고 모방적인 성장을 넘어, 모두가 함께 참여하고 초격차 첨단 기술이 주도하는 지속 가능한 '진짜 성장'의 시대를 열어야 할 때다. 이재명 실용주의는 대한민국 경제를 진짜 성장의 길로 이끌어 자신의 진정성과 실력을 입증해야 할 시점에 놓여 있다.

민생을 챙기는 서민 지향적 경제 실용주의

소상공인과 자영업자는 지금 절체절명의 위기에 놓여 있다. 코로나19(COVID-19) 팬데믹(pandemic)과 고물가(high inflation), 고금리(high interest rates), 고환율(high exchange rates)의 삼중고, 그리고 끝없는 내수 부진을 겨우 버텨냈지만, 불법 내란 사태로 인한 소비 위축은 이들에게 치명타가 되었다. 원자재 가격은 치솟고, 소비는 얼어붙어 장사는 안 되고, 불어난 이자 감당조차 어려운 상황이다. 자영업자의 빚은 코로나 이전보다 380조 원(약 2,750억 달러)이나 늘었고, 재정적으로 취약한 대출자(vulnerable borrowers)는 43만 명에 이른다. 이재명은 이러한 민생의 중심이 무너지는 것을 막고, 우리 경제의 뿌리인 소상공인과 자영업자를 확실히 살리겠다고 약속했다.

이를 위해 이재명은 먼저 코로나19 대출에 대한 종합대책을 마련하고, 추진을 앞두고 있다. 코로나19 시기 국가가 짊어졌어야 할 책임을 소상공인과 자영업자에게 전가한 것은 부당하다는 인식 아래, 채무 조정부터 탕감까지 특단의 대책을 단계적으로 추진하고 있다. 저금리 대환 대출(loan refinancing)과 이차 보전(interest rate subsidy) 등 정책 자금을 확대하고, 소상공인 맞춤형 장기 분할 상환 프로그램을 도입하여 금융 부담을 덜어줄 것이다.

또한, 불법 계엄 사태로 직접적인 피해를 입은 소상공인에 대해서는 공동체가 함께 피해 회복 비용을 분담하는 방식으로 지원을 강화하려 한다. 경영 부담을 대폭 경감하기 위한 종합대책도 마련된다. 임대료, 인건비, 에너지 비용 등에 대한 지원을 통해 고정 지출을 줄이고, 관리비의 투명한 공개를 통해 임대료 꼼수 인상을 막는다. 키오스크(kiosk)나 테이블오더(table order) 같은 무인 주문 기기, 그리고 상품권 및 간편 결제 수수료 부담도 완화하여 실질적인 경영 환경을 개선할 방침이다.

무엇보다 중요한 것은 내수 활성화와 매출 증대다. 이재명은 지역화폐와 온누리상품권의 발행 규모를 대폭 확대하여 지역 경제에 활력을 불어넣고 소상공인의 매출을 직접적으로 끌어올리겠다는 승부수를 띄운다. 지역별 대표 상권과 소규모 골목상권을 키우는 '상권 르네상스 2.0(Commercial District Renaissance 2.0)' 프로젝트를 통해 지역 경제 전반에 활기를 불어넣고, 소비가 지역 내에서 선순환되도록 유도하고자 하는 것이다.

또한 폐업 지원금 증액과 재도전 금융 지원 확대는 물론, 채무 조정부터 폐업, 재취업에 이르기까지 재기를 지원하는 통합 시스템을 구축하여 소상공인들이 실패를 딛고 다시 일어설 수 있는 기반을 마련하는 정책을 펴고 있다. 온라인 시장에서는 과도한 수수료와 광고비 요구 등 불공정 거래 행위를 막기 위한 공정 경제 플랫폼 생태계 구축을 추진하여 소상공인들이 공정한 환경에서 경쟁할 수 있도록 돕는다. 마지막으로, 여성 소상공인을 위한 지방 경찰청 연계 안심콜(safety call) 의무화, 육아 휴직 수당 확대, '아프면 쉴 권리' 보장, 화재 공제 대상 범위 및 보상 한도 현실화 등을 통해 소상공인의 안전망을 더욱 두텁게 만들겠다는 약속을 추진하고 있다. 소상공인이 살아야 민생이 살고, 경제도 살아난다는 그의 철학은 이 모든 정책의 근간을 이룬다.

중소·벤처기업, 경제의 핵심 성장 기반화

첨단 산업의 성공은 혁신적인 중소·벤처기업의 역할 없이는 불가능하다. 이재명은 중소·벤처기업을 대한민국 경제 성장의 핵심 기반으로 육성하여, 이들이 첨단 기술 혁신을 주도하고 새로운 가치를 창출하는 주역이 되도록 지원하는 정책을 추진하고 있다. 이를 위해 중소기업을 지능형·자율형 공장(intelligent·autonomous factory)으로 확대 전환하고, 제조 데이터 기반의 맞춤형 AI 제조 혁신을 추진하고 있다. 또한, 국가 산업의 근간이 되는 뿌리 산업(foundational industries)의 디지털 전환(digital transformation)을 지원하고, 첨단 전략 산업과 연계한 미래 기술을 확보하여 제조 중소기업이 우수 인재를 유치하고 성장할 수 있는 환경을 조성하는 정책을 펴고 있다.

벤처 투자 시장을 활성화하여 혁신 기업의 성장을 뒷받침하는 것도 중요한 과제로 삼고 있다. 이재명은 40조 원(약 290억 달러) 규모의 벤처 투자 시장을 창출하겠다는 목표를 제시한다. 이를 위해 모태 펀드(Mother Fund) 예산을 대폭 확대하고, 안정적인 운영을 위해 존속 기간을 연장한다. 또한, 퇴직 연금의 벤처 투자를 허용하고, 연기금 투자풀(pension fund investment pool)의 벤처 투자도 확대하여 벤처기업들이 필요로 하는 자금을 원활하게 공급할 것이다. 특히, 성장 잠재력이 큰 벤처기업에 안정적인 자금을 지원하기 위해 기업성장집합투자기구(Business Development Company, BDC)를 도입하여, 초기 단계 기업부터 스케일업(scale-up) 단계의 기업까지 맞춤형 금융 지원을 제공할 계획이다.

벤처·스타트업을 지역 성장의 엔진으로 집중 육성하는 전략도 핵심이다. 수도권에 집중된 벤처 투자를 비수도권으로 확산시키기 위해 정부, 지방자치단체, 금융 기관, 지역 사회가 함께 참여하는 지역 성장 펀드를 대폭 확대한다. 유망 기술 인력의 창업을 지원하는 팁스(Tech Incubator Program for Startup, TIPS) 프로그램을 비수도권 중심으로 확대하고, 엔젤 투자 허브(angel investment hub)와 스타트업 파크(startup park)를 구축하여 지역에서 시작되는 벤처 주도 성장 기반을 마련하고자 한다. 이러한 정책들은 중소·벤처기업이 단순히 대기업의 하청업체에 머무르지 않고, 스스로 혁신을 주도하며 대한민국의 경제 성장을 견인하는 핵심 동력으로 자리매김하도록 하는 데 기여할 것이다.

지역 주도 성장으로 성장 패러다임 전환

　수도권에 과도하게 편중된 경제 인프라는 대한민국의 지속 가능한 성장을 가로막는 주요 요인이다. 이재명은 이러한 불균형을 해소하고, 지역을 대한민국 경제 대도약의 주역으로 만들겠다는 비전을 제시하며 성장 패러다임을 근본적으로 전환할 것을 강조한다. 균형 발전을 통해 모든 지역이 고르게 성장하고, 그 성장의 과실을 함께 누릴 수 있는 진정한 대한민국을 만들겠다는 것이다.

　이를 위해 이재명은 전국을 권역별로 나누어 특화된 산업 육성 전략을 추진한다. 먼저 부울경(부산-울산-경남) 지역에는 산업 르네상스(renaissance)를 실현한다. 조선, 철강, 기계 부품, 자동차, 로봇 등 기존 핵심 산업을 집중 지원하여 부울경을 미래 산업의 선도 주자로 육성한다. 또한, 북극 항로 시대를 대비하여 항공, 철도, 해운이 결합된 트라이포트(tri-port) 전진 기지를 구축하고, 해양 관련 공공 기관들을 이전하여 부울경을 명실상부한 해양 수도로 키운다.

　호남권은 AI 선도 지역으로 육성하고, 재생에너지, 화이트 바이오(white bio) 등 친환경·미래 산업의 중심지로 만든다. 미래형 농생명·식품 산업의 중심지를 조성하여 K-푸드(K-Food) 혁명을 주도하고, 농업과 첨단 기술을 융합한 새로운 성장 모델을 제시할 것이다.

　중부권은 과학 중심·기술 주도 성장의 핵심 지역으로 적극 육성한다. 충청권 연구 단지들을 글로벌 과학기술 혁신 클러스터로 재창조하고, 세계적인 과학기술 인재 양성 요람으로 만든다. 이차전지(secondary batteries), 우주 산업, 바이오(bio), 반도체(semiconductors), 디스플레이(displays)를 잇는 세계적인 첨단 산업 벨트를 구축하여 중부권을 대한민국의 미래 먹거리를 책임지는 요충지로 만든다.

강원권과 제주권은 대한민국을 대표하는 관광 수도로 육성한다. 전 세계가 주목하는 15조 원(약 109억 달러) 규모의 국내 관광 시장에 대응하여 강원과 제주를 '대한민국 방문 필수 코스'로 만들겠다는 목표 아래, 관광 인프라를 개선하고 '관광 한국'에 걸맞은 관광 콘텐츠(contents) 개발을 지원한다.

이러한 지역 주도 성장 전략은 수도권 집중으로 인한 부작용을 해소하고, 각 지역의 잠재력을 최대한 발휘하여 대한민국 전체의 성장 동력을 끌어올리는 데 기여할 것이다. 이재명은 모든 국민과 모든 지역, 대기업부터 소상공인에 이르기까지 모든 경제 주체가 성장의 과실을 함께 누리는 것이야말로 '진짜 성장'이며, 이 과실이 다시 대도약의 씨앗이 되어 대한민국이라는 거대한 나무로 자라야 한다고 강조한다.

AI 투자와 기술 기반의 글로벌 첨단 기업 육성

대한민국 경제의 대도약을 위해서는 미래 기술을 선도하고 세계 시장을 제패할 글로벌 첨단 기업을 육성하는 것이 필수적이다. 이재명은 이를 위해 AI 분야에서 세계 3대 강국으로 도약하겠다는 담대한 목표를 제시한다. 생성형 AI는 단순한 기술 혁신을 넘어 문명 전환의 기점이 되고 있으며, 대한민국이 제조업 기반 수출 강국에서 IT(Information Technology) 강국으로 성장했듯이, 이제는 AI 강국으로 도약해야 할 시점이라는 것이다.

이재명은 'AI 투자 100조 원(약 725억 달러) 시대'를 열어 정부 예산을 대폭 증액하고, 이를 민간 투자의 마중물로 활용하겠다고 밝힌다. 또한, 국가 AI 데이터 집적 클러스터를 조성하여 대한민국을 글로벌 AI 허브(hub)로 만들 계획이다. AI는 다양한 산업과 융합되며 무한한 확장성을 보여주고 있다. 테슬라(Tesla)가 AI 자율 주행으로 미래자동차 시장을 선점하고, 구글(Google)이 단백질 구조 예측 AI로 생명과학의 난제를 해결했듯이, AI는 전 분야에 걸쳐 혁명적인 변화를 가져올 수 있다. 이재명은 범용 AI뿐만 아니라 산업별 AI를 확대하고 융합하여, 산업, 문화, 국방, 에너지 등 전 분야에서 기술 주도 AI 산업혁명을 이루겠다는 비전을 제시한다.

글로벌 첨단 기업을 육성하기 위해 과학기술 혁신 생태계를 조성하는 것 또한 핵심 과제다. 이재명은 인공지능, 바이오·헬스케어(Bio·Healthcare), 콘텐츠·문화 산업(Content·Culture), 방위·항공우주(Defense·Aerospace), 에너지(Energy), 제조업(Manufacturing) 등 'ABCDEF'로 대표되는 첨단 산업 R&D에 사상 최대 규모로 투자하겠다고 약속한다. 민간이 중심이 되는 R&D를 확대하여 급변하는 경제와 시장에 유연하게 대응하고, 정부는 빅테크 기업(big tech company) 육성에 적극적으로 나설 것이다. 세계 1위 반도체 파운드리(foundry) 기업인 타이완의 TSMC(Taiwan Semiconductor Manufacturing Company)가 정부 투자를 마중물 삼아 성장했듯이, 대한민국도 전략 산업 육성과 첨단 기술 확보를 위해 국민과 기업이 함께 참여하는 100조 원 규모의 펀드(fund)를 조성하여 국가 잠재 성장률을 끌어올릴 계획이다.

이러한 노력들을 통해 대한민국은 더 이상 기술을 모방하는 나라가 아니라, 스스로 창조하는 힘으로 세계를 선도하는 진정한 기술 강국으로 거듭날 것이다.

문화 산업, 대한민국 미래 성장의 기반

K-컬처(K-Culture)는 이제 전 세계가 주목하는 글로벌 주류 문화로 당당히 자리매김했다. 대한민국은 더 이상 세계 트렌드(trend)를 따라가는 나라가 아니라, 트렌드를 만들어가는 문화 강국이 되어가고 있다. 이재명은 이러한 문화 산업의 잠재력을 인식하고, 이를 대한민국의 미래 성장 기반으로 삼아 경제 대도약을 이끌겠다는 비전을 제시한다. 문화의 힘은 사람에서 나오고, 인문학적 소양은 창작의 원천이자 문화예술의 중요한 자원이라는 그의 철학은 이 정책의 근간을 이룬다.

이재명은 K-팝(K-Pop), K-드라마(K-Drama), K-무비(K-Movie), K-푸드(K-Food), K-뷰티(K-Beauty), K-웹툰(K-Webtoon), K-게임(K-Game) 등 K-컬처 전반의 세계 시장 진출을 전폭적으로 지원하여 'K-컬처 시장 규모 300조 원(약 2,175억 달러) 시대'를 열겠다는 목표를 제시한다. 이는 단순히 문화 콘텐츠의 수출을 넘어, 관련 산업 전반의 성장을 견인하고 새로운 부가가치를 창출하는 것을 의미한다.

문화예술인들이 창작 활동에만 집중할 수 있는 환경을 조성하기 위해 창작비와 창작 공간 등을 제공하고, 국가 문화 재정을 대폭 확대하여 콘텐츠 기술 개발(R&D)과 정책 금융 지원을 강화할 것이다. 이는 문화예술인들이 안정적인 환경에서 자유롭게 창작 활동을 펼칠 수 있도록 돕고, 혁신적인 콘텐츠가 지속적으로 생산될 수 있는 기반을 마련한다.

이재명은 이러한 문화 산업 육성 정책을 통해 대한민국이 '글로벌 소프트 파워 Big 5' 국가로 도약하고, 문화의 힘이 경제 성장을 이끄는 새로운 동력이 되기를 기대한다. 문화 산업은 단순히 오락을 넘어, 국가 브랜드(brand) 가치를 높이고 새로운 일자리를 창출하며, 전 세계인과 소통하는 중요한 매개체가 될 것이다.

3 복지: 선택과 집중, 실효성 있는 복지 시스템

국민 모두가 인간답게 사는 기본사회 정신이 이재명 실용주의와 정책의 골간이다. 기본사회를 향한 열망은 사회·경제적 조건의 변화에 기초하고 있다. 저성장 시대에 접어들면서 기회와 자원의 불평등은 더욱 심화되고 있다. 이러한 격차와 양극화는 성장을 가로막고, 협력과 공존 대신 극한 경쟁만을 남기고 있다. 현행 복지 제도는 '누구나 일할 수 있다.'는 가정을 전제로 탈락자를 대상으로 하지만, 인공지능과 로봇이 생산을 주도할 첨단 기술 사회에서는 분명한 한계를 드러낸다. 따라서 초과학기술 발전이 초래할 수 있는 사회 구조적 위기를 극복하기 위해서는 기존 제도와는 완전히 다른 접근이 필요하다. 구멍이 있는 사회 안전망을 넘어 빈틈이 없는 두툼한 안전 매트(safety mat)가 깔린 '기본사회'로 나아가야 한다.

기본사회, 헌법에 보장된 행복추구권

이재명이 제시하는 기본사회는 단편적인 복지 정책이나 소득 분배에 머무르지 않는다. 이는 우리 헌법에 명시된 행복추구권과 인권을 바탕으로, 모든 국민의 기본적인 삶을 실질적으로 보장하는 사회를 의미한다. 주거, 의료, 돌봄, 교육, 공공 서비스 같은 삶의 모든 영역에서 헌법에 명시된 국민의 모든 권리를 최대한 실현하고, 국가와 사회가 함께 책임지는 기본사회를 열어가겠다는 것이다. 이를 위해 이재명은 기본사회 실현을 위한 국가 전담 기구를 설치하고 민관 협력 체계를 구축할 것을 약속한다. '기본사회위원회'를 설치하여 비전과 정책 목표, 핵심 과제 수립 및 관련 정책 이행을 총괄·조정·평가하고, 생애 소득 보장과 의료·돌봄·주거·교육 등 분야별 기본 서비스 추진 상황을 점검하며, 시범 사업을 통해 우수 정책을 체계적으로 확산·지원할 방침이다.

기본사회는 정부의 노력만으로는 실현될 수 없으므로, 민간 기업과 시민사회 조직, 사회적 경제 조직, 협동조합 등 다양한 주체들과 함께 협력하는 체계를 구축하여 재정 부담은 줄이고 정책 효과는 높이는 민관 협력을 적극 활용할 것이다.

또한, 이재명은 태어날 때부터 노후까지 생애 주기별 소득 보장 체계를 촘촘히 구축하겠다고 강조한다. 누구나 예측 가능한 안정된 삶을 누릴 수 있는 사회를 만들기 위해 아동 수당 지급 대상을 단계적으로 확대하고, '청년미래적금'을 도입해 청년의 자산 형성과 사회 진입을 지원한다. 단순한 일자리 지원을 넘어 은퇴 전까지 언제든 새로운 도전이 가능한 안전망을 구축하고, 특수 고용직과 플랫폼 노동자 등에게 고용보험을 확대 적용한다. 영케어러, 자립 준비 청년 등 소득 보장 사각지대에 놓인 취약 계층을 위한 맞춤형 소득 지원 제도를 강화하며, 모두의 존엄한 노후를 위해 세대 간 형평성과 연대를 실현하며 지속 가능한 연금 개혁을 추진할 것이다. 다양한 삶의 조건을 반영한 맞춤형 주택연금제도를 확대해 주거와 소득이 함께 안정되는 노후 안전망을 강화하고, 농어촌 기본소득과 햇빛·바람 연금 등 지역 특성과 자원을 살린 맞춤형 소득 지원 제도를 확대한다. 지역화폐와 온누리상품권을 확대해 유통과 사용 편의성을 높이고 전통시장과 골목상권의 활력을 되찾는 것 또한 기본사회 실현의 중요한 부분이다.

국민이 안전한 생명 존중 사회

국민의 생명과 안전을 지키는 것은 국가의 가장 기본적인 책임이다. 세월호 참사 이후에도 이태원 참사, 오송 지하차도 참사, 제주항공 참사 등 국가가 책임을 다하지 않은 대형 참사가 끊이지 않았다는 현실은 국가의 존재 이유에 대한 근본적인 질문을 던진다. 이재명은 이러한 비극이 되풀이되지 않도록 국민의 생명과 안전을 최우선으로 하는, 보다 안전하고 안심할 수 있는 '진짜 대한민국'을 만들겠다고 천명한다. 참사로 희생된 국민의 고귀한 목숨이 헛되지 않고, 유가족들이 더는 차가운 거리에서 외롭게 싸우지 않도록 국가의 책무를 다하겠다는 강력한 의지를 표명한다.

이를 위해 이재명은 국민 안전 국가 관리 체계를 고도화할 것이다. 대통령실을 국가 재난·안전관리 컨트롤 타워로 복원하고, 국가의 안전 책무를 법률에 명시하여 책임 소재를 보다 명확히 한다. 더불어 현장 중심의 재난 지휘권을 강화하고, 국민 참여 생활 안전 협력 거버넌스(governance)를 구축하여 안전관리의 효율성과 투명성을 높일 계획이다.

또한, 재해와 재난 예방 및 대응을 더욱 촘촘히 할 것이다. 산불, 수해, 땅꺼짐(싱크홀, sinkhole), 항공 사고 등 자연 재난과 사회 재난 전반에 대한 통합 대응 체계를 마련하고, 하수관 정비 등 도시형 물 관리 시스템을 정비하며, 대규모 행사와 교통사고 예방도 사전에 체계화하여 위험 요소를 최소화한다.

피해 복구와 보상을 강화하는 것 또한 중요한 과제이다. 이재명은 유가족의 목소리를 제도적으로 반영하고, 중대 피해에 대한 재난 보상을 강화하여, 국민의 고통에 끝까지 함께하겠다고 약속한다. 국가의 무능과 무책임으로 희생된 모든 이들의 명복을 빌며, 상실의 슬픔에 잠긴 유가족들에게 깊은 위로의 뜻을 전하는 것은 물론, 실질적인 지원을 통해 이들이 다시 일상으로 돌아올 수 있도록 돕는 것이 국가의 역할임을 분명히 한다.

국민의 생명과 안전보다 소중한 가치는 없다는 이재명의 확고한 신념은 모든 안전 정책의 근간이 되며, 이를 통해 국민들이 불안감 없이 살아갈 수 있는 안전한 사회를 만들겠다는 강력한 의지를 보여 준다.

노동이 존중받는 사회와 노란봉투법 정면 돌파의 과단성

　우리 사회는 이제 산업화와 민주화를 넘어 국민 한 사람 한 사람의 삶의 질을 챙기는 더 높은 단계로 도약해야 한다. AI의 등장으로 단순 반복 업무는 기계가 맡게 되고, 사람은 창의성과 부가가치를 창출하는 일에 집중하게 될 미래 사회에서는 충분한 휴식과 재충전이 필수적이다. 이재명은 국민 개개인의 삶의 균형과 정신적 안정, 그리고 경제적 여유로움을 뒷받침하는 나라, 즉 '진짜 대한민국'을 만들겠다고 천명하며 '지속 가능한 일과 삶의 조화'를 위한 과감한 정책 전환을 추진한다. 여전한 초과 근로, 과도한 업무 스트레스, 부족한 휴식으로 지쳐 있는 직장인들의 현실을 직시하고, 시대 변화에 부응하지 못하는 제도를 개선하겠다는 것이다.

　이재명은 우리나라의 평균 노동 시간을 2030년까지 OECD (Organization for Economic Cooperation and Development) 평균 이하로 단축하겠다는 목표를 제시한다. 이를 위해 국민적 합의와 함께, 기업들의 적극적인 참여가 필수적이며, 주 4.5일제를 도입하는 기업에 대해 확실한 지원 방안을 마련하고 장기적으로는 주 4일제로 나아가야 한다고 강조한다. 과로사를 막고 실노동 시간을 단축하기 위한 제도적 근거를 마련하여, 효율적인 대책 수립 의무를 국가 등에 부여할 것이다. 또한, 장시간 노동과 '공짜 노동'의 원인으로 지목되어 온 포괄 임금제를 근본적으로 검토하고, 이 과정에서 기존의 임금 등 근로 조건이 나빠지지 않도록 철저하게 보완하며, 사용자에게는 근로자의 실근로 시간을 측정·기록하도록 의무화할 계획이다. 휴가 제도를 획기적으로 개선하여 연차 휴가 일수와 소진율을 선진국 수준으로 확대하고, 연차 유급 휴가 취득 요건을 완화하며, 사용하지 못한 휴가는 연차 휴가 저축 제도를 통해 3년 안에 사용할 수 있도록 편의성을 높일 것이다. 연차 휴가를 청구하거나 사용한다는 이유로 회사가 근로자에게 불이익을 주는 행위를 금지하여 근로자의 쉴 권리를 보장한다.

직장인들의 재충전을 적극 지원하기 위한 정책도 마련된다. '국민 휴가 지원 3종 세트(근로자 휴가 지원제, 지역사랑 휴가 지원제, 숏컷 여행)'를 통해 근로자 휴가 지원 제도를 대폭 확대하고, 국내 지역 관광 활성화를 위해 '지역사랑 휴가 지원제'를 신설하여 국민들이 원하는 지역을 사전 예약하면 정부와 지방자치단체가 분담하여 지원한다. 1박 2일의 짧은 국내 여행 활성화를 위한 '숏컷 여행'도 적극 지원하여 국내 여행 비용 부담을 낮추고 관광 수요를 진작함으로써 내수 활성화에 기여할 것이다. 근로자 휴가 지원 제도의 정부 부담을 늘리고 수혜 대상을 폭넓게 확대하여 더 많은 직장인이 혜택을 누리도록 한다.

이와 함께 직장인들의 일상생활 부담을 덜기 위한 정책도 추진된다. 전월세 관련 주거 지원을 강화하고, 전세 자금 이차 보전을 확대하며, 월세 부담을 덜기 위해 월세 세액 공제 대상자의 소득 기준을 상향하고 대상 주택 범위도 대폭 확대한다. 전세 사기 걱정 없는 '보증 제도' 개선을 통해 주거 안정을 도모한다. 교통비와 통신비 부담을 줄이기 위해 '청년·국민 패스' 등을 신설하여 교통비를 절감하고, 환승이나 거리 병산 추가 요금 부담을 줄인다. 통신비에 대한 세액 공제 개선을 검토하고, 자녀 수에 따른 신용카드 공제율 및 공제 한도 상향, 자녀 세액 공제 확대를 추진한다. 초등학생 자녀의 예체능 학원비까지 교육비 세액 공제 대상을 확대하며, 중장기적으로는 프랑스의 '가족 계수제' 소득세 체계처럼 가족 친화적인 방식으로 소득세 체계를 개편하는 방안도 검토한다.

이재명은 이 모든 정책을 통해 노동이 존중받고, 일과 삶의 균형이 보장되며, 경제적 여유로움 속에서 내일이 기대되는 '진짜 대한민국'을 만들겠다는 과단성을 보여준다.

농산어촌 복지

농업은 더 이상 단순한 1차 산업이 아니다. 식량 주권을 지키고 국가 안보를 책임지는 전략 산업이다. 농촌은 에너지 전환과 균형 발전을 이끄는 새로운 거점으로 변화해야 한다. 그러나 기후 위기로 인한 식량 안보 위협과 수급 불안은 농업의 지속 가능성을 흔들고 있다. 이재명은 이러한 현실을 직시하고, '기후 농정'으로 철저히 대응하여 농업인이 가격 걱정, 재해 걱정 없이 농사짓는 안심 농정을 실현하고, 국민 누구나 살고 싶은 행복한 농촌을 만들겠다고 약속한다. 이는 농산어촌의 복지를 단순히 지원하는 차원을 넘어, 국가의 핵심 전략으로 삼아 미래를 준비하겠다는 강력한 의지를 담고 있다.

이재명은 기후 위기 시대에 국민의 먹거리를 국가가 책임지겠다고 강조한다. 식량 자급률을 높이고 위기 경보 시스템(crisis warning system)을 구축해 기후 위기에 선제적으로 대응하며, 기후 변화에 강한 '기후 적응형 농업'을 추진할 것이다. 대학생과 노동자에게 '천 원의 아침밥'을, 미취업 청년에겐 먹거리 바우처(voucher)를 제공하고,

'임산부 친환경 농산물 꾸러미', '초등학생 과일 간식 사업'의 국가 지원도 재개하여 취약 계층의 먹거리 기본권을 보장한다. 친환경·유기 농업을 확대하고, 환경과 조화되는 지속 가능한 축산업으로의 전환을 지원하며, 유전자 변형 식품(Genetically Modified Organism, GMO) 완전 표시제를 단계적으로 도입해 소비자의 알권리와 선택권을 보장할 계획이다. 또한, 선진국형 농가 소득을 보장하고 재해 안전망을 도입하여 농업인의 안정적인 삶을 지원한다. 양곡 관리법을 개정해 논의 타 작물 재배를 늘리고 쌀과 식량 작물 가격을 안정시키며, 농산물 유통을 개혁해 생산자와 소비자 모두에게 이익이 돌아가는 구조로 바꿀 것이다. 공익 직불금을 확대하고, 농산물 가격 안정제, 재해 국가 책임제, 필수 농자재 국가 지원제를 도입하며, 농어촌 주민 수당을 지급하고 농림·수산·식품 분야 정부 예산도 확대하여 농가 소득을 실질적으로 보장한다.

누구나 살고 싶은 농산어촌을 만들기 위한 정책도 구체적으로 제시된다. 농가 태양광을 확대해 햇빛 연금을 지급하고, 주민이 주도하는 '햇빛 소득 마을'을 조성하여 농촌 주민의 소득 증대와 에너지 자립을 동시에 꾀한다. 찾아가는 마을 주치의, 생활 서비스, 농촌 돌봄, 수요 맞춤형 교통 등 필수 서비스를 확충하여 농촌 주민의 삶의 질을 높일 것이다. 농촌 빈집은 재생하여 새롭게 단장하고, 체류형 복합 단지는 더 많이 조성하여 귀농·귀촌 인구를 유치하고 농촌에 활력을 불어넣는다. 임업과 산촌은 탄소 중립과 균형 발전의 주요 산업이자 거점으로 키우고, 산림 재난에 철저히 대비해 국민의 생명과 재산을 지킬 것이다. 노후를 보장하고 세대를 잇는 농업으로 바꾸기 위해 농업인 퇴직 연금제를 도입하고, '농지 이양 은퇴 직불제'를 확대해 안정적인 세대 교체를 추진한다. 농생명 용지를 조기 개발하고, 농지 이용 집적화, 공공 비축 농지 확대 등 농지 제도를 혁신하며, '공공형 계절 근로제'를 확대해 농촌 일손 부족 문제를 해결한다. 청년과 여성, 농업 전문 인력, 공동 영농 조직 등 미래 농업 인재를 체계적으로 키우고, 스마트 농업을 확산하며, 푸드 테크(food tech)와 그린 바이오(green bio) 산업을 육성하여 농업의 첨단화를 이끈다. K-푸드를 수출 전략 산업으로 키워 농식품 강국으로 도약하겠다는 이재명의 비전은 농업이 대한민국의 미래를 책임지는 핵심 산업이 될 수 있음을 보여준다.

4 문화와 교육: 콘텐츠 강국 전략과 교육의 유연성

지혜로운 이는 고전에서 삶의 지혜를 배우고, 삶 속에서 길을 찾는다. 이처럼 우리는 역사 속에서 교훈을 찾고, 지금 우리 시대의 담론 속에서 미래를 향한 실용적 지혜를 찾아야 한다. 이재명의 교육과 문화 정책은 바로 그러한 실용적 지혜를 바탕으로 대한민국이 나아가야 할 길을 제시한다. 그의 연설문 곳곳에는 단순한 구호가 아닌,

현실적 문제 해결을 위한 깊은 고민과 구체적인 방안이 담겨 있다. 이는 마치 복잡한 매듭을 하나하나 풀어가는 장인의 손길과도 같다. 우리는 그의 비전을 통해, 대한민국이 당면한 교육의 난제와 문화의 새로운 지평을 어떻게 열어나갈지, 그리고 도시가 시민들의 삶과 문화의 공간으로 어떻게 거듭나게 될지 미래를 상상하게 된다.

교육 백년대계의 재정립: 모두를 위한 안전한 배움터

교육은 한 국가의 미래를 결정하는 백년대계(百年大計)이며, 이재명은 이를 국가의 근본 사업으로 강조한다. "일 년 계획으로 곡식을 거두고, 십 년을 계획해 나무를 키우고, 평생을 계획해 사람을 기른다." 이재명은 교육 정책 공약문을 통해 이런 옛말을 인용하며, 인재 양성의 지난한 과정을 역설한다. 그는 대한민국이 자원도 자본도 없이 기술 선진국으로 도약할 수 있었던 힘이 교육에 있었음을 상기시키며, 다시 한번 그 힘을 발휘하여 'K-교육'을 완성하겠다는 비전을 제시한다.

이재명의 교육 정책은 유아·초등 교육의 국가 책임 강화에서 시작된다. 그는 5세부터 유아 교육·보육비 지원을 단계적으로 확대하고, 교사 대 아동 비율을 경제협력개발기구(OECD) 수준까지 낮춰 더 세심하고 안전한 교육 환경을 만들겠다고 약속한다. 나아가 국가와 지방자치단체, 학교가 함께하는 '온 동네 초등 돌봄'으로 질 높은 돌봄 교육을 제공하여 학부모의 부담을 덜고 아이들이 안전하게 성장할 수 있는 기반을 마련하려 한다. 이는 교육의 출발선부터 국가가 적극적으로 개입하여 모든 아이에게 공정한 기회를 제공하겠다는 실용주의적 접근이다.

학생들의 기초 학력 증진과 학습 역량 강화 또한 그의 핵심 과제이다. 학습 결과가 잠재력에 미치지 못하는 '학습 결손'을 조기에 발견하고, 지원이 필요한 학생에게 전문 교사의 개별 지도를 확대하겠다는 방안은 교육 현장의 실제적 어려움을 해결하려는 의지를 보여준다. 또한 지역 곳곳에 '자기주도학습센터'를 설치하여 사교육비 부담을 줄이겠다는 공약은 가계 경제의 현실적 문제까지 고려한 정책이다. 이는 단순히 학력 향상을 넘어, 교육의 불평등을 해소하고 모든 학생이 자신의 잠재력을 최대한 발휘할 수 있도록 돕는 실천적 노력이다.

이재명은 학생의 정서와 신체, 디지털 건강까지 아우르는 전인적(holistic) 교육을 강조한다. 정서와 행동 문제로 어려움을 겪는 학생들에게 검사부터 상담, 치료까지 이어지는 맞춤형 지원을 제공하고, 디지털에 지나치게 의존하는 청소년을 위한 지원 프로그램을 운영하겠다는 것은 급변하는 사회에서 아이들이 겪는 새로운 문제에 대한 심도 있는 이해를 보여준다. 체육 교육 활성화와 체험학습 안전관리 전문화는 건강한 신체와 안전한 환경이 학습의 기본 전제임을 인식한 정책이다. 더불어 초·중·고 학교에서 민주주의, 인권, 환경, 역사 교육을 활성화하여 청소년이 자기 삶을 주도하고 공동체를 이해하는 민주 시민으로 성장할 수 있도록 시민 교육을 강화하겠다는 점은 미래 사회의 주역을 길러내는 데 필요한 핵심 역량을 강조한다.

고등 교육 혁신을 통해 미래 인재를 키우는 방안으로는 '서울대 10개 만들기'를 추진하여 지역 거점 국립대학을 전략적으로 육성하고 대학 서열을 완화하겠다는 파격적인 제안을 내놓는다. 이는 국가 균형 발전을 이루고 지역 대학이 지역 혁신과 성장의 중심이 되도록 하겠다는 강력한 의지이다. 직업교육 강화와 평생교육 확대를 통해 '고졸 후학습자 국가장학금' 지원을 확대하고 성인과 중장년의 인생 이모작 도전을 지원하는 전환 교육을 강화하겠다는 공약은 빠르게 변화하는 산업 구조 속에서 모든 국민이 언제든지 배울 수 있는 평생학습 체제를 고도화하겠다는 실용적 비전을 담고 있다. 마지막으로 국가교육위원회를 중심으로 숙의와 사회적 합의를 존중하며 교육 정책을 국민과 함께 정하겠다는 약속은 교육 개혁의 성공을 위한 민주적 절차의 중요성을 강조한다.

특히 이재명은 교권 보호 제도를 학교 현장에 뿌리내리겠다는 의지를 피력한다. "선생님이 행복해야 아이들도 행복합니다."라는 그의 말은 교육의 주체인 교사의 중요성을 명확히 한다. 불필요한 행정 업무는 줄이고 민원 처리 시스템은 더욱 체계화할 것이다. '마음 돌봄 휴가'를 도입해 선생님의 마음 건강과 회복을 지원할 것이다. 근무 시간 외 직무와 무관한 정치 활동의 자유를 보장하여 헌법이 보장한 권리를 회복하고, 교사 또한 민주 사회 구성원으로서 정당하게 존중받을 수 있게 하겠다는 점은 교사의 자율성과 전문성을 존중하는 그의 철학을 보여준다. 결국 이 모든 정책은 국가가 보장하고 교사가 교육에 전념하여 아이들이 믿고 자랄 수 있는 책임 교육을 기본으로 삼아, 민주 시민 모두가 성장의 기쁨을 누리고 누구나 실력을 꽃피울 수 있는 'K-교육 강국'을 만들겠다는 이재명의 확고한 의지를 담고 있다.

문화 강국을 향한 글로벌 소프트 파워

"김구 선생이 꿈꾸었던 문화 강국이라는 미래가 지금 우리 눈앞에 펼쳐지고 있다." 이재명의 이 말에서 드러나듯이 그는 한국의 문화적 위상을 정확히 짚어낸다. <오징어 게임>이 세계인을 놀라게 하고, 한강 작가가 노벨상을 수상하며, 한국 드라마에 세계인이 눈물 흘리는 현실은 "대한민국에서 통하면, 세계에서도 통한다."라는 이재명의 확신을 강력히 뒷받침한다. 그는 이러한 K-콘텐츠 열풍을 산업계 종사자들이 일궈낸 성과로 인정하며, 국가가 날개를 달아 '글로벌 소프트 파워(Soft Power) Big 5'의 확고한 문화 강국으로 거듭나겠다는 비전을 제시한다.

이재명은 문화 강국으로의 도약을 위해 문화 재정의 대폭 확대를 약속한다. 현재 국가 총지출의 1.33%에 불과한 문화 재정을 문화 강국에 부합하는 수준으로 늘리겠다는 것은 문화 산업에 대한 투자를 강화하겠다는 명확한 신호이다. 그는 'K-푸드', 'K-뷰티', 'K-팝', 'K-드라마', 'K-웹툰' 등 K-컬처 전반의 세계 시장 진출을 전폭 지원하여 2030년까지 시장 규모 300조 원, 문화 수출 50조 원 시대를 열겠다는 구체적인 목표를 제시한다. 이는 문화가 단순한 소비재가 아닌, 국가 경제를 견인하는 핵심 동력임을 인식한 실용적 접근이다.

'K-콘텐츠' 창작 전 과정에 대한 국가 지원 강화는 문화 산업의 지속 가능한 성장을 위한 필수적인 요소이다. 이재명은 콘텐츠 제작부터 글로벌 시장 진출, 콘텐츠 유통까지 전 단계를 체계적으로 뒷받침할 'K-컬처 플랫폼'을 육성하겠다고 밝힌다. 영상 제작에 필요한 버츄얼 스튜디오(virtual studio) 등 공공 제작 인프라를 적극 확충하고, 문화예술 연구개발(R&D), 정책 금융, 세제 혜택 등 전방위적 인센티브(incentive)를 확대하여 'K-콘텐츠' 산업의 성장을 지원하겠다는 방안은 창작자들이 마음껏 역량을 발휘할 수 있는 환경을 조성하려는 의지를 보여준다. 특히 'K-컬처'의 핵심 축으로 웹툰 산업을 육성하기 위해 영상 콘텐츠에 적용되는 세제 혜택을 웹툰 분야까지 확대하고, 번역과 배급, 해외 마케팅(marketing)을 아울러 중소기업의 해외 진출을 적극 지원하겠다는 것은 빠르게 성장하는 웹툰 시장의 잠재력을 극대화하려는 전략적 판단이다.

문화예술인이 창작에만 전념할 수 있는 환경 조성은 문화 강국의 근간을 다지는 일이다. 이재명은 문화예술 인재 양성과 지원 제도를 확대하고 이를 뒷받침할 전문 조직 설립을 추진하겠다고 공약한다. 콘텐츠 불법 유통을 단호히 차단하고, 해외 불법 사이트(site)에 대해서는 국제 공조로 대응하여 지식재산권(Intellectual Property, IP)을 단단히 보호하겠다는 점은 창작자의 권리를 보장하고 건강한 산업 생태계를 유지하려는 의지를 보여준다. 또한 문화예술인에게 창작비와 창작 공간 등을 제공하여 창작 활동에만 집중할 수 있는 안정적 생태계를 구축하겠다는 약속은 예술가들이 경제적 어려움 없이 창의력을 발휘할 수 있도록 돕는 실질적 지원책이다.

또한 인문학 지원 강화는 문화 강국의 토대를 견고히 하는 중요한 축이다. 이재명은 인문학적 소양이 창작의 원천이자 그 자체로 문화예술의 중요한 자원임을 강조하며, 인문학 창작·출판 지원 범위와 규모를 대폭 확대하겠다고 밝힌다. 비판적 사고력, 창의력, 인문학적 소양을 키울 수 있는 인문학 교육을 활성화하겠다는 점은 문화의 깊이를 더하고 사회 전반의 지적 역량을 높이려는 그의 비전을 보여준다. 이재명은 김대중 전 대통령의 말을 인용한다. "21세기는 문화의 시대이며, 문화 산업은 21세기의 핵심 산업이 될 것이다." 선대들이 꿈꾸었던 문화 강국의 꿈을 현실로 만들 능력이 지금 우리에게 있음을 역설하는 이재명의 메시지는 문화가 단순한 여가 활동을 넘어 국가의 정체성과 미래를 결정하는 핵심 요소임을 다시금 일깨운다. 그의 문화 비전은 '진짜 대한민국'을 향한 강력한 소프트 파워 전략인 것이다.

도시, 삶의 터전이자 문화의 요람: 시민을 위한 생활 문화 공간

도시는 단순히 건물이 밀집된 공간을 넘어, 시민들의 삶이 영위되고 문화가 꽃피는 '생활 문화 공간'이어야 한다. 이재명은 수도권을 "세계를 선도하는 K-수도권, 국제 경제와 문화의 중심으로 우뚝 세우겠다."고 선언하며, 도시를 경제적 경쟁력뿐만 아니라 문화적 풍요로움이 공존하는 공간으로 만들겠다는 비전을 제시한다. 서울의 도시 문화, 인천의 해양 문화, 경기의 융합 문화가 글로벌 문화 수도의 토대가 될 것이라는 그의 인식은 도시가 가진 고유한 특성을 살려 문화적 시너지(synergy)를 창출하려는 실용적 접근을 보여준다.

이재명은 수도권을 세계적인 문화 수도로 만들기 위한 구체적인 방안들을 제시한다. 서울 상암, 도봉 등지에 'K-콘텐츠' 산업 인프라를 확충하고, 경기 파주, 고양, 판교, 부천 등지를 'K-콘텐츠' 산업의 세계 문화 콘텐츠 중심으로 도약시키겠다는 계획은 수도권이 이미 보유한 문화적 잠재력을 극대화하려는 의지를 담고 있다. 특히 인천항을 동북아 '모항 크루즈(cruise)' 기반으로 강화하고, 인천 영종도·청라에 영상 문화 복합 클러스터를 조성하여 인천항과 인천공항을 'K-콘텐츠' 산업과 국제 콘텐츠 교류의 관문으로 만들겠다는 구상은 물류와 문화가 결합된 새로운 형태의 도시 발전을 모색하는 것이다. 이는 도시의 물리적 인프라를 활용하여 문화적 가치를 창출하고, 이를 통해 도시의 경쟁력을 높이려는 실용주의적 시도이다.

또한 그는 서울, 경기, 인천의 마이스(Meeting, Incentive Travel, Convention, Exhibition, MICE) 산업 경쟁력을 높이고, 인천 송도 등에는 유엔(United Nations, UN) 산하기구를 비롯한 국제 기구를 유치하여 국제회의, 전시·관광·비즈니스가 어우러지는 글로벌 교류의 중심지로 육성하겠다고 밝힌다. 부산과 인천 두 곳에 해사 법원의 본원을 설치하고, 인천에 설치될 법원은 국제 해사 사건 전문 법원으로 특화 발전시키겠다는 계획은 도시의 전문성을 강화하여 국제적 위상을 높이려는 노력이다. 비무장지대(Demilitarized Zone, DMZ) 일대를 생태·관광 협력 지구로 개발하여, 남북 평화 교류의 실질적 기반을 마련하고, 의미와 즐거움을 동시에 추구하는 세계인들이 찾아오는 평화 관광 명소로 조성하겠다는 것은 도시 공간의 활용 범위를 확장하여 역사적 의미와 문화적 가치를 동시에 추구하려는 비전이다.

미래형 스마트 도시 구축과 생활 인프라 확충은 시민들의 삶의 질을 직접적으로 향상시키는 중요한 요소이다. 이재명은 1기 신도시(분당, 일산, 산본, 중동, 평촌)의 노후 인프라를 전면 재정비하여 도시 기능과 주거 품질을 함께 높이겠다고 약속한다. 수원, 용인, 안산과 인천 연수·구월 등 노후 계획도시 정비도 적극 지원하고, 서울의 노후 도심은 재개발·재건축 진입 장벽을 낮추고 용적률 상향과 분담금 완화를 추진하겠다는 방안은 도시 재생을 통해 시민들의 주거 환경을 개선하려는 실용적 접근이다. 교통이 편리한 제4기 스마트 신도시 개발을 준비하여 청년과 신혼부부 등 무주택자에게 쾌적하고 부담 가능한 주택을 공급하겠다는 계획은 주거 문제 해결을 통한 시민들의 안정적인 삶을 보장하려는 의지를 보여준다.

공공 청사와 유수지 등 유휴 국공유지를 공공 주택과 녹지, 생활 편의 시설이 어우러진 복합 공간으로 조성하겠다는 것은 도시 공간의 효율적 활용을 통해 시민들의 삶의 질을 높이려는 창의적인 발상이다. 지역 단절로 상권을 약화시키고 소음과 분진으로 피해를 주는 철도와 고속도로는 단계적으로 지하화하겠다는 공약은 도시 미관 개선과 시민 불편 해소를 동시에 추구하는 실용적 정책이다. 여러 지방자치단체를 관할하는 통합 교육 지원청은 소관 교육청과의 협의로 조속히 분리하여 교육 환경을 개선하고, 주민 건강을 책임지는 거점 공공 의료원을 확충하며 의료 인력을 확보하여 필수·응급(어린이, 산부인과) 의료 서비스를 강화하겠다는 점은 시민들의 삶에 직접적인 영향을 미치는 필수 인프라를 확충하려는 그의 노력을 보여준다.

마지막으로 수도권 주요 거점을 1시간 경제권으로 연결하겠다는 비전은 도시의 물리적 거리를 넘어선 유기적 연결을 강조한다. GTX-A·B·C 노선은 지연되지 않게 추진하고 수도권 외곽과 강원까지의 연장도 적극 지원해, GTX 소외 지역을 줄여갈 것이다. GTX-D·E·F 등 신규 노선은 지역 간 수요와 효율성을 고려해 단계적으로 추진하고, 경기도가 제안한 GTX 플러스 노선도 적극 검토할 것이다. 인천과 경기와 강원도를 경강선으로 연결하고, 경기도 북부 접경지까지 KTX(Korea Train eXpress)와 SRT(Super Rapid Train)를 연장 운행할 것이다. 강화에서 경기 북부와 강원 고성을 연결하는 동서 평화 고속화도로와 서울~연천 고속도로를 적극 추진해 남북 협력 시대를 대비할 것이다. 지자체의 주요 광역 교통 계획과 국책 사업을 유기적으로 연계해 촘촘한 교통망을 구축할 것이다. 서울·인천·경기가 각각의 장점을 최대화하고 수도권이라는 시너지로 융합될 때, 대한민국은 미래를 향해 달릴 수 있고, 대한민국이 세계를 주도할 수 있다. 서울의 글로벌 경제력, 경기의 첨단 산업력, 인천의 국제 물류 경쟁력을 하나로 묶어, 세계를 이끌고, 세계가 따르고 싶은 '국제 경제·문화 수도권'으로 도약할 것이다. 이재명의 비전은 도시가 시민들의 삶의 터전이자 동시에 문화와 경제의 요람으로 기능해야 한다는 그의 실용적 철학을 담고 있다.

실용적 지혜로 여는 대한민국의 미래

이재명의 교육과 문화에 대한 비전은 단순히 이상적인 청사진을 넘어, 현실의 문제를 직시하고 구체적인 해결 방안을 제시하는 실용적 지혜에 기반하고 있다. 교육은 국가의 백년대계로서 모든 국민에게 공정한 기회를 제공하고 미래 인재를 양성하는 데 초점을 맞추며, 문화는 'K-콘텐츠'의 성공을 발판 삼아 국가의 소프트 파워를 극대화하고 경제 성장을 견인하는 핵심 동력으로 자리매김하려 한다. 또한 도시는 시민들의 삶의 질을 높이는 생활 문화 공간이자 동시에 국제적인 경제·문화 허브로 기능하도록 유기적으로 발전시키겠다는 그의 구상은 교육, 문화, 도시가 서로 긴밀하게 연결되어 시너지를 창출하는 미래 대한민국을 그려낸다.

이처럼 이재명의 실용주의는 현실의 문제를 외면하지 않고 정면으로 돌파하려는 강한 의지를 보여준다. 특히 교육 정책에서 '서울대 10개 만들기'와 같은 파격적인 제안은 기존의 틀을 깨고 실질적인 변화를 이끌어내려는 그의 면모를 잘 드러낸다. 그러나 이러한 실용주의가 때로는 속도와 효율성을 지나치게 강조하여, 정책이 가져올 장기적인 사회적 파장이나 미처 고려하지 못한 부작용에 대한 섬세한 접근이 부족할 수 있다는 비판적 시각도 존재한다. 예를 들어, 대학 서열 완화라는 목표는 좋지만, 그 과정에서 발생할 수 있는 지역 대학 간의 과도한 경쟁이나 교육의 질적 하락 가능성에 대한 면밀한 검토와 보완책 마련이 필요하다. 문화 정책에 있어서도 'K-콘텐츠'의 산업적 성공에 집중하는 것은 바람직하나, 순수 예술이나 비주류 문화에 대한 지원이 자칫 소홀해질 수 있다는 점은 아쉬움으로 남는다. 진정한 문화 강국은 시장 논리를 넘어 다양한 예술적 시도와 인문학적 깊이가 공존할 때 비로소 완성되기 때문이다. 도시 정책 역시 '1시간 경제권'과 같은 효율성 증대는 환영할 만하지만, 이 과정에서 소외될 수 있는 지역의 특수성과 주민들의 삶의 질에 대한 세밀한 배려가 요구된다.

이재명의 강력한 추진력에 섬세한 공감과 포용의 리더십이 더해진다면, 그의 비전이 더욱 견고하고 지속 가능한 형태로 구현될 수 있을 것이다. 이는 단순한 정책을 넘어, 국민 개개인의 삶 속에 스며드는 진정한 변화를 이끌어낼 수 있는 길이다.

5 환경과 에너지: 기술 기반의 전환과 실질 대응

대한민국은 지금 중대한 기로에 서 있다. 기후 위기는 더 이상 먼 미래의 일이 아닌, 매일 마주하는 '일상 기후'가 되었다. 이재명의 연설문에 따르면, 해마다 극단적인 폭우와 가뭄, 산불로 인한 피해가 복구 불능 수준으로 늘고 있다. 이러한 현실 속에서 에너지 패러다임의 근본적인 전환 없이는 지속 가능한 미래를 담보할 수 없다.

대한민국 에너지 대전환: 미래를 향한 담대한 발걸음

국제에너지기구(IEA)의 2024년 기준 자료에 따르면 현재 대한민국의 에너지 구성은 원자력 31.7%, 석탄 28.1%, 액화천연가스(LNG) 28.1%, 재생에너지 9.5%, 신에너지 1%로 구성되어 있다. 이재명은 "경제 성장과 기후 대응의 대동맥, 에너지고속도로를 구축하겠습니다."라고 강조하며, 석탄과 액화천연가스(LNG) 비중을 줄이고 재생에너지 비율을 신속히 늘려야 한다고 역설했다. 이는 국제에너지기구(IEA) 자료에서 OECD 38개 회원국 중 우리나라의 재생에너지 발전 비중이 최하위 수준이라는 냉혹한 현실을 직시하고, 이를 극복하기 위한 강력한 의지를 표명한 것이다. 에너지 경쟁력이 곧 산업 경쟁력이라는 명제 아래, 기후 위기 대응과 지속 가능한 성장을 위한 재생에너지 확대는 더 이상 선택이 아닌 필수 과제이다.

이재명은 2030년까지 서해안 에너지고속도로를 건설하고, 20기가와트(GW) 규모의 남서해안 해상 풍력을 해상 전력망을 통해 주요 산업지대로 송전하며, 전국에 재생에너지 100%(RE100) 산업단지(Industrial Complex)를 확대하겠다는 구체적인 계획을 제시했다. 나아가 2040년 완공 목표로 'U'자형 한반도 에너지고속도로 건설을 시작하여 한반도 전역에 해상망을 구축함으로써, 호남과 영남의 전력망을 잇고 동해안의 해상 풍력까지 연결하는 새로운 에너지 패러다임을 만들겠다는 비전을 밝혔다. 이는 국내 기업들이 유럽연합(EU) 탄소국경조정제도(Carbon Border Adjustment Mechanism, CBAM)나 글로벌 기업에 적용되는 재생에너지 100%(RE100)에 제대로 대비하지 못하고, 전력망 부족으로 재생에너지 신규 보급조차 막힌 상황을 타개하기 위한 실질적인 해법이다.

기후 위기 대응 강국으로의 대전환: 대한민국 기후 에너지 산업이 넘어야 할 바위산

기후 위기는 인류 생존의 문제이다. 이재명은 "기후 위기는 모두의 생존 문제가 되고 있지만 시간이 갈수록 상황은 악화되고, 위기를 막을 시간도 줄어들고 있습니다."라고 경고하며, 대한민국의 기후 위기 대응 노력이 미흡했음을 인정했다. 글로벌 비영리단체 기후행동네트워크(Climate Action Network, CAN)가 2024년 11월 공개한 '기후변화 대응지수(Climate Change Performance Index, CCPI)'에서 우리나라는 67개국 중 63위, 산유국을 제외하면 사실상 꼴찌 수준이라는 불명예를 안고 있다. 이러한 오명을 벗고 기후 대응 강국으로 도약하기 위한 과감한 정책 전환이 시급하다.

이재명은 2030년 온실가스 감축 목표를 달성하고, 2035년 이후의 감축 로드맵도 빠르게 재정립하겠다고 약속했다. 또한 2028년 제33차 기후변화협약 당사국 총회(Conference of the Parties, COP33) 유치를 통해 환경 분야에서도 국제사회에 모범이 되는 'K-이니셔티브(K-Initiative)'를 만들겠다는 포부를 밝혔다. 이는 단순히 목표 달성을 넘어, 국제사회에서 대한민국의 리더십을 강화하고 기후 변화 대응의 선도 국가로 자리매김하겠다는 의지를 보여준다. 국민이 참여하는 탄소 감축 실천에 대해 확실한 인센티브를 제공하여, 기후 행동을 개인의 노력에만 맡기지 않고 국가적 차원에서 지원하겠다는 방침이다.

에너지 전환을 넘어선 전방위적인 기후 대응 또한 핵심 과제이다. 이재명은 대한민국을 탈플라스틱 선도 국가로 만들겠다는 비전을 제시하며, 국가 차원의 탈플라스틱 로드맵 수립을 강조했다. 그는 '알맹상점'과 같이 국민들이 자발적으로 만드는 순환 경제 거점 인프라를 지원하고, 중장기적으로 바이오플라스틱(Bioplastic) 산업을 전략적으로 육성하며, '소비자 수리권(Consumer Right to Repair)' 보장으로 생활 속 자원 순환 경제를 만들겠다고 밝혔다. 미세먼지 문제 해결을 위해 2040년까지 석탄 발전을 폐쇄하고, 전기차 보급 확대를 통해 미세먼지를 획기적으로 줄이며, 일본, 중국 등 주변국과의 국제 협력도 강화할 것이다.

또한 한반도 생물다양성 회복을 위해 산불 발생 지역 생물다양성 복원에 집중하고, 육지와 해양의 생물다양성 보호 구역을 단계적으로 확대하며, 국가생물다양성위원회의 기능을 대폭 강화하겠다는 계획을 제시했다. 이는 "지구는 미래 세대에게 빌려온 것"이라는 인식을 바탕으로, 우리 아이들과 미래 세대에게 건강한 환경을 물려주기 위한 약속이다.

에너지고속도로 시대: 기본소득과 기후 에너지 활용의 실현 가능성

에너지고속도로는 단순히 전력망을 연결하는 것을 넘어, 지역 균형 발전과 새로운 경제 성장의 동력을 창출하는 핵심 기반이 될 것이다. 이재명은 "지역에서 생산하고 지역에서 소비하는 분산형 에너지 체계를 만들겠습니다."라고 선언하며, 햇빛과 바람 에너지를 에너지 저장 장치(Energy Storage System, ESS), 그린수소(Green Hydrogen), 히트펌프(Heat Pump) 등과 연계하고, 인공지능(AI) 기반 지능형 전력망을 활용하여 에너지 자립 마을을 만들겠다고 밝혔다. 이는 전력 수요가 수도권에 집중된 기업들을 분산하여 유치하고, 에너지 편익 제공과 인센티브 강화를 통해 지역 경제를 활성화하겠다는 구상이다. 재생에너지 생산지와 대규모 산업 지역을 연결하여 전국에 '재생에너지 100%(RE100) 산업단지'를 조성함으로써, 기후 위기 대응과 경제 성장을 동시에 달성할 수 있는 기반을 마련할 것이다.

이재명은 재생에너지와 탄소 중립 산업을 대한민국 경제를 책임질 '제2의 반도체 산업'으로 육성하겠다는 강력한 의지를 표명했다. 2024년 기준 전 세계 에너지 부문 투자액은 무려 4,360조 원에 달하며, 이는 반도체와 자동차 시장을 합한 것보다 큰 규모이다. 이재명은 에너지고속도로를 마중물 삼아 재생에너지, 전력망, 에너지 저장 장치(ESS) 산업의 경쟁력을 키우고, 히트펌프, 그린수소 등 탄소 중립 산업을 전폭 지원하며 전기차, 이차전지 등 연계 산업에 집중적으로 투자하겠다는 구체적인 계획을 밝혔다. 나아가 에너지 산업을 지역 균형 발전의 핵심으로 키우고, 대한민국을 대표하는 산업으로 만들겠다는 포부도 드러냈다. 선박, 건설 중장비, 농기계 등의 전동화(Electrification)도 서둘러 대한민국 제조업의 지속 가능한 성장을 이끌겠다는 계획은 미래 산업 생태계 전반을 아우르는 포괄적인 비전을 담고 있다.

'햇빛·바람 연금' 확대는 이재명의 에너지 정책이 가져올 실질적인 혜택을 보여주는 대표적인 사례이다. 전남 신안군은 수년 전부터 태양광 발전소를 통해 주민들에게 총 220억 원을 배당했으며, 2032년이면 1인당 연 600만 원 배당도 가능할 것으로 예상된다. 이러한 성과 덕분에 신안군은 인구 소멸 위기 지역 중 유일하게 인구가 늘고 있다. 이재명은 이러한 '햇빛·바람 연금'을 전국으로 확대하여 주민 소득을 늘리고, 사람이 돌아오는 지역으로 만들겠다고 약속했다. 이는 에너지 전환이 단순히 환경 문제를 넘어 지역 소멸 위기를 극복하고 주민들의 삶의 질을 향상시키는 구체적인 방안이 될 수 있음을 보여준다.

김대중 대통령이 '정보화 고속도로'로 국제통화기금(IMF) 경제 위기를 극복했듯이, 이재명은 '에너지고속도로'로 세계를 주도하는 'K-이니셔티브' 시대를 열겠다는 강력한 의지를 표명했다. 지금은 이재명의 담대한 비전과 실천적 정책을 통해 대한민국이 진정한 지속 가능한 미래를 향해 나아갈 때이다.

안전한 K-원자력: 에너지고속도로의 심장

지금 대한민국은 거대한 전환의 한복판에 서 있다. 인공지능(AI)이 촉발한 산업혁명, 피할 수 없는 과제가 된 기후 위기, 그리고 나날이 치열해지는 글로벌 기술 패권 경쟁이 바로 그것이다. 이 거대한 파고를 넘기 위해 우리에게는 이념의 낡은 옷을 벗어 던지고 오직 국익과 국민의 삶을 기준으로 삼는 '실용주의' 정신이 절실하다. 특히 에너지 정책은 국가의 명운을 좌우하는 핵심 분야로, 더 이상 소모적인 논쟁에 머무를 시간이 없다.

이재명 정부의 에너지 정책은 한마디로 '실사구시(實事求是)'에 기반한 '총력전'이다. 재생에너지의 잠재력을 극대화하는 동시에, 원자력이 가진 막대한 가치를 정당하게 평가하고 국가 발전의 핵심 동력으로 삼는 것, 이것이 바로 우리가 나아갈 길이다. 원자력은 수출, 산업, 기후라는 세 마리 토끼를 동시에 잡을 수 있는 가장 현실적인 카드다. 이 글을 통해 이념의 안개를 걷어내고, 데이터와 현실에 기반한 원자력 정책이 어떻게 대한민국의 새로운 활로를 열어갈 것인지 명료하게 제시하고자 한다.

국민주권정부 원자력 정책: 실용주의가 곧 국익

국민주권정부의 정책은 이념이 아닌 국민의 이익을 최우선으로 삼는다. 반핵이나 탈핵이라는 가치는 정치적 공방과 공론화 과정을 거치며 이념성에서 나아가 실용성을 지니게 되었다. 이재명 실용주의 정부는 원자력 정책을 과학적 사실과 경제적 실리에 기반하여 국민이 공감할 수 있는 방향으로 추진할 것이다. 과거의 이념적 대립

구도에서 벗어나 원자력을 국가 성장과 국민의 삶을 위한 현실적 도구로 바라보는 대전환이 필요하다.

이러한 정책 기조는 "과학기술이 존중받고 과학기술인들을 우대했을 때 나라는 흥했다."는 이재명의 신념과 맞닿아 있다. 이 말은 바이오나 반도체뿐만 아니라, 세계 최고 수준의 기술력을 자랑하는 우리의 원자력 과학기술에도 똑같이 적용되어야 할 원칙이다. 정해진 답 대신 판을 바꾸는 '게임 체인저'가 되기 위해서는 창의력을 마음껏 발휘할 수 있는 연구 환경이 필수적이며, 이는 원자력 생태계의 복원과 발전을 통해 실현될 수 있다.

결국 정부의 가장 큰 책무는 국민에게 안전하고 깨끗하며 저렴한 에너지를 안정적으로 공급하는 것이다. 원자력은 이 책무를 수행하는 데 있어 가장 강력하고 효율적인 수단 중 하나임이 객관적인 데이터로 증명된다. 따라서 이재명 정부의 원자력 정책은 특정 이념에 경도되지 않고, 오직 과학적 안전성, 경제적 효율성, 그리고 기후 위기 대응이라는 실용적 가치를 기준으로 하여 국민적 합의를 바탕으로 추진될 것이다.

K-원전 수출: 제2의 반도체를 향한 도전

K-원전 수출은 침체된 국가 경제에 활력을 불어넣을 거대한 성장 동력이다. 세계 원전 시장은 2050년까지 국제에너지기구(International Energy Agency, IEA) 전망 기준 현재의 2.5배에 달하는 1,017GW 규모로 폭발적 성장이 예상되며, 이는 우리에게 엄청난 기회의 창을 열어주고 있다. 한수원(한국수력원자력)은 이미 서방권 원전 수요의 3분의 1 이상

을 수주하겠다는 담대한 목표를 세우고 뛰고 있다.

특히 미국과의 전략적 파트너십 구축은 K-원전 수출의 핵심 전략이 될 것이다. 미국은 정책적 의지에도 불구하고 제조 및 건설 산업 기반의 붕괴로 원전 건설에 어려움을 겪고 있으며, 이는 우리에게 절호의 기회다. 웨스팅하우스(WEC)와 한수원이 조인트벤처(Joint Venture, JV)를 설립하여 AP1000 또는 우리의 APR1400 노형 10기를 수주하는 방안은 최대 236조 원 규모의 거대 사업으로, 단순한 수출을 넘어 양국 원전 산업의 공동 재건을 이끄는 파트너십이 될 것이다.

이러한 대형 원전 수출의 경제적 파급 효과는 상상을 초월한다. 한국에너지경제연구원(KEEI)은 APR1400 4기 수출 시 생산 유발 효과 56조 7천억 원, 부가가치 21조 6천억 원, 그리고 15만 3천 명의 고용 유발 효과가 발생할 것으로 분석했다. 이는 단순히 대기업의 성과가 아니라, 수많은 중소·중견 부품·소재·장비 기업으로 이어지는 거대한 산업 생태계를 재건하고 양질의 일자리를 새롭게 창출하는 국가적 프로젝트임을 의미한다. 나아가 우리는 혁신형 소형모듈원자로(innovative Small Modular Reactor, i-SMR) 개발과 테라파워(TerraPower), ARC(Advanced Reactor Concepts) 등 4세대 원전 선도 기업과의 전략적 협력을 통해 미래 원전 시장의 주도권까지 확보해나갈 것이다.

무탄소 e벨트 구축: 에너지고속도로의 심장

이재명은 2030년까지 서해안 에너지고속도로를 건설하여 호남의 풍부한 재생에너지를 국가 경제의 새로운 동력으로 만들겠다고 약속했다. 하지만 이 위대한 비전은 현재 송전망 포화라는 현실적 장벽에 부딪혀 있으며, 전남 지역에서만 5GW 이상의 재생에너지 설비가 계통 접속을 무한정 기다리고 있는 실정이다. '무탄소 e벨트' 구상은 바로 이 문제를 해결하고, 원자력과 재생에너지가 상생하는 길을 여는 실용적 해법이다.

서해안의 경우, 한빛원전의 전력 2GW를 활용해 아시아·태평양(APAC) 지역의 허브가 될 대규모 AI 데이터 센터나 그린수소 생산 공장을 지역에 직접 유치하는 전략을 추진한다. 원전의 막대한 전력을 지역 내 신산업에 곧바로 공급함으로써 수도권으로 향하는 송전망의 부하를 덜어주는 것이다. 이렇게 확보된 송전 용량의 여유는 접속을 기다리던 수많은 재생에너지 발전소들을 즉시 계통에 연결할 수 있게 만들어, 이재명이 약속한 '에너지고속도로'의 혈맥을 뚫는 결정적 역할을 하게 된다.

동해안에서는 인근 원자력발전소의 값싼 전기를 철강, 화학 등 국가 기간산업에 직접 공급하는 '원전 PPA(Power Purchase Agreement, 전력 구매 계약)'를 추진한다. 이는 유럽연합(EU)의 탄소국경조정제도(CCBAM)와 같은 거대한 무역 장벽 앞에서 우리 기업의 가격 경쟁력을 지켜주는 방패가 될 것이다. 나아가 전기로와 수소환원제철 같은 녹색 기술로의 전환을 촉진하여, 대한민국 산업의 체질을 근본적으로 바꾸는 기폭제가 될 수 있다. 이처럼 원자력은 재생에너지를 가로막는 장애물을 제거하고, 산업의 녹색 전환을 이끄는 가장 현실적인 '솔루션'이다.

원자력, 국가 NDC 달성의 현실적 주춧돌

대한민국은 2030년까지 2018년 대비 온실가스 배출량을 40% 감축해야 하는 국가결정기여(Nationally Determined Contribution, NDC) 목표를 국제사회에 약속했다. AI 시대의 폭발적인 전력 수요 증가와 2036년까지 설계 수명이 다하는 석탄화력발전소 폐쇄를 고려할 때, 이 목표 달성은 그야말로 '발등의 불'이다. 감상적인 구호나 비현실적인 계획만으로는 결코 이룰 수 없으며, 대규모 무탄소 전원의 확보가 절대적으로 필요하다.

원자력은 NDC 달성을 위한 가장 현실적인 주춧돌이다. 정부는 운영 허가 만료 예정인 원전 14기(12.45GW)의 계속 운전을 추진하고, 현재 건설 중인 원전 4기(5.6GW)를 적기에 준공하며, 신규 원전 2기(2.8GW) 건설을 통해 총 20.85GW에 달하는 고밀도 무탄소 기저 전원을 확보할 계획이다. 이는 약 21GW의 전력이 필요한 용인 반도체 클러스터의 전력 수요를 감당하고, 석탄발전을 대체하여 연간 1억 2천만 톤의 이산화탄소를 감축하는 엄청난 효과를 가져온다.

미래를 위한 준비도 소홀히 할 수 없다. 차세대 에너지원으로 주목받는 혁신형 소형모듈원자로(i-SMR)는 2028년까지 표준 설계를 획득하고, 2030년대 초 실증로 건설에 착수할 것이다. 특히 i-SMR은 기존 석탄발전소 부지를 활용하여 건설할 수 있어 송전망과 인력을 그대로 활용하며, 지역의 순조로운 에너지 전환을 이끌 수 있다는 큰 장점이 있다. 이처럼 대형 원전과 SMR을 조합하는 합리적인 전략을 통해, 우리는 국가 NDC 목표를 안정적으로 달성하고 진정한 탄소 중립 사회로 나아갈 수 있다.

RE100과 CF100의 공존: K-산업의 새로운 활로

글로벌 시장에서 우리 기업들은 RE100(Renewable Energy 100)이라는 거센 요구에 직면해 있다. RE100은 기업이 사용하는 전력의 100%를 태양광, 풍력 등 재생에너지로 충당하자는 민간 캠페인이다. 그러나 국토가 좁고, 재생에너지의 간헐성이 큰 대한민국에서 모든 산업이 RE100을 달성하는 것은 현실적으로 엄청난 비용과 사회적 갈등을 유발할 수 있다.

여기서 우리는 더 현명하고 포용적인 대안인 CF100(Carbon Free 100)에 주목해야 한다. CF100은 재생에너지는 물론, 원자력과 그린수소 등 탄소 배출이 없는 모든 에너지원을 포괄하여 24시간 365일 무탄소 전력을 공급하자는 개념이다. 이는 변덕스러운 재생에너지의 단점을 24시간 안정적으로 가동되는 원자력이 완벽하게 보완해주는 가장 이상적인 조합으로, 우리 산업계에 훨씬 유리하고 현실적인 목표다.

따라서 이재명 정부의 전략은 명확하다. RE100을 추구하는 기업들의 노력을 존중하고 지원하되, 국가 차원에서는 우리의 강점인 원자력을 포함하는 CF100이 글로벌 표준이 되도록 외교적 노력을 펼치는 '투 트랙 전략'을 구사하는 것이다. 이는 "에너지 경쟁력이 곧 산업 경쟁력"이며, "재생에너지와 탄소 중립 산업을 대한민국 경제를 책임질 제2의 반도체 산업으로 만들겠다."는 이재명의 비전과 정확히 일치한다. 원자력을 지렛대로 CF100 시대를 선도할 때, K-산업은 누구도 넘볼 수 없는 경쟁력을 갖추고 세계 시장을 주도하게 될 것이다.

6. 디지털·AI 정책: 미래 대비형 스마트 정부

지금 대한민국 경제의 심장인 반도체가 위기 상황에 있다. 글로벌 공급망(Global Supply Chain)의 불안과 인공지능(AI) 반도체 경쟁 격화라는 이중의 파도에 흔들리고 있다. 이재명은 "반도체를 지키는 것은 우리의 미래를 지키는 것"이라고 단언한다. 이는 단순한 산업 정책을 넘어, AI 반도체는 대한민국의 미래를 지키는 전략 산업이며, 국가의 명운 및 생존과도 관련되어 있다는 실용주의적 선언이다.

위기 속 기회, AI 반도체 초격차 국가로의 재도약

대한민국 반도체는 국가 경제의 핵심 동력이자 자부심이다. 2024년 기준, 반도체는 우리나라 전체 수출액의 20%를 차지하며 경제를 이끌었다. 그러나 지금 그 위상이 흔들리고 있으며, 이는 곧 대한민국의 미래가 위협받고 있다는 의미다. 이재명은 현재의 위기를 냉철하게 진단하고, 이를 압도적 기술 격차를 확보할 재도약의 기회로 삼아야 한다고 강조한다.

위기 극복의 첫걸음은 국가 차원의 신속하고 과감한 결단이다. 미국, 일본, 유럽연합(EU) 등 경쟁국들은 이미 국가적 역량을 총동원해 자국 반도체 산업을 전폭적으로 지원하고 있다. 이재명이 '반도체특별법'의 신속한 제정을 최우선 과제로 내세운 것은 바로 이러한 글로벌 전쟁에 대응하기 위한 실용적 해법이며, 기업이 불필요한 규제에 발목 잡히지 않고 오직 기술 개발과 생산에만 전념할 환경을 만들겠다는 국가의 확고한 의지 표명이다.

반도체 강국의 길, 인재와 기업이 돌아오는 나라

반도체 산업은 막대한 자본과 최고 수준의 인재가 핵심인 기술 집약적 전쟁터다. 한번 뒤처지면 격차를 따라잡기 어려운 특성 때문에, 정부가 선제적으로 길을 열고 기업이 마음껏 달릴 수 있는 환경을 조성해야 한다. 이재명은 최대 10%의 생산세액공제와 같은 파격적인 세제 혜택을 통해 기업의 투자 부담을 덜어주고, 해외로 나갔던 기업들이 다시 돌아오는 '리쇼어링(reshoring)'을 유도하여 국내 공급망 생태계를 강화하는 정책을 제시한다.

또한, 미래 반도체 경쟁력은 재생에너지 확보에 달려 있다. 글로벌 기업들은 이제 'RE100'을 충족하지 못하는 기업과는 거래하지 않으려 한다. 이재명이 '서해안 에너지고속도로' 건설과 '용인 반도체 클러스터'의 신속한 조성을 약속한 것은, 우리 기업이 RE100을 달성하고 세계 최고의 '스마트 그린 반도체 단지'에서 초격차 기술을 실현하도록 만들기 위한 구체적인 청사진이다.

궁극적으로 기술 패권은 사람에게서 나온다. 메모리 반도체의 우위를 지키는 동시에 시스템 반도체와 파운드리(foundry) 분야에서 경쟁력을 확보하려면 압도적인 인재가 필요하다. 이재명은 반도체 대학원 설립 지원과 연구개발(R&D)에 대한 전폭적인 투자를 통해, 위기를 기회로 만드는 '위대한 기업'을 뒷받침할 인재 인프라를 구축하는 것이 국가의 핵심 책무임을 분명히 하고 있다. 사람과 기업이 모여드는 반도체 생태계를 구축하는 것이 그것이다.

삼성과 테슬라의 동맹, 실용주의의 첫 단추

비전은 구체적인 성과로 증명될 때 비로소 힘을 얻는다. 최근 삼성전자가 테슬라와 체결한 약 23조 원 규모의 차세대 AI 칩 'AI 6' 공급 계약은 이재명이 추구하는 실용주의의 열매이자 앞으로 나아갈 방향을 명확히 보여준다. 이는 단순한 기업 간의 계약을 넘어, 대한민국 반도체 산업의 잠재력과 미래 가치를 전 세계에 입증한 역사적인 사건이다.

이 계약은 미래 산업의 핵심이 AI 반도체에 있음을 보여주는 상징이기도 하다. 테슬라의 완전자율주행(Full Self-Driving, FSD)과 휴머노이드(humanoid) 로봇 '옵티머스(Optimus)'를 구현할 이 칩은, 삼성의 최첨단 2나노 게이트올어라운드(Gate-All-Around, GAA) 공정에서 생산된다. 이는 대한민국의 기술력이 미래 모빌리티와 로봇 시대의 심장을 책임지게 된다는 것을 의미하며, 이재명이 강조한 압도적 초격차 기술 확보의 중요성을 현실로 증명하는 사례다.

일론 머스크(Elon Musk)가 계약 규모가 최소 금액에 불과하다고 언급한 점은 시사하는 바가 크다. 이는 자동차를 넘어 로봇, 항공우주 등 AI 기술이 적용될 모든 미래 산업에서 대한민국 반도체의 역할이 폭발적으로 증가할 것임을 암시한다. 국가가 기업의 혁신을 가로막는 장애물을 치우고, 기술 개발과 투자를 위한 판을 깔아줄 때, 우리 기업들이 세계 무대에서 어떤 성과를 낼 수 있는지 삼성과 테슬라의 동맹이 웅변하고 있다.

 반도체는 더 이상 하나의 산업이 아니다. 그것은 우리의 일자리, 우리의 경제, 그리고 대한민국의 미래 그 자체다. 이재명이 제시하는 반도체 정책은 위기를 돌파하고 미래를 선점하기 위한 가장 현실적이고 강력한 로드맵이다. 이제는 망설일 시간이 없다. 과감한 국가 지원과 선제적 투자를 통해 대한민국을 다시 한번 위대한 반도체 강국의 반열에 올려놓아야 한다.

7 지역 균형 발전: 행정의 분산과 지역 맞춤형 전략

 지금 대한민국은 수도권이라는 하나의 심장으로 겨우 버티고 있다. 수도권은 사람이 미어터져 죽을 지경이고, 지방은 사람이 없어 소멸을 걱정하는 기형적 현실. 이재명은 이것이 '마치 일종의 암'과 같다고 진단하며 지방 소멸을 넘어, 대한민국 전체의 균형 발전의 길을 추구한다. 그는 국토 균형 발전이 더는 지방에 대한 배려가 아니라 "대한민국이 지속적으로 성장, 발전하기 위한 피할 수 없는 국가 전략"이라고 단언했다. 이는 위기의 대한민국을 구하고, 모든 국민이 함께 잘 사는 나라를 만들기 위한 실용주의적 대안 제시다.

지방 소멸 시대, 생존 전략으로서의 균형 발전

　대한민국이 수도권 과밀과 지방 소멸이라는 구조적 위기로 서서히 무너지고 있다. 한쪽에서는 아파트 1평에 3억 원을 호가하지만, 다른 쪽에서는 빈집이 늘어나며 공동체가 붕괴하는 현실은 더 이상 방치할 수 없는 국가적 재앙이다. 이재명은 "국토가 균형적으로 발전해야 지속적으로 성장, 발전이 가능하다."고 진단하며, 균형 발전이야말로 대한민국의 미래를 위한 유일한 생존 전략임을 분명히 한다.

　이는 단순히 수도권의 기능을 지방으로 나누는 차원을 넘어선다. 각 지역이 가진 고유의 잠재력과 자산을 극대화하여 스스로 성장 동력을 만들고, 이것이 대한민국 전체의 새로운 활력으로 이어지게 하는 선순환 구조를 만들겠다는 것이다. 부산·울산·경남이 가진 제조업과 항만의 저력을 '부울경 메가시티'라는 거대한 비전으로 묶어내고, 이를 통해 사라진 일자리를 복원하고 떠나간 청년들을 다시 불러 모으겠다는 약속은 균형 발전에 대한 그의 실용적 철학을 명확히 보여준다.

지방 강국을 향한 길, 실현 가능한 약속

　국민의 삶을 바꾸는 진정한 정치는 실현 가능한 약속을 하고, 그것을 반드시 지켜내는 책임감에서 시작된다. 국민은 정치인의 화려한 말이 아니라, 약속 이행이라는 결과로 평가한다. 이재명은 산업은행 부산 이전과 같이 실현 가능성이 낮은 공약으로 국민을 기만하기보다, 약속 이행률 95%가 증명하듯 현실적인 대안을 제시하고 성과로 신뢰를 쌓는 길을 택한다. 이재명의 약속의 정치는 표심을 얻기 위한 언어에 그치지 않고 불가능을 가능으로 만드는 실용의 힘으로 믿을 만한 보증 수표가 된다.

그는 성남시장 시절, 10년 넘게 모든 정치인이 공약했지만 불가능하다고 여겼던 고속화도로 지중화 약속을 '지상 공원화'라는 창의적 해법으로 지켜낸 경험을 이야기한다. 불가능한 약속을 한 것에 대해 솔직히 사과하면서도, 어떻게든 대안을 찾아 결과를 만들어내는 그의 방식은 '없는 길을 만들어 희망을 만드는 것이 정치'라는 신념의 증거다. '행동하지 않는 양심은 악의 편'이라는 김대중 대통령의 말을 인용하며, 그는 말뿐인 정치를 끝내고 국민이 체감할 수 있는 변화를 만들어내는 것이야말로 진정한 실용적 실천임을 강조한다.

실용주의의 담대한 첫걸음, 해양 수도 부산

이재명이 제시하는 균형 발전의 구체적 청사진은 '부울경 메가시티'를 글로벌 물류와 산업 중심의 해양 수도로 만드는 것에서 시작되었고, 그 첫 단추는 해양수산부의 부산 이전이었다. 이는 단순히 공공 기관 하나를 옮기는 것이 아니라, 대한민국의 미래 먹거리가 달린 북극 항로 시대를 선점하고, 가덕도 신공항과 대륙철도를 잇는 '트라이포트'를 완성해 부산을 명실상부한 해양 강국의 심장으로 만들겠다는 담대한 전략이다.

그는 여기서 멈추지 않고, 대한민국 최대 해운사인 HMM 본사 이전 추진이라는 과감한 실행 계획을 더한다. 민간 회사 이전이 어렵다는 현실적 한계를 인정하면서도, 정부 지분을 활용해 반드시 성사시키겠다는 의지를 보인다. 이것이 바로 불가능한 약속으로 희망 고문하는 대신, 실현 가능한 대안으로 구체적인 미래를 제시하는 이재명식 실용주의다. 이 약속들이 실현될 때, 부산·울산·경남은 청년이 돌아오는 좋은 일자리와 혁신 산업이 넘치는 동북아 대표 광역 경제권으로 도약하며 대한민국 제2의 수도로서 위상을 되찾을 것이다. 부울경 메가시티는 대한민국 해양 수도를 향한 전략적 방향을 향한 첫걸음인 셈이다.

지방 소멸은 먼 미래의 경고가 아닌, 지금 우리 눈앞의 현실이다. 이 위기를 극복하지 못하면 대한민국의 미래는 없다. 이재명이 제시하는 균형 발전 정책은 지역에 대한 시혜가 아닌, 대한민국 전체를 살리기 위한 절박한 생존 전략이다. 실현 가능한 약속을 하고, 반드시 성과로 증명하는 그의 실용주의 리더십이 분열과 대립을 넘어, 모두가 함께 잘 사는 '진짜 대한민국'을 만드는 초석이 될 것이다.

8 이재명의 국익 중심 실용주의 외교

이재명의 외교는 이재명 실용주의가 가장 명료하게 드러나는 영역이다. 실용주의 외교란 말은 외교 성과를 포장하기 위한 화장품이 아니다. 이는 이재명의 견고한 외교 철학으로서 외교적 교섭과 준비 과정에서부터 실행되는 원리였고, 변화하는 상황과 위기 돌파를 해내는 구체적 전략으로 구사되었다. 이재명은 국익을 외교의 절대 기준으로 삼고 내란과 계엄 사태로 국제적 고립 위기에 처한 대한민국을 다시 세계 무대로 복귀하게 했다.

외교란 원칙만으로는 움직이지 않는다. 현실적 상황과 상호 이해관계를 종합하여 파악하는 감각과 분석력, 당당하되 품격 있는 태도로 협상 현장을 주도하는 지도자의 역량이 무엇보다 중요하다. 이재명 대통령은 바로 이 점에서 탁월했다. 그는 이념이나 정치 체제, 과거의 기억이나 민족 감정, 진영 논리나 명분 중심의 추상성을 과감히 벗어던지고, 오롯이 국민의 안전과 경제적 번영이라는 실질적 국익을 중심에 두었다. 그의 국익 중심 실용주의 외교는 구체적 성과로 이어지고 있다.

G7 정상회의 참가: 외교 관계 복원

2025년 6월 17일, 캐나다에서 열린 주요 7개국(G7) 정상회의는 이재명 대통령의 첫 번째 국제무대였다. 내란과 계엄으로 신뢰가 무너졌던 한국은 한때 고립의 위기에 놓였다. 그러나 이재명 대통령은 세계 정상들과 나란히 선 자리에서 국격 회복과 외교 복원의 시작을 알렸다. 그는 그곳에서 주요국 지도자들과 어깨를 나란히 하며 교류했다. 단순히 회의에 참석하는 데 그치지 않고 기후 위기 대응, 디지털 전환, 국제 공급망 안정 등 지구촌 현안(agenda)에 적극적으로 발언하며 한국의 잠재력과 실질적인 기여 가능성을 보여주었다. 특히 그는 '국제사회에서 한국은 신뢰할 수 있는 파트너'라는 점을 강조하면서 G7의 단순한 참여자가 아닌 의제 제안자로서 자리매김했다.

정상들과의 양자 회담에서도 그의 실용적 태도는 돋보였다. 독일과는 수소 경제 협력 강화를, 프랑스와는 차세대 원전 안전 기술 공동 연구를 제안했고, 영국과는 디지털 금융 규제 협력을 논의했다. 이는 모호한 호혜적 관계 시도를 넘어 곧바로 산업 현장과 연결되는 실질적 성과로 이어질 수 있는 주제들이었다. 그의 당당한 태도와 밝은 표정은 한국 외교가 다시 돌아왔음을 알리는 상징적 장면이었고, 국제 언론은 이를 '한국 외교의 재출발'이라고 평가했다.

대미 관세 협상: 위기 돌파의 시험대

이재명 대통령의 외교에서 가장 중요한 시험대는 미국과의 관세 협상이었다. 미국은 자국 산업 보호를 위해 고율의 관세 정책을 밀어붙이고 있었고, 한국은 반도체와 전기차, 조선 등 핵심 산업이 직격탄을 맞을 위기에 처했다. 이재명 정부는 처음부터 '감정적 대응은 배제하고 국익만을 기준으로 협상한다.'는 원칙을 세웠다.

2025년 여름에 진행된 협상 과정은 치열했다. 미국은 자국 내 고용 창출과 무역 적자 개선을 강조했고, 한국은 글로벌 공급망 안정과 상호 의존성을 부각시켰다. 이재명 대통령은 협상 전부터 업계 대표, 경제 전문가들과 수십 차례 회의를 열어 산업별 피해 규모와 대안 시나리오를 꼼꼼히 검토했다. 협상 테이블에서는 한국이 미국 산업 발전에 기여할 수 있는 적실한 '파트너'라는 점을 강조했다.

결국 합의의 핵심은 3,500억 달러 규모의 공동 펀드 조성이었다. 이 중 2,000억 달러는 반도체·2차전지·바이오 산업 협력에 배정되어 양국 기업이 공동 연구와 투자를 추진하는 토대가 되었다. 특히 한국 기업들은 미국 내 생산 기지를 확충하는 대신, 안정적인 세제 혜택과 규제 완화를 보장받았다. 나머지 1,500억 달러는 조선 전용 펀드로, 한국 조선업이 친환경·스마트 선박 분야에서 세계 표준을 주도할 수 있는 발판이 되었다. 미국은 쇠퇴한 자국 조선업의 재건을, 한국은 세계 조선 강국으로의 재도약을 동시에 이뤄내는 호혜적 구조가 마련된 것이다.

이 협상은 단순한 관세 문제 해결을 넘어, 한미동맹을 군사 안보에서 경제·산업·기술 동맹으로 확장시켰다. 협상 현장에서 이재명 대통령이 보여준 냉정한 분석력과 당당한 태도는 미국 측 협상가들에게 깊은 인상을 남겼다. 언론은 그를 '데이터와 국익으로 무장한 협상가'라고 평가했다. 이는 실용주의 외교가 세련된 이미지를 보여주고 다정한 관계를 만드는 일을 넘어 구체적 국익을 획득해가는 과정임을 입증한 장면이었다.

베트남과의 실용적 협력 파트너십 구축

2025년 8월 10~13일에 이루어진 럼(To Lam) 베트남 당서기장의 방한은 상징적 의미가 크다. 내란 이후 한국을 찾은 첫 외국 정상이라는 점과 향후 전개될 실용주의 외교의 방향을 보여준다는 점에서 주목할 만하다. 이재명 대통령은 회담에서 "과거는 기억하되 미래를 향해 나아가자."는 메시지를 전했다. 한국과 베트남은 과거 베트남 전쟁의 아픔을 공유하고 있고, 이념 체제도 다르다. 하지만 이번 만남은 상호 실용적인 협력과 미래 지향적 파트너십을 중심에 두었다.

양국은 2030년까지 교역액 1,500억 달러 달성을 공동 목표로 제시했다. 특히 원전·고속철·스마트 시티 건설 등 대형 프로젝트 협력은 베트남의 경제 발전과 한국 기업의 해외 진출을 동시에 촉진할 수 있는 구체적 성과였다. 럼 서기장이 부산항 스마트 운영 시스템을 둘러본 장면은 양국의 물류·해운 협력 확대 가능성을 열어젖힌 계기가 되었다.

베트남은 아시아의 중심 국가로서 미국과 중국 사이에서 균형을 잡으려는 전략을 취하고 있다. 이재명 대통령은 이를 기회로 삼아 한국이 아시아 시장 진출의 전초 기지를 확보하도록 했다. 그는 베트남을 단순한 투자 대상국이 아니라 공동 성장의 파트너로 규정하며, 한국의 기술력과 베트남의 인구·노동력을 결합하는 구체적 협력 모델을 제시했다. 이는 이재명 실용주의 외교가 추상적 화해 담론을 선전하는 데 열중하는 것이 아니라 상호 이익의 구체적인 교환과 미래 지향적 거래를 통해 구체화된다는 점을 잘 보여준다.

한일 정상회담: 실용적 선택의 신호탄

내란과 계엄 사태는 한일 관계에도 큰 충격파를 안겨주었다. 전임 정부의 친일적 태도에 대한 국민적 반감은 컸고, 따라서 한미일 협력 체제가 약화되거나 사실상 와해되리라고 예상했다. 이런 상황에서 이재명 대통령은 미국 방문 여정에 앞서 8월 23일, 일본 도쿄를 들러 이시바 시게루(石破茂) 총리와 정상회담을 가졌다. 이는 국민 여론을 감안할 때 정치적으로 부담이 큰 선택이었으나 그는 국익을 위해 과감히 결단했다. 정상회담에서 양국은 과거사 갈등의 악순환을 멈추고 실질 협력을 이어가기로 합의했다. 구체적으로는 반도체 소재와 부품 공급망 안정, 북핵 문제 공동 대응, 한일 청년 교류 확대 등이 논의되었다.

특히 이재명 대통령은 한일 협력을 미국과의 정상회담 전에 조율함으로써 한미일 삼각 협력 복원의 기반을 먼저 마련했다. 이는 트럼프와의 회담을 앞두고 협상의 순서를 전략적으로 설계한 결과였다. 국내 언론은 이를 두고 '국익을 위해 불편한 진실과 마주한 결단'이라고 평가했다. 한일 관계 개선은 단순한 외교 이벤트가 아니라, 한국의 국제적 신뢰 회복과 경제 안보 협력 확대를 위한 필수 조건이었다. 이 회담은 실용주의 외교란 때로는 정치적 부담을 감수하는 용기에서 비롯된다는 점과 상식을 뛰어넘는 과감한 실용적 선택이 가장 강력한 동력이 된다는 점을 확실하게 보여주었다.

한미 정상회담: 피스메이커를 만드는 페이스메이커

2025년 8월 25일, 트럼프 대통령과의 정상회담은 이재명 외교의 정점이었다. 회담 전부터 트럼프는 SNS를 통해 돌발적 메시지를 쏟아내며 긴장감을 높였다. 회담 시작 시간도 지연되었다. 하지만 이재명 대통령은 흔들리지 않았다. 그는 오히려 이 상황을 활용해 회담의 주도권을 쥐었다.

회담이 시작되자, 이재명 대통령은 당당한 미소와 절제된 언어로 대화를 이끌었다. 특히 "트럼프 대통령이 피스메이커라면 나는 페이스메이커가 되겠다."는 발언으로 회담장을 웃음으로 물들이며 누적된 긴장감을 해소하고 순식간에 협력의 분위기로 바꿨다. 트럼프는 크게 웃으며 이재명을 '위대한 지도자'라고 화답했고, 이는 언론의 헤드라인이 되었다.

  오찬 회동 시간에 양국 간 민감한 사안이었던 주한미군 감축 문제나 농축산물 시장 개방 등의 사안은 논의조차 되지 않았다. 대신 양 정상은 에너지 협력, 인공지능 기술 교류, 글로벌 금융 규제 공조 등 새로운 협력 의제를 집중적으로 다뤘다. 이재명 대통령은 트럼프 대통령이 지구촌 피스메이커 역할을 잘하고 있다고 칭찬하며 북미 대화를 제안했고, 트럼프는 김정은과의 대화 재개 의사를 표명했다. 이는 한반도 평화 프로세스를 실용적 틀 안에서 재가동하려는 지혜로운 시도로 평가되고 있다.

  회담은 예정 시간을 넘겨 화기애애한 분위기에서 진행되었고, 이후 이어진 오찬 자리에서 트럼프는 한국의 기술력과 문화적 영향력에 깊은 관심을 보였다. 그는 한국 여성 골퍼들의 성공 비결까지 질문하며 대화를 이어갔고, 이재명 대통령은 유머러스하면서도 차분한 답변으로 신뢰를 구축했다. 회담 말미에 트럼프는 직접 "당신은 전사이며, 미국의 완전한 지원을 받을 것"이라는 메시지를 써서 이재명에게 전달했다. 이는 두 정상 간 신뢰 관계가 형성되어 가고 있음을 보여주는 구체적 증거였다.

  국내에서는 국민들이 안도감을 느꼈고, 국제 언론은 그를 '위기를 기회로 전환한 전략가'라고 호평했다. 특히 트럼프의 스타일과 기대 심리를 미리 파악하여 피스메이커 전략을 구사한 것은 정확히 적중했다. 초긴장 상태의 난관에서도 미소와 당당함을 잃지 않고 겸허하게 대화의 주도권을 확보한 외교적 역량도 크게 돋보였다. 돌발 상황과 불확실성 속에서 그의 실용주의 외교는 국익을 지켜내고 위기를 돌파하는 강력한 힘으로 작용했다.

외교는 추상적인 담론이 아니라 국익을 지켜내고 국민의 안전 확보와 먹고사는 문제를 해결하는 구체적인 행위여야 한다. 집권 초기부터 일관되어 온 이재명의 실용 외교는 여러 불확실성과 민감성을 해소하고 장기적인 외교 전략의 기둥을 단기간에 구축해내었다. 이재명 정부는 "앞으로도 국익 중심 실용 외교를 항상 최우선 원칙으로 삼겠다."고 거듭 국민 앞에 약속한다. 나아가 보다 치밀한 전략과 담대한 비전으로 중국, 북한, 러시아 등 주변국과의 관계를 국익의 관점에서 재정립하고, 지구촌 남반부(Global South) 국가들과의 협력 지평도 넓혀나갈 것이다.

이재명 정부의 실용주의 정책 의지는 확고하고도 선명하다. 그리고 다음과 같은 실용주의 수행 역량을 지니고 있다.

① 체계적이고 구체적인 정책 설계 능력

구체적이고 체계적인 국가 설계도를 작성하며, 정책의 세부 구조까지 정밀하게 설계할 수 있는 능력을 갖추고 있다. 또한 자료를 투명하게 공개하고 국민의 점검과 평가를 받고자 하는 열린 태도를 겸하고 있다.

② 가치 지향의 명료성

국가 운영의 최종 목표를 국민의 삶 개선과 국익 증진으로 명확히 설정하여 모든 정책이 일관된 방향성을 유지하도록 한다.

③ 전략적 일관성

국가 비전 → 전략 정책 → 조직 설계 → 정책 기획 → 실행력이라는 일관된 정책 추진 구조를 구축해, 계획과 집행의 단절을 최소화하고 있다. 이는 실행 중심의 국가 조직으로의 체질 변화를 예고한다.

④ 민첩한 조율과 대응력

내적·외적 환경의 변화와 다양한 변수를 빠르게 감지하고, 이에 맞춰 정책과 추진 방법과 속도를 신속하게 조정할 수 있는 유연성을 보유하고 있다. 그때마다 대응 상황을 공개하고 국민들과 전문가들에게 지원과 지혜를 요청한다. 무엇보다도 현장에서 발생하는 긴급 상황과 위기 요소를 지혜롭게 해결하는 돌파력을 지니고 있다.

⑤ 정교한 행정력과 실행 중심 리더십

행정 집행 과정에서 높은 숙련도와 세밀한 조율 능력을 발휘하여, 정책 추진의 효능과 가시적 성과를 빠르게 실현하는 감각이 뛰어나다.

아직은 이재명 실용주의에 대한 종합적인 평가가 이루어질 만한 시점은 아니다. 앞으로의 실행 과정과 검증되는 성과들이 축적되면 보다 객관적이고 입체적인 평가가 가능할 것이다. 분명한 것은 이재명 실용주의는 문제 해결과 가시적 변화라는 성과로써 자신의 존재를 입증하려 하고 있으며, 이에 대한 평가를 주권자 국민으로부터 직접 받기로 작심했다는 점이다. 모든 계획들을 투명하게 공개하고 국민에게 평가받으려는 이 기조는 매우 새롭고 도전적이다. 정부의 자신감이 엿보이기도 한다. 그래서 국민들은 생경하면서도 즐겁다.

"뜻을 굽히지 말되,
 유연하게 움직여라."
- 공자(孔子)

"문제를 해결하는 것은
 지혜이며,
 지혜는 시대를
 넘어 빛난다."
- 소포클레스(Sophokles)

6장

4 이재명 실용주의가 던져야 할 근원적인 물음들
3 이재명 실용주의 정부의 성공을 위한 열 가지 제언
2 국민통합정부의 통합 정책을 위한 일곱 가지 지혜
1 국민주권정부의 성공의 척도

진짜 대한민국을 세우는 새로운 정치 이정표

모든 현자들이 말하듯, 본질적 소명에 충실하는 것 자체가 이미 성공이다. 그리고 그 소명을 지혜롭게 실현하는 자만이 진정한 변화를 이끌 수 있다. 뜻을 굽히지 않으면서도 유연하게 상황에 대응하는 지혜야말로 문제 해결의 핵심이다. 이재명 실용주의가 던지는 새로운 정치 이정표는 바로 이 같은 소명과 지혜, 그리고 유연성 위에 세워진다. 지난 대통령 선거에서 이재명 캠프는 '진짜 대한민국'을 슬로건으로 삼았다. 이 평범한 표현 속에 이재명 실용주의의 큰 그림이 담겨 있다. 여기서 '진짜'의 의미는 지금 대한민국이 가짜라는 어법이 아니다. 주권자 국민들이 바라고 우리나라의 잠재력을 최대화하는 진정한(real) 나라를 말한다.

이 마지막 장에서는 이재명 실용주의 정치의 실현과 완성을 위한 구체적인 제안들을 담는다. 이들 제안은 애정 어린 조언일 뿐 아니라 예견되는 오류에 대한 경고 신호이기도 하다. 이재명 실용주의는 매 순간 성공과 실패의 기로에 서게 된다. 한 사람의 삶과 정신 속에 내면화되어, 이윽고 실용주의 정치 철학과 정책으로 발전하고 있는 이재명 실용주의는 우리 미래를 새롭게 하는 이정표가 될 것이다. 이재명 정부의 전진과 성공은 단지 정치인 이재명의 성공이 아니다. 이재명의 서사와 대한민국의 서사가 만날 때 이루어질 미래를 상상하며 동행해 보자.

1 국민주권정부의 성공의 척도

- 빛의 혁명, 광장의 11대 요구

국민의 명령은 다음 한 마디에 집약된다. '빛의 혁명을 완수하라!' 국민주권정부의 태생적 소명이 바로 여기에 있다. 이는 응원봉과 촛불을 들었던 광장의 명령이자 새로운 시대를 열라는 국민의 준엄한 요구다. 국민들은 내란을 종식할 뿐 아니라 낡은 대결 정치를 걷어내는 실용적 정치 혁명과 근본적인 사회 개혁을 통해 삶의 실질적인 변화를 원하고 있다. 이재명 실용주의가 빛의 혁명을 수행하는 실용주의 정치가 되어야 하는 이유가 바로 여기에 있다. 따라서 이재명 실용주의는 그간의 지자체 행정이나 정당 정치적 적용 단계를 넘어 국가를 운영하는 확고한 정치사상이자 구체적인 실천 강령으로 자리 잡아야 한다.

빛의 혁명을 완수하기 위해서는 이재명 정부가 반드시 성공해야 하고, 그 실용주의 역량을 최적화해야 한다. 성공적인 국민주권정부의 길은 명확하다. 그것은 바로 국민의 목소리를 국정의 처음과 끝, 전 과정의 중심에 두는 것이다. 2022년 3월 9일, 제20대 대통령 선거 선대위 해단식에서 이재명은 이렇게 말했다. "정치인은 국민의 대리인이고 머슴일 뿐이며, 모든 권한은 주권자인 국민을 위해 쓰여야 한다." 2025년 6월, 제22대 대통령으로 취임한 이래 이재명은 동일한 고백을 반복하고 있다. 정부는 국민의 뜻을 따르는 도구이며,

대통령은 국민의 뜻을 받드는 대리인에 불과하다는 것이다. 이것이 바로 국민 주권의 대원칙이다. 이 정신에 따라 이재명 정부는 권력의 진정한 주인이 국민들임을, 그 정책과 제도의 실현을 통해 증명하려 하고 있다.

국민주권정부의 성과를 평가하고 그 성공을 증명하는 척도는 바로 광장이 요구하는 과제들을 얼마나 받들고 흔들림 없이 추진하고 완수하느냐의 여부일 것이다. 진짜 대한민국으로 나아가는 이정표로서 국민이 부여한 국민주권정부의 11대 사회 대개혁 과제는 다음과 같다.

1) 헌정 수호와 민주주의 발전을 위한 정치 개혁

제왕적 대통령의 권한을 분산하고 국회의원의 특권을 폐지하여, 정치가 국민 위에 군림하는 것이 아니라 국민을 위해 봉사하는 본연의 자리로 돌아가게 해야 한다. 국민의 의사가 정확히 반영되는 선거제도 개혁을 통해 대의민주주의의 위기를 극복하고, 국민소환제와 같은 직접민주주의 요소를 강화하여 정치의 주인이 국민임을 명확히 해야 한다.

2) 내란 종식과 민주 헌정 질서 회복력의 강화 방안

헌법을 유린하고 국정을 농단한 '내란' 상태를 완전히 종식시키고, 관련자들을 엄정하게 사법 처리하여 역사의 정의를 바로 세워야 한다. 다시는 국가 권력이 국민을 배신하는 불행한 역사가 반복되지 않도록, 어떠한 위기 상황에서도 민주적 헌정 질서가 스스로 회복될 수 있는 강력하고 제도적인 방어 장치를 구축해야 한다.

3) 구조적 경제 위기에 대응한 균형적 경제 발전 모델의 구축

　소수 재벌과 수출 대기업 중심의 낡은 성장 모델을 폐기하고, 혁신 중소기업과 내수 경제가 함께 성장하는 균형 잡힌 경제 생태계를 만들어야 한다. 대기업의 불공정 행위를 근절하고, 과학기술에 대한 과감한 투자를 통해 새로운 성장 동력을 확보하며, 모든 경제 주체가 성장의 과실을 공정하게 나누는 포용적 성장 모델을 구축해야 한다.

4) 초광역권 전략을 통한 수도권 집중 완화와 지방 분권 균형 발전 기구 강화

　수도권 일극 체제는 국가 전체의 활력을 갉아먹는 심각한 질병이다. 중앙에 집중된 권한과 예산을 지방으로 과감히 이양하고, 각 지역이 스스로 발전 전략을 세우고, 이를 실행하는 '초광역권 메가시티(Mega-City)' 전략을 추진해야 한다. 이러한 전략을 통해 수도권의 과밀을 해소하고, 지방이 소멸의 위기를 넘어 새로운 대한민국의 성장축으로 거듭나게 해야 한다.

5) 에너지 대전환과 탄소 중립 실현

　기후 위기는 인류의 생존을 위협하는 당면 과제이며, 더 이상 미룰 수 없는 시대적 사명이다. 화석 연료 중심의 에너지 시스템을 재생에너지 기반으로 전환하는 '에너지 대전환'을 담대하게 추진하고, 2050년까지 탄소 순배출량을 'O'으로 만드는 '탄소 중립(carbon neutrality)'을 실현해야 한다. 이는 위기가 아닌 새로운 산업과 일자

리를 창출하는 기회임을 명심해야 한다.

6) 안전하고 차별 없는 더불어 사는 사회

사회의 가장 약한 곳을 먼저 살피는 것이 국가의 기본 책무다. 성별, 장애, 출신 지역, 계층 등 그 어떤 이유로도 차별받지 않는 진정한 평등 사회를 만들고, 재난과 사고로부터 국민의 생명과 안전을 완벽하게 지키는 견고하고도 촘촘한 사회 안전망을 구축해야 한다. 모든 국민이 인간으로서의 존엄을 지키며 더불어 살아갈 수 있는 포용 사회를 만들어야 한다.

7) 지속 가능한 사회, 지속 가능한 미래를 위한 혁신적 인구 정책

세계 최저 수준의 저출생과 가장 빠른 속도의 고령화는 대한민국의 미래를 위협하는 구조적 위기다. 단순한 출산 장려를 넘어, 청년들이 결혼과 출산을 꿈꿀 수 있도록 주거, 고용, 보육 문제를 국가가 책임지는 혁신적인 인구 정책을 추진해야 한다. 지속 가능한 사회를 위해 미래 세대에 대한 과감한 투자를 아끼지 말아야 한다.

8) 공공성 강화와 미래 인재 육성을 위한 교육·학술 정책

과도한 입시 경쟁과 서열화로 병든 교육을 근본적으로 개혁해야 한다. 모든 학생이 동등한 출발선에서 자신의 꿈과 잠재력을 마음껏 펼칠 수 있도록 교육의 공공성을 강화하고, 미래 사회가 요구하는 창의성과 협업 능력을 갖춘 인재를 길러내는 교육 시스템으로 대전환해야 한다.

9) 미디어 공공성 복원과 플랫폼의 사회적 책무 강화

가짜 뉴스와 여론 왜곡으로 민주주의가 위협받고 있다. 언론이 권력과 자본으로부터 독립하여 공정한 보도라는 본연의 역할을 다할 수 있도록 미디어의 공공성과 신뢰성을 회복해야 한다. 동시에, 거대 포털과 소셜 미디어 플랫폼이 사회적 흉기가 아닌 건강한 공론장으로 기능할 수 있도록 사회적 책무를 강화하는 제도적 장치를 마련해야 한다.

10) 다자주의와 평화 공존에 근거한 상생 번영의 대외 정책

특정 강대국에 편승하는 일방주의 외교를 지양하고, 국익을 최우선으로 하는 다자주의 평화 협력 외교를 펼쳐야 한다. 굳건한 한미 동맹을 바탕으로 주변국들과의 관계를 실리적으로 발전시키고, 한반도 평화 프로세스를 재가동하여 전쟁의 위협을 항구적으로 해소해야 한다. 평화가 곧 경제이며, 평화 공존을 통해 상생 번영의 길을 열어야 한다.

11) 제7공화국 개막을 위한 개헌

위에서 제시된 모든 개혁 과제를 제도적으로 완성하고, 국민 주권의 시대정신을 담아내기 위해서는 새로운 헌법이 필요하다. 87년 체제의 한계를 극복하고, 국민의 기본권을 대폭 강화하며, 권력 구조를 분권형으로 재편하는 '제7공화국 개헌'을 통해 진짜 대한민국 시대를 활짝 열어야 한다. 개헌은 정치인들의 흥정 대상이 아니라, 국민이 직접 참여하고 결정하는 주권 행사가 되어야 한다.

이재명 정부의 출현을 통해 국민들은 주권이 무엇인지 체험적으로 알게 되었다. 앞으로 주권 담론 및 국민 주권 논의가 활발하게 전개되고, 국민 주권과 이재명의 실용주의의 실력이 만나 이들 과제가 다차원적으로 추진될 것으로 보인다.

불의한 권력에 맞서는 역할은 정당만 하는 것이 아니다. 개혁적인 권력을 세우는 일 또한 정당만의 전유물이 아니다. 빛의 혁명은 그간의 정치 문법에 큰 균열을 내고 변화를 요구하고 있다. 빛의 혁명이 이루어낸 광장의 정치는 국민주권정부의 몸속에 내재되어 있다. 단지 투표권 하나만 행사하고 침묵하는 수동적 정치 대중이 아니라 주권자로서 행동하고 심판하고 도도하게 움직이는 집단지성의 영민한 주권자들이 국민주권정부를 앞서 끌어가고 뒷받침할 것이다. 주권자들은 더 이상 대의된 대중이 아니다.

국민주권정부의 성공과 사회 대개혁을 위해 시민이 적극적으로 나서야 하는 필연성이 바로 여기에 있다. 국민 주권 행동이란 주권자의 요구를 실현하기 위해 국민들이 직접 행동하고 자기 목소리로 말하는 것을 뜻한다. 말을 잃어버린 객체에서 말하는 주체로, 조종되고 이용당하는 군중에서 직접 선택하고 반대하고 행동하는 지성적 집단으로 변모한 국민들의 주권 행동이 국민주권정부의 운명을 가를 것이다.

국회의 의석수나 여론 조사 지지율로 주권자의 다양한 목소리를 과대·과소 대표하거나 배제해 버리는 정당 간 거래 정치, 엘리트 정치인들이 전유하는 대의정치의 낡은 습관들은 이제 국민적 비판 대상이 되었다. 국민은 이제 들러리가 아니라 정치적 앙가주망으로 직접 행동하는 주권자가 되었다. 주권자의 지지와 행동이 없이는 국민주권정부는 무력화되거나 이내 궁지에 몰릴 것이다. 그러므로 겸손한 집권 플랜은 겸손한 동행으로 이어져야 한다. 국민 주권을 위한 참여적 행동이 필요한 까닭이다.

2 국민통합정부의 통합 정책을 위한 일곱 가지 지혜

　국민 통합은 역대 모든 정부가 내세웠던 단골 구호였다. 하지만 대부분 형식적인 위원회 구성과 생색내기용 제스처에 그치고 소리 소문 없이 그 활동이 사라져버렸다. 국민주권정부의 통합은 근본적으로 달라야 한다. 통합은 낭만적인 구호나 정치적 수사에 그쳐서는 안 되며, 오히려 국가의 명운을 건 고도의 전략이자 정교한 정책으로서 실용주의적으로 실행되어야 한다. 그간 구조화된 분열과 갈등으로 대한민국의 전진은 방해받았고, 그 조짐은 지금 더욱 선명해지고 있다. 이러한 현실 앞에서 진정한 통합을 이루어내야 하는 난해한 숙제를 이재명 정부가 안고 있다. 덧셈 혹은 뺄셈식 접근이 아니라 고차방정식과 역설적 발상을 동원하는 지혜로 풀 수 있는 과제다. 과거의 실패를 답습하지 않고 국민 통합의 숙원을 이루기 위해서는 다음의 일곱 가지 지혜가 필요하다.

첫째, 대통령이 직접 통합의 사령탑이 되어야 한다.

역대 정부처럼 원로나 명망가를 얼굴마담으로 내세우는 형식적 위원회는 더 이상 안 된다. 대통령이 직접 위원장을 맡는 '국민통합위원회'를 대통령 직속 기구로 설치하여, 모든 부처를 아우르며 실질적인 통합 정책을 설계하고 집행하는 강력한 권한을 부여해야 한다. 이는 국민 통합을 국정의 최우선 순위에 두겠다는 대통령의 의지를 가장 확실하게 보여주는 메시지이자, 정책의 실행력을 담보하는 전략적 장치다. 국민주권정부는 국민통합위원회(준)를 출범시키는 구체적인 행동 계획으로써 그 진정성을 증명해야 한다.

둘째, 가장 먼 곳에서부터 시작하는 동행이 필요하다.

진정한 통합은 우리에게 가장 비판적이고 비우호적인 지역의 마음을 얻는 데서 시작된다. 이재명 정부에게 대구·경북(TK) 지역은 가장 취약한 곳이다. 아울러 그 지역은 역설적으로 국민 통합과 정치 지형 재편의 성공 열쇠를 쥔 전략적 영토이기도 하다. '어차피 안 되는 곳'이라는 패배주의와 '대구·경북 지역 없이도 이긴다.'는 정치 공학적 오만을 버려야 한다.

2021년 11월 2일, 이재명은 대구·경북 순회 경선에서 이렇게 말했다. "정치적 견해가 다르다고 국민을 편 가르기 하는 것은 정치가 아니라 범죄다." 그 마음으로 대구·경북 지역의 사람들 역시 주권자 국민임을 인정하고 먼저 손을 내밀어야 한다. 이는 이념적 보수화를 의미하는 것이 아니라 그들의 목소리를 경청하고 마음의 벽을 허무는 통치의 예술이다. 먼저 지역의 폐쇄적인 당 구조를 혁신하고, 지역 주류 사회와 소통할 수 있는 새로운 인물을 과감히 영입하여 지역의 마음을 얻는 교두보를 마련해야 한다.

셋째, 이념의 틀을 깨는 실용의 지혜가 필요하다.

국민 통합의 가장 큰 장애물은 진영 정치의 틀에 갇혀 상대를 적으로 규정하는 닫힌 마음이다. 국민주권정부는 좌우 이념의 잣대가 아니라, '국민 우선', '국익 우선'이라는 실용의 원칙으로 모든 정책을 추진해야 한다. 내란 세력을 제외한 모든 보수 세력들도 함께 가야 할 우리 국민이라는 큰마음으로 품고, 그들의 합리적인 목소리에 귀를 기울여야 한다. 그렇다고 해서 철통 지지층과 시민사회의 목소리를 외면하라는 뜻이 아니다. 특정 진영의 요구에 휘둘리지 않고 오직 국익과 민생이라는 대의를 중심으로 일관된 정책을 펼쳐나갈 때, 낡은 이념 도식은 자연스럽게 녹아내리고 진정한 국민 통합의 길이 열릴 것이다.

넷째, 겸손함은 가장 강력한 통치 도구다.

대통령의 겸손하고 품위 있는 태도는 지지층을 결집시키고 중도층을 안심시키며, 심지어 보수층의 마음까지 움직이는 힘을 지니고 있다. 그러나 대통령 주변의 참모나 정부 여당 의원들이 고압적인 태도로 행동하고 관료와 공직자들을 '군기 잡기' 대상으로 대한다면, 대통령이 쌓아 올린 신뢰는 한순간에 무너질 수 있다. 정부 여당의 일부에서 보인 강압적 태도는 심각한 후과로 돌아올 것이다. 이는 정부의 성공에 필수적인 공무원 사회의 적극적인 협조를 가로막는 치명적인 실책이 아닐 수 없다. 내란에 부역한 극소수를 제외한 모든 공무원을 존중하고 신뢰하는 동반자로 대우할 때, 그들의 창조적인 업무 의지를 이끌어낼 수 있음을 명심해야 한다.

다섯째, 정의는 통합의 필수 전제 조건이다.

내란 세력에 대한 엄정한 사법적 처리가 국민 통합에 역행한다는 주장은 본질을 호도하는 것이다. 불의를 바로잡지 않고서는 그 어떠한 신뢰도 얻을 수 없으며, 이는 진정한 통합이 아닌 허위의 타협에 머무르게 된다. 법과 원칙에 따라 과거의 잘못을 명명백백하게 밝히고 그 책임을 묻는 것은 분열이 아니라, 오히려 사회 전체가 공유할 수 있는 공정한 질서를 세우는 과정이다. 정의로운 과거 청산이라는 단단한 반석 위에서만 경제 회복과 국민 통합이라는 두 기둥을 튼튼하게 세울 수 있다.

여섯째, 주류 사회와의 소통과 연대를 강화해야 한다.

정권 재창출과 국가 대개조라는 역사적 과업은 자기 지지층만의 힘으로는 불가능하다. 사회 원로, 주요 언론, 지식인, 전문가 집단 등 그간 우리 사회의 주류를 형성하는 세력들과 적극적으로 소통하고, 국난 극복을 위한 협력을 정중하게 요청해야 한다. 때로는 정부에 비판적인 이들조차 끌어안아 대통령과 연결하는 포용의 리더십이 필요하다. 이는 보수 세력을 흡수하여 안정적인 국정 운영 기반을 마련하고, 개헌과 같은 중대한 과제를 추진하기 위한 사회적 합의의 기초를 닦는 긴요한 작업이다.

일곱째, 통합은 대통령의 확고한 의지와 리더십으로 완성된다.

열거한 이 모든 지혜와 전략은 결국 대통령의 의지에 달려 있다. 대통령이 직접 통합의 전면에 나서서 국민의 마음을 어루만지고, 분열의 언어가 아닌 통합의 언어로 국민에게 말을 걸어야 한다. 대통령의 진정성 있는 행보와 일관된 메시지가 국민에게 깊은 신뢰를 줄 때, 비로소 대한민국은 분열의 시대를 끝내고 진정한 통합의 시대로 나아갈 수 있을 것이다.

국민 통합은 실로 국민주권정부의 백미이자 이재명의 따스한 실용주의 정치의 정수가 될 것이다. 국민 주권이란 과제와 국민 통합이란 숙제는 상호 충돌하지 않는다. 오히려 서로를 보완하고 완성시킨다. 주권자 국민들이 원하는 것은 대동 세상과 공존하는 사회이지, 소모적인 국론 분열과 국력 낭비가 아니기 때문이다. 한 줌 내란 세력을 제외한 모든 국민들과 정치 세력들과 대화와 협력의 정치를 실행하는 것이 그래서 요긴하다. 더 이상 말의 성찬과 요식적 국민 통합을 믿지 않는 똑똑한 주권자들은 진정성을 지닌 통합 정책을 원한다. 진심을 요구하고 실용적인 해법을 기다린다. 겸손과 열린 마음과 얼굴을 마주하는 인간적 접촉을 통해서만 국민 통합의 예술이 시작된다. 생색내기 정책과 이미지 정치로는 역부족이다. 겸손만이 통합의 보검이 될 것이다.

3 이재명 실용주의 정부의 성공을 위한 열 가지 제언

성공이냐 실패냐 하는 평가는 실로 사람들을 긴장하게 만든다. 하지만 공직자의 일들과 공공 정책은 국민들로부터 엄위한 평가를 받게 되어 있다. 따라서 근원적인 전략적 방향 검토, 자기 점검과 성찰, 효율적인 정책 수행, 정책과 실무 디테일의 점검은 언제나 필요하다. 이재명 정부가 시작되고 이루어진 여러 사회적 변화들과 성취들이 적잖고, 다수의 국민들은 이에 대해 긍정적인 반응과 찬사를 보낸다. 일각에서는 악의적 폄훼를 하기도 하고, 신중한 비판의 목소리를 내기도 한다. 기다림과 관찰의 태도를 보이는 이들도 많다. 이재명 실용주의 정부의 미래를 예견하게 하는 긍정적 신호들과 함께 미심쩍은 신호들도 포착된다. 이는 정부 조직이 이제 막 갖춘 초기이기 때문이기도 하지만, 이재명 정부와 직접 관련되는 정부와 여당의 지도자들과 실무자들이 이재명의 기본 가치와 실용주의 노선에 대한 이해의 결여에 기반하고 있기 때문이다. 지금 이재명 정부의 전략과 국정 과제, 정책과 실행 라인, 지휘와 실무 집행 등이 막 구축되고 조율되고 있다. 현시점에서 발견되는 몇 가지 징후들을 단서로 이재명 실용주의의 성공을 위해 애정 어린 제안을 한다.

1) 얼치기 증세 정책보다 시장경제를 순환시켜 세수를 확보하는 것이 해법이다.

섣부른 증세는 기업의 투자 의욕과 국민의 소비 심리를 위축시켜

경제 전체의 활력을 떨어뜨릴 뿐이다. 세금을 더 걷을 궁리보다 불필요한 규제를 혁파하고 공정한 시장 환경을 조성하여 돈이 원활하게 돌게 하는 것이 우선이다. 기업이 마음껏 투자하고, 가진 자들을 움직이게 하여야 한다. 가진 자들이 가진 돈을 풀 때 경제가 활성화된다. 국민이 안심하고 소비할 때 경제는 선순환하게 되고 세수도 자연스럽게 늘어난다.

2) 이재명 정부의 지지 기반을 TK로 확장하는 용기와 지혜가 필요하다.

가장 취약한 지역을 핵심 지지 기반으로 삼는 것은 통치의 예술이자 정치 지형 재편의 핵심 전략이다. '어차피 안 된다.'는 패배주의를 버리고, 대구의 민심을 얻기 위해 진심으로 다가가야 안정적인 국정 운영과 재집권의 토대를 마련할 수 있다. 대구·경북 지역이 이재명 정부를 버린 것이 아니라 역대 민주당 권력이 그들을 버렸다. 취약한 기반 위에서 고군분투했던 소수의 민주당원들은 지역 주민을 신뢰하고 그들에게 다가가야 하며, 합리적 보수 인사들을 영입하고 대구·경북민들의 마음을 얻어야 한다. 이는 결코 이념적 후퇴가 아니다. 오히려 국민 전체를 아우르는 진정한 통합으로 나아가는 길이다.

3) 성남 중심의 측근 권력을 과감하게 실력 있는 주류 세력으로 확장하여야 한다.

'우리 편'만으로는 성공하는 정부를 만들 수 없다. 좁은 인재 풀에 갇히지 말고 진영을 넘어 오직 실력과 전문성을 기준으로 삼고초려하여 대한민국 최고의 인재들을 기용해야 한다. 성남시장 및 경기도지사 시절의 인재 풀을 최적화하더라도 그 틀 안에만 갇혀 있어서는 대한민국의 지도자, 세계적인 지도자가 될 수 없다. 성남이라는 변방에서 형성된 인재 풀을 확장하여 다양한 분야의 최고 전문가와 주류 세력을 국정에 참여시킬 때 국정 운영의 안정성은 높아지고, 정부 역량도 고도화된다. 하나의 정당이나 여의도의 관점을 넘어서서 국가의 명운과 전 세계 속에서의 코리아를 사유하는 정치 감각이 요청된다. 인재 역량을 전문화, 세계화하여 정부의 정책 역량을 극대화하는 용기와 결단이 필요하다.

4) 부국강병의 관점에서 에너지 정책을 펼쳐야 한다.

국가의 에너지 정책은 단순히 자원 및 환경 문제를 넘어 국가의 산업 경쟁력과 안보가 걸린 문제이다. 그러므로 부국강병의 관점에서 접근해야 한다. 재생에너지 100%(RE100)를 넘어 원자력을 포함한 모든 무탄소에너지원(CF100)을 적극 활용하여 안정적이고 값싼 에너지를 산업계에 공급해야 한다. 우리의 안전하고 수준 높은 원자력 기술은 미래 먹거리와 연결되는 산업이다. 이는 국익과 민생을 위할 뿐 아니라 우리 기업의 경쟁력을 높이고 에너지 주권을 확립하는 가장 현실적인 길이다.

5) 대한민국의 연안 도시를 상하이, 싱가포르 수준으로 육성하여야 한다.

부산, 인천, 평택, 안산, 울산, 창원, 군산, 목포, 여수, 통영, 거제, 속초, 강릉, 고성 등 대한민국의 관문인 연안 도시들을 각각의 지역적 특성에 맞게 물류, 금융, 관광 허브로 육성하는 국가 전략을 추진해야 한다. 전 세계적으로 연안 도시가 한국처럼 낙후한 국가는 드물다. 군사보호시설 해제와 완화 등 파격적인 규제 혁신과 인프라 투자를 통해 상하이나 싱가포르에 버금가는 글로벌 도시들을 육성하여 국가 경제의 새로운 성장 엔진으로 삼아야 한다.

6) 산업 안전 정책을 세계 표준에 맞게 비약적으로 발전시켜야 한다.

　노동자의 생명보다 더 중요한 가치는 없다. 일하다 죽지 않을 권리가 제도적으로 보장되어야 한다. 산업 현장에서 후진적인 안전사고가 반복되는 부끄러운 현실을 끝내야 한다. 산재 사망 사고를 일으킨 기업에 대한 처벌 강화와 함께 예방 중심의 산업 안전 시스템을 구축하고 안전에 대한 투자를 획기적으로 늘려 '일하다 죽지 않을 권리'를 세계적인 수준으로 보장해야 한다.

7) 기업과 시장의 세계 표준화 과정을 대통령이 직접 책임지고 완성시켜야 한다.

　'코리아 디스카운트'는 더 이상 방치할 수 없는 국가적인 과제다. 복잡한 규제와 불투명한 기업 지배 구조를 글로벌 스탠더드(global standard)에 맞게 혁신하여, 국내외 투자자들이 믿고 투자할 수 있는 투명하고 공정한 주식시장을 만들어야 한다. 이는 대통령이 직접 책임지고 속도감 있게 추진해야 할 핵심적인 금융 개혁 과제다.

8) 교육 혁명, 문화예술 주권 혁명을 통해 교육 및 문화 수준이 높은 교양 국가로 나아가야 한다.

　진정한 선진국은 경제력뿐만 아니라 높은 교육과 문화적 품격을 갖춘 나라다. 세월호 참사의 교훈을 잊지 않고 학생의 생명과 안전을 최우선 가치로 삼는 것은 기본이다. 교사-학생-학부모-교육 당국이 선순환적으로 협력하는 교육 생태계를 이루어 학생 중심의 미래 교육 과정이 꽃피는 '4.16 교육혁명'을 이루어 야만적 경쟁 교육을 혁파하여야 한다. 또한 모든 국민이 일상에서 문학과 예술을 누리며 창의성을 꽃피울 수 있도록 문화예술 정책을 힘차게 펼쳐야 한다. 문학 작가들과 예술가들이 마음 놓고 창작할 수 있고, 국민 모두가 문학과 예술을 향유할 수 있는 나라, 국민의 행복추구권이 문화예술 영역에서 구현되는 사회, 전 국민의 예술인화로 선진국형 문화예술 정책을 추진하여야 한다.

9) 국난 극복, 경제 회생, 국민 통합에 모든 에너지를 집중해야 한다.

대내외적으로 경제 상황이 최악이다. 트럼프의 MAGA 정책이 대한민국 경제의 발목을 잡고 있으며, 대한민국 경제의 획기적인 활로가 보이지 않는 현실이다. 위기의 강도는 강하고, 그 속도는 빠르다. 하지만 정부의 역량은 무한하지 않다. 지금은 사소한 논쟁으로 국력을 낭비할 때가 아니라 당면한 복합 위기를 극복하는 데 모든 에너지를 집중해야 할 비상 시기로 보아야 한다. 국난 극복, 경제 회생, 국민 통합이라는 3대 과제를 국정의 최우선 순위에 두고, 모든 정책과 인사를 여기에 맞춰 '민생 먼저' 실용 노선을 일사불란하게 추진해야 한다.

10) 평화가 경제이고 생명이며 미래임을 명심하고 평화 정책을 펼쳐야 한다.

이 땅 한반도에서 평화는 생존이 걸린 문제다. 대통령은 모든 국민의 대통령으로서 국민의 안녕과 생명을 지켜야 한다. 평화가 곧 경제 성장의 길이자 국력 낭비를 줄이고 국민 생명을 지키는 길이란 엄연한 사실을 한시도 잊어서는 안 된다. 굳건한 안보를 바탕으로 대화와 협력을 통해 한반도의 군사적 긴장을 완화하고, 항구적인 평화 체제를 구축하는 길에 모든 노력을 다해야 한다.

4 이재명 실용주의가 던져야 할 근원적인 물음들

이재명의 실용주의 정책은 다음의 네 가지 근원적인 물음으로부터 출발했다.

첫째, 실용적인가?

먼저 실용성이 우선되어야 한다. 거대 담론이나 이념 기반 개혁보다는 생활형 민생이 먼저다. 이재명은 어떤 정치적 이상을 이루기 위해 정책을 만들지 않는다. 국민과 국가를 위한 실용적 이익과 성과만 바라본다.

둘째, 개혁이 과감하게 이루어지고 있는가?

과감한 개혁은 송곳 같은 예리함으로 실현이 가능하다. 전광석화처럼 진행해야 실효성이 있다.

셋째, 형평성 가치를 실현하는가?

공정함을 넘어선 형평성이 있어야 한다. 이재명이 억강부약, 대동사회를 부르짖는 까닭은 형평성 가치 때문이다. 이재명은 극단화된 양극화를 해소하고 압도적 다수의 형평성을 위한 기본사회 정책을 선호한다. 이것이 공정이라는 착각을 넘어서고 국민들을 설득해내는 상생의 길이다.

넷째, 통합을 지향하는가?

통합하고 품는 마음이 있어야 한다. 언제나 저항 세력은 있으며, 모든 일에는 반대가 있다. 적의에 찬 정적이나 개혁을 좌초시키려는 세력들의 공격성은 적잖은 부담이기도 하다. 하지만 손을 내밀고 껴안아야 한다. 저항을 두려워하지는 않지만 불필요한 저항을 최소화하여 국민 통합의 길을 여는 것이 실용적 지혜다. 민생과 국익을 책임지고, 사회 대개혁을 이루어내면서도 분열과 증오를 만면하게 키우지 않는 길이 그것이다.

이 물음들은 이재명 실용주의의 바탕일 뿐 아니라 스스로를 점검하는 바로미터가 되어야 한다.

이재명 대선캠프에서 정책 담당자로 일할 때 이재명으로부터 이런 말을 들었다.

"글로벌 대전환의 기로에 선 오늘날, 국가가 본연의 기능을 다하려면 새로운 접근과 과감한 혁신이 필요합니다. 과감해도 좋습니다. 여러분들께서 방법만 제시하시면 실천은 제가 합니다. 용기와 결단, 강력한 추진력으로 길을 만들어내고 새로운 대한민국, 진짜 대한민국을 반드시 만들어내겠습니다."

이재명은 실용주의자이다. 그는 천부적인 행정가이다. 그래서 성과를 이루어내고 보여준다. 그의 실용주의는 천박한 실용주의가 아니다. 천박한 실용주의는 날지 못하는 닭과도 같아서 제자리에서 요란하게 날개만 퍼덕일 뿐이다. 이재명 실용주의가 힘찬 날개가 되어 대한민국을 비상하게 하는 힘이 되리라는 희망을 가져보자.

무엇보다도 이재명의 실용주의는 따뜻한 실용주의다. 그에게는 인간미가 있다. 인간의 존엄성에 대한 확고한 의지, 소외된 자에 대한 각별한 공감, 기득권 세력에 속한 이들의 마음과 우려도 헤아리는 감각이 있어 냉정한 실적주의와 전혀 다르다. 그의 내면과 품성에 내재된 따스한 실용주의는 우리 사회를 온도의 공동체로 만들고 인류애적 연대의 활기를 불러일으킬 것이다.

이재명에게는 꿈이 있다. 대통령 임기를 마치고 평범한 시민의 일상으로 돌아왔을 때, 이런 말을 듣는 소박한 꿈이다. "이재명 대통령은 참 열심히 했어. 우리는 국민으로서 존중받았어. 우리 대한민국이 위기를 돌파해냈어."

그는 이런 평가를 최고의 가치로 여기는 정치가다. 자신의 행정과 실천으로 사람들이 행복해할 때 그는 가장 큰 행복감을 느낀다. 이재명의 행복은 바로 여기에 있다. 그에게는 공정과 형평이라는 불변하는 삶의 원칙이 있다. 이는 모든 국민들이 바라는 사회적 가치이기도 하다. 그의 행복은 이의 실현과 매우 밀접하다. 그 누구도 가난 때문에 삶을 포기하지 않도록 하는 것, 세계 최악의 자살공화국이라는 오명으로부터 대한민국을 벗어나게 하는 일, 일하는 국민 즉 자영업자, 플랫폼 노동자, 중소기업인과 청년, 노인, 학생들이 비록 모든 것이 풍족하지는 않지만 함께 행복하게 살아가는 대동 세상을 이루어가는 일, 빈자도 부자도 존중받는 사회가 되고 많이 가진 사람이 없는 사람을 위해 자기 주머니를 열어 나눔을 펴는 억강부약의 사회를 가꾸는 일, 이것이 따뜻한 실용주의자 이재명의 공동체주의이다.

이재명의 운명은 한 개인의 운명을 넘어, 온 국민들의 삶의 미래와 국가의 운명과 밀접하다. 그는 오천 칠백삼십일만 명의 대한민국 국민의 이해와 요구를 담고 있는 체현자이다. 지금 대한민국에는 거센 파도와 폭풍이 몰아치고 있으며 험한 준령과 북풍한설이 도사리고 있다. 그의 날개가 힘차게 솟구치느냐 맥없이 꺾이느냐가 그래서 중요하다. 절체절명의 국가적 위기가 이재명을 불러내어 국가 지도자로 선택했으므로, 그는 대한민국의 운명과 자신의 운명을 진지하게 연결하고 있음에 틀림없을 것이다. 주권자 국민들이 그를 살려주었으므로, 그는 자신의 온 삶과 에너지를 주권자 국민을 위해 쏟을 것이다. 자기 운명과 국가의 운명, 나아가 민족의 운명을 당당하게 개척해내는 이재명의 길, 우리는 그 미완의 미래 서사에 주목한다. 부디 자주적이고 힘차고 따스한 이야기들이 이어지길 바란다.

이재명의 실용주의가 철학적 깊이를 갖추는 일이 그래서 소중하다. 따뜻한 실용주의로서의 숭고한 가치를 재발견하고 매 순간 스스로를 환기할 때, 멈추지 않는 에너지가 솟구치게 된다. 이재명 실용주의 정치가 국민의 기대와 공통 감각에 민감하고 주권자 국민의 집단지성적 참여와 결합할 때 우리 사회를 근원적으로 바꾸는 가시적 역량이 될 것이다. 모든 인간의 존엄, 국민들의 마음과 삶 속에 주어지는 실질적 행복, 대한민국의 주권과 진정한 국익이 실현되는 과정들을 목격하는 경험은 실로 신선하고 유쾌하지 않을 수 없다. 우리는 지금 목격하고 있는 이재명 실용주의의 실력과 매력과 품격을 앞으로도 보게 될 것이다. 날개만 퍼덕거리는 닭날개 정치는 끝나야 한다. 주권자 국민과 함께 비상하는 붕새의 날개가 되어야 하리.

에필로그

> "이야기는 삶의 자취,
> 곧 이야기꾼이 진정 살아봤다는
> 흔적을 품고 있다."
> - 발터 벤야민(Walter Benjamin)

  두 사람이 하나의 책을 펴내는 일은 경이롭고 신선한 모험이다. 김태철과 황산, 우리 두 사람은 지난 몇 년간 함께 호흡을 맞추었고, 내란 종식을 위한 시민 항쟁과 이재명 정부의 출범 과정에서 줄곧 함께 행동했다. 우리는 광장과 거리로 나가 구호를 외쳤으며, 함께 전국을 다니며 조직 활동을 했다. 지난 대선 기간에는 수개월 동안 전국의 주요 도시들을 6회 순회했으며, 상황이 발생하면 즉각 논의하여 신속하게 성명서를 썼다. 차 안에서 업무를 처리하고, 식탁에서 회의를 하고, 침대에서 토론했다. 우리의 관심사는 국민 주권과 이를 위한 주권자 행동이었고, 그 중심엔 정치인 이재명이 있었다. 놀랍게도 우리 둘은 생각과 감각이 거의 일치했다. 복잡한 조율 과정을 거치지 않고서도 동일한 견해로 함께 행동했다. 들뢰즈(Gilles Deleuze)의 용어를 빌려 둘의 이어짐을 묘사하자면 '공통 감각의 리좀적 배치', 바로 그것일 것이다.

두 사람의 삶의 궤적은 너무나 유사하다. 둘 다 1980년대에 대학을 다녔으며, 학생운동의 최전선에서 활동했다. 한 사람은 경원대 총학생회장으로서 전대협 1기 멤버로 전국적인 대중운동을 전개했고, 다른 한 사람은 경북대 민민투 위원장으로 전위적 활동을 했다. 둘 다 일정 기간 노동 현장에서 활동하기도 했으며, 공통적으로 국가기관에 의해 수배당하여 오랜 피신 생활을 했고, 김태철은 혹독한 고문을 당하고 옥고를 치르기도 했다. 이후 사회로 진출하여 각각 자신에게 주어진 삶의 현장에서 중년에 이르기까지 활동했다. 우리 두 사람은 늘 시민사회 활동을 하면서 약자와 연대하고 동행하고자 애썼고, 돈이 되지 않는 일들을 골라서 하는 바보스런 고집을 놓지 않았다.

몇 년 전부터 우리 두 사람은 갈등 관리 지도자 프로그램을 함께 공부했고, 서로의 삶에 대한 이야기를 나누며 교우하고, 함께 만주와 연해주의 독립군 유적지를 여행했으며, 함께 시를 읊고 인문학을 논하기도 했다. 공통적으로 문학과 철학에 조예가 있어 사유 감각이 유사한 데다가 둘 다 사회과학적 기초가 탄탄했다. 사물을 보는 시선, 인간을 이해하고 품는 태도와 약자와의 연대, 인류의 진보와 미래 사회의 전망에 대한 그림도 같았다. 그것은 정의롭고 평등한 사회와 개개인의 자유가 춤추고 넘실대는 자율적 공동체의 이상, 바로 그것이다.

　김태철은 이재명 대통령이 성남에서 시민사회 활동을 시작한 초기부터 함께 소통하며 활동해 온 이재명의 사람이다. 황산은 2016년 이재명 성남시장이 광화문에서 10일간 단식 농성을 할 때 찾아가 악수를 나눈 것이 첫 인연이었다. 2024년 12월 3일 발생한 계엄 내란이 두 사람을 실천적 관계로 결속시켰다.

　2025년 연초부터 국민 주권이라는 화두를 내걸고 국민주권행동의 조직 및 사업을 하며 둘은 함께 활동했다. 한 사람은 총괄 운영위원장으로 조직과 운영을 지휘하고, 한 사람은 사무총장으로서 소통과 행정 업무를 맡았다. 놀랍게도 물리적 결합 이상의 화학적 융합이 이루어졌다. 정세를 분석하고 메시지를 관리하며 활동의 초점을 정하는 일에 거의 의견이 일치했고, 유목 전사와 같은 기동성으로 발 빠른 활동을 벌였다. 둘은 국내외 정세를 객관적으로 분석하고 거침없이 목소리를 내고 실행했으며, 내란 반대 민주 세력의 상징적 구심인 이재명을 위해 일했다.

　그 과정에서 우리는 이재명 실용주의를 깊이 체득했다. 이재명이란 사람, 그의 생각과 성품, 노선과 일 스타일을 가까이서 파악했으며, 정치인 이재명의 서사가 대한민국의 서사와 만날 때 일어날 일들에 대해 꿈꾸었다. 이 책은 이러한 과정을 통해 탄생했다.

　이 책은 단지 몇 개월 만에 써진 책이 아니다. 소년공 이재명, 대학생 이재명, 인권 변호사 이재명, 성남시장 이재명, 경기도지사 이재명, 민주당 대표 이재명, 계엄 내란 반대 시민 항쟁의 지도자 이재명,

마침내 대통령에 당선된 인간 이재명과 함께 같은 시대를 살아온 두 저자의 삶의 서사가 이 책을 쓰게 했다. 그래서 우리는 이렇게 말한다.

"이재명의 서사와 대한민국의 역사와 우리 삶의 이야기가 만났다."

참고 자료

이 책은 보통의 독자인 시민들이 읽는 대중서로 기획되었다. 독자들이 읽기 편한 텍스트가 되도록 평이한 문체로 초기 원고를 다시 작성하고 편집하였다. 인용을 최소화하고 풀어썼으며, 각주를 없애고 각 장별 참고 문헌과 참고 자료를 이곳에 따로 묶어 제시하였다.

김동일, 삶의 정치철학, 박영사, 2020.
김민웅, 현대 정치와 실용주의, 민음사, 2020.
넬슨 만델라, 자유를 향한 머나먼 길 (넬슨 만델라 자서전), 김대중 역, 두레, 2020.
단 자하비, 후설의 현상학, 박지영 역, 한길사, 2017.
대통령 직속 국정기획위원회, 국정 운영 5개년 계획안, 2025. 8. 15.
로널드 A. 하이페츠, 하버드 케네디스쿨의 리더십 수업, 김충선, 이동욱 역, 더난출판사, 2008.
로버트 L. 터크넷 &캐롤린 N. 터그넷 저, 반듯한 인재를 위한 품성 리더십, 안진환, 허형은 역, KSAM한국표준협회미디어, 2006.
방현석, 이재명 평전, 아시아, 2025.
브라이언 마수미, 정동정치, 조성훈 역, 갈무리, 2018.
빌 조지, 나침반 리더십, 김중근 역, 청림출판, 2007.(True North, Bill George, Jossey-Bass, 2007.)
빌 조지, 피터 심스 외, 진정성 리더십 (머리와 가슴으로 사람을 이끄는 기술), 도지영 역, 21세기북스, 2018.(Authentic Leadership, Jossey-Bass, 2004.)
아리스토텔레스, 니코마코스 윤리학, 박문재 역, 현대지성, 2022.
알파경제, "[단독] 한·미 관세 협상카드로 군산항 미해군 MRO 기지 만든다", 2025. 7. 25.
앤서니 기든스, 제3의 길, 한상진, 박찬욱 역, 책과함께, 2014.
윌리엄 제임스, 실용주의, 정해창 역, 아카넷, 2008.
윤정구, 진성리더십 (21세기 한국 리더십의 새로운 표준), 라온북스, 2015.
이유선, 실용주의, 살림, 2008.
이재명 어록, 나무위키, https://namu.wiki/w/이재명/어록
이지현, 유럽 정치의 현재와 미래, 한빛미디어, 2019.
자크 데리다, 마르크스의 유령들. 진태원 역, 그린비, 2014.
장프랑수아 리오타르, 포스트모던의 조건. 유정환 역, 민음사, 2018.
정약용, 목민심서 (마음으로 읽는 다산 정신), 풀빛, 2005.
정약용, 목민심서 (옛 선인들에게서 배우는 지혜로운 이야기), 북마당, 2011.
제프리 페퍼, 권력의 경영 (탁월한 경영자가 되려면 먼저 유능한 정치가가 되라), 배현 역, 지식노마드, 2008.
조정미, 이재명의 나의 소년공 다이어리, 팬덤북스, 2021.

존 듀이, 공공성과 그 문제들, 정창호, 이유선 역, 한국문화사, 2014.
존 듀이, 민주주의와 교육, 이홍우 역, 교육과학사, 2007.
존 듀이, 존 듀이의 경험과 교육, 엄태동 역, 박영스토리, 2019.
파커 파머, 비통한 자들을 위한 정치학 (왜 민주주의에서 마음이 중요한가), 김찬호 역, 글항아리, 2012.
폴 슈메이커, 진보와 보수의 12가지 이념 (다원적 공공 정치를 위한 철학), 조효제, 후마니타스, 2010.
한국철학사상연구회, 현대 정치철학의 네 가지 흐름, 에디투스, 2019.
한나 아렌트, 인간의 조건, 이진후 역, 한길사, 2019.
Crosby, Barbara C., Bryson, John M., Leadership for the Common Good, Wiley, 2005.
De Pree, Max. Leadership is an Art. San Francisco, Jossey-Bass, 1996.
De Pree, Max. Leadership Jazz, New York: A Dell Trade Paperback, 1992.
Hunter, James C., The Servant, California: Prima Publishing. 1998.
L. Daft, Richard, Leadership ; Theory and Practice, Fortworth, Texas: The Dryden Press. 1999.

이재명 연설문

경북 구미시 유세 연설문, 2025. 5. 13.
경북 포항시 유세 연설문, 2025. 5. 13.
경남 거제시 및 통영시 유세 연설문, 2025. 5. 14.
경제 성장 정책 공약 발표문, 2025. 5. 17.
과학기술 정책 공약 발표문, 2025. 4. 21.
교육 정책 공약 발표문, 2025. 5. 15.
국무회의 및 외부 일정 관련 메시지, 광복 80주년 행사 안내문, 2025. 7. 29.
금융시장 선진화 관련 정책 발표문
기본사회 안전망 정책 공약 발표문, 2025. 5. 22.
노동 정책 공약 발표문, 2025. 5. 1.
농림축산식품 분야 정책 공약 발표문, 2025. 5. 11.
당대표 수락 연설문, 2024. 8. 18.
대전 유세 연설문, 2025. 5. 12.
대통령 취임 연설문, 2025. 6. 4.
더불어민주당 21대 대선 후보 수락 연설문, 2025. 4. 27.
더불어민주당 대표 국회 교섭단체 대표 연설문, 2025. 2. 10.
문화예술 정책 공약 발표문, 2025. 4. 18.

반도체 정책 공약 발표문: 압도적 초격차·초기술로 세계 1등 반도체 국가를 만들겠습니다. 2025. 4. 28.

부산·울산·경남 지역 공약 발표문: 부울경 메가시티를 대한민국 해양 수도로 만들겠습니다. 2025. 4. 18.

소상공인·자영업자 정책 공약 발표문, 2025. 5. 4.

수도권 지역 공약 발표문, 2025. 4. 25.

안전 사회 정책 공약 발표문, 2025. 4. 16.

어린이 정책 발표문, 2025. 5. 5.

에너지고속도로 정책 공약 발표문, 2025. 4. 24.

울산광역시 유세 연설문, 2025. 5. 13.

부산광역시 유세 연설문, 2025. 5. 14.

직장인 정책 공약 발표문, 2025. 4. 30.

청년 정책 공약 발표문, 2025. 5. 6.

'K-반도체' 동탄 집중 유세 연설문, 2025. 5. 12.

K-방산 정책 공약 발표문: 대한민국을 글로벌 방위 산업 4대 강국으로 만들겠습니다. 2025. 4. 17.

『이재명의 따뜻한 실용주의』에 보내는 격려의 글들

내가 사랑하는 동지들이 낸 책! 국민 모두가 제일 좋아하는 책이 되면 좋겠습니다.
- **강경숙**(국민주권행동 공동의장, 국회의원)

너무 반했습니다. 책을 든 순간부터 『이재명의 따뜻한 실용주의』는 이재명을 알지 못하면, 애정이 없다면 쓰지 못할 걸작입니다.
- **구연숭**(국민주권행동 여성위원장, 경기여성경제인협회 수석부회장, 공학박사)

오월의 정신으로 『이재명의 따뜻한 실용주의』가 광주의 주먹밥 공동체 정신을 올곧게 계승하고 있음을 깨달았습니다.
- **김노성**(국민주권행동 광주·전남총괄대표, 고흥군 읍면협의회 회장)

이재명의 실용주의는 전략을 뛰어넘는, 내면화된 따뜻한 습관입니다.
- **김대은**(국민주권행동 전략위원장, 미디어리서치 대표, 건국대 교수)

우리나라 공무원들이 언제나 『이재명의 따뜻한 실용주의』를 읽고 실천하는 세상을 소망합니다.
- **김두관**(국민주권행동 상임의장 겸 경남대표, 전 경남지사, 전 국회의원)

이재명의 첫사랑, 호남부터 겁나게 읽어버려야 쓰겠습니다.
- **김명은**(국민주권행동 전남조직총괄위원장, 민주평통 목포회장)

『이재명의 따뜻한 실용주의』는 국민주권시대 정책 방향에 대한 설명서처럼 현 정부의 정책과 공약의 배경을 해설하고 있어 좋았습니다. 저자들이 계엄 정국 이후 부지런히 전국을 뛰어다닌 것을 아는데 언제 이런 글을 썼는지 놀랍습니다. 존 듀이를 언급하며 쓴 글에서는 교육주권시대의 기본 철학을 살피고자 하여 반가웠습니다. 교육주권 등 각론으로 발전하기를 바랍니다.
- **김성근**(국민주권행동 충북대표, 전 충북교육청 부교육감)

민주시민 교육의 실천을 위해 시민사회와 교육현장에서 치열하게 살아온 김태철, 황산 작가의 깨어 있는 시민정신과 헌신은 이 책에서 빛을 발합니다. 그는 이재명 대통령의 실용주의 정치를 철학적 맥락과 삶의 현장에서 길어 올린 성과와 절묘하게 융합하여, 시대가 요구하는 새로운 정치의 좌표를 제시합니다. 덩샤오핑의 현실주의를 넘어, 만델라의 화해정신을 품고, 정약용의 실학과 맞닿은 이재명 실용주의를 균형 있게 정리한 이 책은 한국 정치의 미래를 여는 귀중한 대작입니다.
- **김월용**(국민주권행동 상임의장 겸 인천대표, 전 한국폴리텍 경기인천권역대학장, 인천인재평생교육원장, 공학박사)

정상국가 대한민국! 와~ 정말 좋다. 『이재명의 따뜻한 실용주의』! 와~ 너무 좋다.
- **김일중**(국민주권행동 전남공동대표, 일중여행사 대표)

삶의 현장에서 체득한 이재명 대통령의 실용주의, 삶을 우선하는 따뜻한 실용주의는 무능과 분열을 넘어선 새로운 정치의 길을 제시합니다. 이 책은 문제를 회피하지 않고 돌파하며, 말이 아닌 성과로 증명하는 그의 생생한 정신을 담고 있습니다. 큰 울림과 희열을 느낍니다.
- **김재기**(국민주권행동 경기공동대표, 전 경기노인일자리센터장)

아이들에게 애정을 갖고 염려하듯, 사람과 사람의 관계를 맺고 발전시키는 국민통합 실용주의가 이재명 정부의 갈 길입니다.
- **김진경**(국민주권행동 상임고문, 전 국가교육회의 의장, 시인)

대한민국의 내란 종식은 부산으로부터! 대한민국의 따뜻한 실용도시는 부산입니다.
- **남영현**(국민주권행동 부산대표, 전 부산시총괄선대위원장)

따뜻한 마음과 현실 감각이 어우러진 실용주의는 우리 사회가 나아가야 할 길을 보여줍니다. 김태철, 황산의 『이재명의 따뜻한 실용주의』가 시민 삶 속에서 살아 숨 쉬는 민주주의와 더 나은 공동체를 여는 길잡이가 되기를 기대합니다.

- **도성훈**(인천광역시교육감)

손흥민 선수처럼 운동장을 넓게 쓰는 정치, 왼발 오른발 가리지 않고 골을 만들어내는 양발 정치가 필요하다고 강조해 온 나로서는 실용주의 정치를 깊이 들여다보는 이 책이 반갑습니다. 우리는 지금 정치의 지향은 분명히 하되 이념과 아집에 사로잡히지 않는 새로운 주류의 등장을 목도하고 있습니다. 합리주의와 실용주의 그 길로 함께 갑시다.

- **박용진**(국민주권행동 상임의장 겸 서울대표, 전 국회의원)

청년이 돌아오고 도민이 잘 사는 것이 이재명의 실용주의입니다. 바람과 빛을 활용한 재생에너지의 보고(寶庫), 전남이 답입니다.

- **박우량**(국민주권행동 전남대표, 전 신안군수)

억울한 일을 당해 고성에서 부산까지 걸으며 발톱이 다섯 번 빠지면서도 가야 할 길이 있었습니다. 이재명의 '따뜻한 실용주의'의 길입니다. 금융허브 대한민국의 길입니다.

- **박재경**(국민주권행동 금융허브위원장, 전 BNK 회장)

김태철 위원장님과 황산 사무총장님의 따뜻한 시선이 '따뜻한 실용주의'로 태어났습니다. 국민주권정부를 잘 이끌어 달라는 지혜를 잘 받들겠습니다. "겸손만이 답이다."라는 말씀 꼭 기억하겠습니다.

- **박찬대**(국민주권행동 공동의장, 전 더불어민주당 원내대표, 국회의원)

앞으로 질문의 능력은 분석형 AI 시대에 가장 적합한 지혜입니다. 모든 공학도들에게도 필독서가 되길 축원합니다.

- **박태영**(국민주권행동 충남대표, 더불어민주당 전국희망연대 의장)

『이재명의 따뜻한 실용주의』를 받아 읽고, 이재명 정부 5년의 설계도를 그린 국정기획위원회의 업무를 총괄하는 국정기획분과장으로서 제가 내내 생각했던 '따뜻한 실용주의'가 온전히 담긴 최초의 책이어서 기뻤습니다. 이재명 정부의 성공과 국민 행복을 위해 실사구시적 성과를 내는 데 있어서 소중한 지침이 될 글입니다. 널리 읽히길 소망합니다.

- **박홍근**(국회의원, 국정기획위원회 기획분과장, 전 더불어민주당 원내대표)

눌린 자를 일으키고 굽은 것을 바로 펴겠다는 것이 이재명 대통령과 저의 공통점입니다. 『이재명의 따뜻한 실용주의』를 울산시민들과 함께 읽고 토론하겠습니다.
　　　　　　　　　　　　　　　- **송철호**(국민주권행동 울산대표, 전 울산시장)

국난 극복을 위해 에너지를 집중해야 합니다. 부강한 대한민국을 이루는 지혜가 『이재명의 따뜻한 실용주의』 속에 녹아 있습니다.
　　　　　　　　- **신재현**(국민주권행동 상임고문, 전 에너지대사, 더불어민주당 상임고문)

이 책은 우리나라가 과거로 가느냐 미래로 가느냐의 갈림길에서 탄생한, 이재명 정부를 이해하는 데 꼭 필요한 내용을 담고 있습니다. 동서양과 진영의 한계를 넘은 실용사상을 천착하여 이재명의 실용주의를 분석한 관점은 한국 현대사에서 이전의 진보 진영이 걸었던 노선과 달리 왜 지금 실용주의 노선을 걸어야 하는가에 대한 의문을 해소해주고 있습니다. 이재명 개인의 성장 과정과 성남시장, 경기도지사를 거치면서 경험한 행정력이 대통령 이재명의 실용주의 신념과 가치관 형성에 준 영향은 흥미로운 내용입니다. 이 책을 통해 대통령 이재명과 이재명 정부를 깊이 이해하면서 이재명 정부의 성공을 진심으로 기원합니다.
　　　　　　　　- **안민석**(국민주권행동 상임의장 겸 경기대표, 전 국회의원)

이 책은 이재명 대통령의 실용주의를 단순한 구호가 아닌 시대정신이자 정치철학으로 정립하여 보여줍니다. 국민의 삶을 바꾸는 정치, 이념을 넘어서는 통합의 정치가 무엇인지 생생히 담았습니다. 새로운 대한민국을 꿈꾸는 모든 분들께 깊이 권합니다.　　- **안호영**(국민주권행동 상임의장 겸 전북대표, 국회의원, 환경노동위원장)

모든 권력은 국민을 위해 쓰여야 하며, 정치는 궁극적으로 국민의 삶을 더 나아지게 해야 합니다. 이재명 대통령의 실용주의를 정치철학으로 정립하려는 이 책은 "평범한 국민이 주인 되는 진짜 대한민국"을 향한 소중한 발걸음입니다. 자신 있게 추천합니다.
　　　　　　　　　　　　　　　- **염태영**(국회의원, 전 수원시장)

세계 정치는 이미 이념을 넘어 국익 우선 실용주의로 이동했습니다. 미국의 MAGA, EU의 보호무역 모두 같은 흐름입니다. 대한민국도 예외일 수 없습니다. 이재명 대통령의 실용주의를 분석하고 그 타당성과 발전 방향을 제시한 이 책은 시대정신을 담아낸 귀중한 성과입니다. 시의적절한 출간에 감사드리며, 대한민국 정치가 나아갈 길을 제시하는 길잡이가 되리라 확신합니다.
　　　　　　　　　　　　　　- **이개호**(국민주권행동 공동의장, 국회의원)

이 책은 이재명 대통령의 '따뜻한 실용주의'를 이론과 현장 경험으로 정리한 첫 종합서다. 이념 대립을 넘어 국민 삶의 변화를 중심에 두는 정치철학을 담아냈다. 한국 정치가 나아갈 길을 고민하는 독자에게 사유의 깊이와 실천의 지혜를 동시에 전해주는 귀한 안내서다.
- **이경아**(더불어민주당 정책위원회 전문위원)

성남에서 지켜보고 경기에서 검증된 『이재명의 따뜻한 실용주의』가 국민들 모두 화장실에서 재미나게 읽혔으면 좋겠습니다.
- **이기원**(국민주권행동 조직총괄위원장, 전 이재명 성남시장 선대위원장)

"지방분권국가와 국민주권정부를 꿈꾸며 지금은 이재명!"을 외치며 전국을 함께 다녔던 심정으로 『이재명의 따뜻한 실용주의』가 국민 필독서, 스테디셀러가 되길 기대합니다.
- **이기준**(국민주권행동 경남공동대표, 양산시의원)

『이재명의 따뜻한 실용주의』를 읽고 광주형 AI 메가시티로 상생하는 광주·전남의 실질적인 민생회복과 일자리 창출을 소망합니다.
- **이수용**(국민주권행동 광주공동대표, 고흥군향우회 사무총장)

시대 현실을 직면하며 국민들 앞에 당당히 서야 할 국민주권정부 대통령의 따뜻한 실용주의에는 민중에 대한 지극한 사랑, 햇살 한 줌이 있습니다.
- **이수호**(국민주권행동 상임고문, 전 전태일재단 이사장)

유성엽 의원님께서 목숨을 바쳐 만든 국민주권 실용정부가 빛나길 기대합니다.
- **이승규**(국민주권행동 전북대표, 전북대 겸임교수)

문화가 참 강한 나라, 신명나는 문화예술을 온 국민과 함께 창조하고 향유하는 문화강국 대한민국! 이제는 함께 만들어나가는 주인입니다. 문화예술 주권혁명입니다.
- **이승정**(국민주권행동 문화예술대표, 전 한국예총회장, 한국문화예술회관연합회장)

대구·경북에 이재명 바람이 붑니다. 따뜻한 실용주의 바람이 불고 있습니다.
- **이승천**(국민주권행동 대구·경북조직총괄위원장, 전 국회의장 정무수석)

시민주권도시를 춘천에서 시작했습니다. 이제 국민주권정부의 따뜻한 실용주의 바람이 춘천호를 가로질러 강원도 전역으로 퍼져나갈 것입니다.
- **이재수**(국민주권행동 강원대표, 전 춘천시장)

'따뜻하지만 냉철하게' 우리 시대가 나아가야 할 방향과 구체적인 행동 지침을 제시해주고 있습니다. 이재명 실용주의의 정수를 이해하고 싶은 분들에게 일독을 권하며, 한국 정치가 이념의 시대를 넘어 국민의 삶과 국익을 우선시하는 실용의 시대가 활짝 열리기를 기대합니다. 실용주의에 기반한 국민주권정부의 성공을 위해 수원시도 늘 함께하겠습니다.
- **이재준**(수원시장)

『이재명의 따뜻한 실용주의』에는 우리 기업들이 살아날 지혜가 가득합니다.
- **이정배**(국민주권행동 전남공동대표, 삼성나노기술 대표)

모든 공직자들이 베갯머리에 두고 읽어야 할 공무원의 필수 교양도서입니다. 우리 시대의 『목민심서』입니다. - **이택완**(국민주권행동 대외협력위원장, 전 남양주시장 비서실장)

가야 할 길을 가장 집약적으로 제시한 국민주권정부의 나침반입니다.
- **이현택**(국민주권행동 청년위원장, 더불어민주당 부대변인)

김태철은 변혁적 실천가이자 교육전문가로서 오랫동안 현장을 지켜왔습니다. 세월호 참사 이후 기억과 책임의 자리를 지켜왔고 교육과 민주주의를 잇는 길을 걸어왔습니다. 『이재명의 따뜻한 실용주의』는 삶을 바꾸고 공동체를 살리는 실천적 제안입니다. 정치는 삶을 바꾸는 실천이어야 합니다. "정치는 말이 아니라 성과다."는 말은 이를 명징하게 드러냅니다. 성과는 민생과 복지에서 확인됩니다. 그 길은 인간의 존엄과 공동체의 연대를 향한 따뜻한 실용주의입니다. 이 책은 그 철학과 지혜를 전하며 희망의 정치를 보여줍니다. 시민과 청년 모두에게 깊은 울림을 전하는 책입니다. - **임전수**(국민주권행동 세종대표, 세종교육연구원장)

경기도에서 이재명 지사님의 따뜻한 마음, 행동하는 실천력과 추진력을 지켜봤습니다. 기억, 기록, 행동의 중요성을 새삼 느낍니다.
- **임채호**(국민주권행동 경기대표, 경기도의회 사무총장)

내장산 단풍이 붉은 것은 서리가 차기 때문입니다. 이재명의 실용주의가 따뜻한 것은 삶 속에서 뼈저린 고통을 이겨낸 삶이 있기 때문입니다.
- **정도진**(국민주권행동 전북조직총괄위원장, 전 정읍시의회 의장)

이재명 대통령이 대한민국 국민을 위한, 미래세대들을 위한 '대한민국식 정치적 실용주의'를 위해서 5년간 국정을 잘 운영할 것이라는 믿음이 철철 넘칩니다.
- **정상도**(국민주권행동 전북공동대표)

언론개혁의 길에서 공정하다는 착각을 하는 모든 이들에게 권하고 싶은 책입니다.

- **정세민**(국민주권행동 홍보전략위원장, 전 부산MBC 보도본부장)

서민들의 바람을 최우선으로 받아들이는 것, 이것이 이재명의 국민주권 실용주의입니다.

- **정영두**(국민주권행동 경남공동대표, 전 BNK 대표)

이재명 대통령의 '따뜻한 실용주의'는 시대정신이고 진짜 대한민국의 미래를 여는 희망의 실현입니다. 이 책을 통해 많은 사람들이 함께 나아가길 바랍니다.

- **정철종**(국민주권행동 소통위원장)

지금까지 우리 사회는 눈부신 경제성장을 이루기 위해 산업재해라는 고통스러운 현실을 등한시해 왔습니다. 하지만 이재명 대통령은 산재 문제를 국가적 선도의제로 강조하며, "생명이 존중받는 안전한 일터"를 만들겠다는 의지를 강력하게 천명하셨습니다. 이제야 드디어 안전에 진심인 지도자가 나타났습니다. 양보 없는 안전으로 노동자의 생명을 지키는 것이 곧 국민주권 실용주의입니다. "안전이 멈추면 미래도 멈춥니다!"

- **정혜선**(국민주권행동 상임의장 겸 본부대표, 가톨릭대 교수, 한보총회장)

이재명의 실용주의에 '그들'이 신봉하는 철학은 없습니다. 몰염치하고, 솔직하지 못하며, 이해관계에 민감한 '그들'의 이념은 이미 그 가치를 잃었고 허공을 맴도는 허상일 뿐입니다. 새로운 세상을 만드는 일에는 단호한 결단력과 서민에 대한 연민이 필요합니다. 손에 잡히는 실용은 세상을 따뜻하게 데웁니다.

- **제종길**(국민주권행동 중앙상임대표 겸 경기대표, 전 국회의원, 안산시장)

누워 읽다 책상에서 손을 떼지 못하고 읽다 결국 메모하며 밑줄 긋고 읽은 책입니다. 이재명 정부에 대한 수많은 책 중에 별 같은 책입니다.

- **진광현**(국민주권행동 조직위원장, 전 상하수도협회 상근부회장)

지금 한국 정치는 항공모함이 방향을 틀 듯 대전환을 이루어야 합니다. 대전환은 진영 간 이념적 대립에서 실용주의적 실력 경쟁으로 가는 것입니다. 이재명 대통령은 삶의 궤적에서 알 수 있듯이 이념 편향과는 거리가 먼 인물입니다. 대통령 취임 전후 여러 차례 연설에서 '국민 삶 개선'을 최고 지향점으로 삼고 '국민에 대한 충직함'을 공직자의 첫째 자질로 꼽고 있습니다. 이러한 정치사상 소유자의 국정에 개인적 이념 추구는 끼어들 틈이 없을 것입니다. 이 책을 잘 읽으면 지금 전개되고 있는 대통령의 리더십을 읽어낼 수 있고 앞으로 펼쳐질 국정을 예측해볼 수도 있을 것입니다.

- **차정인**(국가교육위원회위원장, 전 부산대 총장)

교육공동체 대전환의 길에서 목소리가 충분히 반영될 수 있도록 힘을 모아야 하는 이때 『이재명의 따뜻한 실용주의』는 새로운 이정표가 됩니다.

- **최교진**(국민주권행동 상임고문, 교육부장관, 전 세종특별자치시교육감)

대구·경북이 이재명 실용정부의 든든한 버팀목이 될 수 있습니다. 새로운 기회와 도전의 바탕입니다. 실용적 통합정신이 대구·경북에서도 따뜻하게 실천될 수 있으면 참 좋겠습니다.

- **최연숙**(국민주권행동 대구·경북대표, 전 국회의원)

『이재명의 따뜻한 실용주의』 출간을 진심으로 축하드립니다. 여러분의 헌신은 국민주권정부를 탄생시켰고, 이재명 정부의 성공을 든든히 뒷받침하고 있습니다. 서생적 문제의식과 상인의 현실감각을 바탕으로 이재명식 따뜻한 실용주의의 새로운 길을 함께 열어갑니다.

- **최인호**(국민주권행동 부산대표)

선거 때마다 발로 뛴 저자들에게 언제나 감명을 받고 있습니다. 『이재명의 따뜻한 실용주의』가 국정운영 기간 내내 훈훈해졌으면 좋겠습니다.

- **허정도**(국민주권행동 상임고문, 전 한국YMCA전국연맹 이사장)

문화예술의 힘, 진실의 힘을 『이재명의 따뜻한 실용주의』가 꼭 실현해주었으면 좋겠습니다.

- **허정숙**(국민주권행동 문화예술상임대표, 전 전국지역문화재단연합회장, 한국장애인복지시설협회 사무총장)

김태철, 황산 박사는 국방, 교육, 외교, 세대 등등의 켜켜이 쌓인 문제들에 대한 깊은 고민을 '실용'이라는 시각으로 풀면서 이재명 대통령의 정책, 특히 에너지 환경 기후에 얽힌 보다 진보적 시각을 제시하며 실용이 가져올 국민과 국가의 이익을 살핀다는 점에서 마음에 닿습니다. 한국 사회의 활발한 부흥을 꿈꾸는 모든 이들에게 '따뜻한 실용'의 혜택이 돌아가길 기원하며 일독을 권하고 싶습니다.

- **황주호**(한국수력원자력 사장)